Maître et disciple

La naissance d'un guerrier

Bernard Grégoire
© 2015
ISBN 978-2-9815240-1-0

Table des matières

Introduction		. . 9
Chapitre 1	L'acceptation	. . 11
Chapitre 2	Une mauvaise énergie	. . 16
Chapitre 3	Le jugement	. . 21
Chapitre 4	D'étranges pouvoirs	. . 26
Chapitre 5	Trop vite	. . 30
Chapitre 6	Devenir vieux	. . 35
Chapitre 7	Gérer sa personnalité	. . 39
Chapitre 8	Pourquoi	. . 44
Chapitre 9	La sérénité de la terre	. . 48
Chapitre 10	Le guerrier	. . 52
Chapitre 11	Question de réflexes	. . 56
Chapitre 12	*Henka*	. . 60
Chapitre 13	En amont	. . 63
Chapitre 14	Le mauvais angle	. . 67
Chapitre 15	Des arguments percutants	. . 71
Chapitre 16	Le temps	. . 76
Chapitre 17	L'instinct du tueur	. . 81
Chapitre 18	Le *giri*	. . 86
Chapitre 19	L'espace d'un instant	. . 90
Chapitre 20	Le débutant	. . 93
Chapitre 21	Maître en devenir	. . 97
Chapitre 22	Lire entre les lignes	. . 103
Chapitre 23	Aucun sens	. . 107
Chapitre 24	L'art de bouger	. . 113
Chapitre 25	La force de l'eau	. . 118
Chapitre 26	*Kiaijutsu*	. . 121
Chapitre 27	Les bases	. . 125
Chapitre 28	Du pain et des jeux	. . 130
Chapitre 29	Le rythme	. . 134

Chapitre 30	Manque d'équilibre	. . . .	138
Chapitre 31	*Bugeï*	. . . .	142
Chapitre 32	Chapeau	. . . .	147
Chapitre 33	Mystique	. . . .	152
Chapitre 34	L'esprit de la lame	. . . .	156
Chapitre 35	Qui suis-je ?	. . . .	160
Chapitre 36	Question de choix	. . . .	164
Chapitre 37	La musique du budo	. . . .	167
Chapitre 38	Sortir de sa coquille	. . . .	170
Chapitre 39	Les tyrans	. . . .	173
Chapitre 40	Soumission	. . . .	177
Chapitre 41	Vivre dans la peur	. . . .	181
Chapitre 42	Débordement	. . . .	185
Chapitre 43	*Kamae*	. . . .	189
Chapitre 44	Prévisible	. . . .	193
Chapitre 45	*Shizen*	. . . .	197
Chapitre 46	État d'esprit	. . . .	201
Chapitre 47	L'art des mots	. . . .	205
Chapitre 48	Plus grand que nature	. . . .	209
Chapitre 49	L'endurance	. . . .	212
Chapitre 50	La colère	. . . .	217
Chapitre 51	*Kukan*	. . . .	221
Chapitre 52	Le meilleur	. . . .	225
Chapitre 53	Contact	. . . .	229
Chapitre 54	L'énergie agressive	. . . .	234
Chapitre 55	Le *budo* en finesse	. . . .	237
Chapitre 56	L'âme du *katana*	. . . .	241
Chapitre 57	Jouer au professeur	. . . .	245
Chapitre 58	Des rencontres enrichissantes	. . . .	250
Chapitre 59	Frapper plus fort	. . . .	254

Chapitre 60	***Kage no me***	258
Chapitre 61	**Vieillir**	262
Chapitre 62	**Fatigue extrême**	266
Chapitre 63	**L'apprentissage par paliers**	270
Chapitre 64	**Le cœur pur**	275
Chapitre 65	**Sans prétention**	279
Chapitre 66	**Le regard de l'autre**	283
Chapitre 67	**Les *kihon* à la rescousse**	286
Lexique		290
Remerciements		293
Du même auteur		294

Introduction

Une relation maître-disciple n'est jamais facile. Surtout lorsqu'elle se noue dans la culture japonaise. On ne doit pas confondre le maître d'une secte qui cherche à rassembler le plus de disciples possible et un maître qui s'est donné pour tâche d'aider quelqu'un dans son évolution. Le vrai maître ne vise pas à susciter l'admiration d'autrui. Il a pour objectif d'amener son disciple à comprendre ce qui l'entoure, à développer la capacité de voir les mécanismes qui régissent l'univers. Il a pour mission de partager sa sagesse et de transmettre ses connaissances. Pour y arriver, le maître ne peut former que peu de disciples à la fois.

Le meilleur moyen de comprendre cette association exceptionnelle d'un maître et de son disciple est d'assister à leurs discussions privées. De partager ces moments charnières qui peuvent susciter questionnement et réflexions. De ressentir les émotions que peut éprouver le disciple au cours de son apprentissage. Mais on découvrira rapidement qu'être un apprenti n'est pas toujours facile. Les maîtres se révèlent parfois complexes, parfois totalement déroutants. Comprendre un tel maître n'est pas toujours aisé. Son rôle n'est pas d'expliquer tout en détail, mais de susciter des réflexions.

Chacune des conversations entre le maître et son disciple est précédée d'un haïku. Ces court courts poèmes de trois lignes comportant cinq, sept et cinq syllabes sont basés sur de vieilles traditions philosophiques japonaises. Chaque texte dissimule une clé permettant de mieux saisir chacune des réflexions transmises par le maître et parfois d'y trouver un angle de vision différent.

Les chapitres sont très courts. Dans les très populaires mangas japonais, chaque chapitre est conçu de façon à pouvoir être lu au complet entre deux stations de train. Ce concept permet aux lecteurs de lire chaque partie séparément sans craindre de perdre le fil conducteur.

Cet ouvrage, bien qu'il utilise comme toile de fond l'univers des arts martiaux, peut se transposer à nos actes de la vie quotidienne. S'il s'inspire de quelques faits vécus, la trame de l'histoire est imaginaire et relève uniquement de la fiction.

Chapitre 1
L'acceptation

Être déjà mort
D'une seule conscience
Le réaliser

« Parce que je ne suis pas comme une majorité de gens qui sont déjà morts et qui ne le savent pas encore. »

Je pense que ce sont ces quelques paroles qui ont réussi à convaincre le vieux maître de m'accepter comme disciple. Depuis plusieurs années, il dispensait sa sagesse et son enseignement à divers groupes, mais il se refusait à former de nouveaux adeptes. Il avait vu disparaître un à un ceux qu'il avait forgés. La vieillesse est une dame implacable. Il avait survécu à la plupart de ses élèves, plus jeunes que lui. Il disait qu'il était maintenant trop âgé pour accepter une telle responsabilité. Bien sûr, un grand nombre d'étudiants venaient le voir de partout, mais ce n'était pas pareil. Il y a une énorme différence entre devenir un disciple et être un simple élève. Je ne voulais pas n'être qu'un élève.

Qui je suis n'est pas important. Je pourrais être vous, votre voisin, je pourrais être n'importe quel pratiquant d'art martial. Le messager ne change en rien le contenu du message. Ce qui compte, c'est le partage des connaissances que j'ai acquises auprès de cet homme hors du commun. Cela faisait déjà plusieurs années que je pratiquais les arts martiaux, mais plus j'apprenais et moins je réalisais que je stagnais au même niveau. Certes, je possédais des habiletés élevées et détenait plusieurs ceintures noires avec un grand nombre de degrés pour chacune d'elles. Et comme c'est souvent inévitable dans de telles circonstances, l'égo venait en prime avec tous ces degrés durement acquis. Heureusement pour moi, j'ai eu un jour cette étincelle que l'on appelle la conscience. Ce petit quelque chose qui fait que l'on s'éveille face à notre trivialité. Ce petit quelque chose qui nous amène à nous poser des questions. Bref, ce qui nous fait réaliser que, dans la vie de tous les jours, on a atteint notre seuil d'incompétence et que si l'on tente de monter un nouvel échelon, notre médiocrité se dévoilera à la face des gens qui ont la chance d'être conscients.

Trop de gens ne font que survivre, attendant le moment de la retraite et puis celui de la mort. C'est peut-être ce réveil brutal qui m'a permis d'être accepté par le vieux maître. Je dis accepter, mais en réalité, ce à quoi j'avais eu droit à l'époque, c'était une mise à l'essai, le privilège de tenter de lui prouver que je pouvais évoluer. J'avais déjà assisté à de nombreux entraînements qu'il accordait si généreusement. Mais après un certain moment, je demeurais sur ma faim. Bien sûr, j'apprenais des techniques qui m'étaient inconnues, j'acquérais de nouveaux principes, mais tout cela était insuffisant, j'en voulais plus, je devais creuser plus profondément. Je ne parvenais pas à quitter le palier où j'avais l'impression de stagner depuis si longtemps. La plupart de mes partenaires étaient heureux d'acquérir ces différentes façons de combattre, mais moi...

Peut-être que ça vous est déjà arrivé d'effectuer un travail ou une tâche et de sentir qu'il doit y avoir quelque chose d'autre, que votre vie ne peut se résumer à ce que vous êtes en ce moment. Vous avez l'impression d'être prisonnier d'une matrice qui reproduit votre quotidien de façon répétitive. À cette époque, je croyais que la voie était un chemin unique dont il fallait trouver l'entrée. En fait, dans la réalité, il existe une multitude de chemins inextricables qui s'offrent à nous. Tout réside dans notre capacité à les voir, à réaliser que l'on peut changer le cours de notre vie lorsqu'on le décide. Il s'agit simplement d'emprunter la voie qui nous est destinée ou dans le pire des cas, oser sortir de sa zone de confort.

Je suis maintenant âgé et l'ordre chronologique des événements se brouille dans ma mémoire. Mais je crois que la conversation qui suit eut lieu dans la première année. Je ne me souviens plus ce que nous faisions, mais je revois très bien mon vieux maître me serrer la main. La douleur était horrible. J'avais déjà eu des pierres sur les reins et cette douleur était une douceur comparée à l'étau infernal qui s'était refermé sur mes phalanges. C'est entre deux spasmes que cette étrange question me vint à l'esprit. Lorsqu'il me délivra de ces souffrances, le vieux maître me regarda en souriant. Ses paupières s'ouvrirent sur de sombres yeux bridés qui possédaient le pouvoir de percer notre âme.

– Maître, pourquoi les hommes ne recherchent-ils pas la voie ? Pourquoi est-ce qu'ils acceptent de demeurer comme ils sont ? demandais-je.

N'importe qui m'aurait probablement trouvé bizarre de poser une telle question plutôt que d'enchaîner la conversation sur ce qu'il venait de me faire subir. Mais mon professeur ne sembla nullement surpris.

– Toi, qu'est-ce qui t'empêchait de changer ?

Bien que je me fusse habitué à ce qu'il me réponde par une nouvelle interrogation, cette fois-ci je ne savais trop que dire.

– Je ne sais pas, je n'étais pas prêt.

– Mauvaise réponse, dit-il en inclinant la tête.

Je me souviens de son regard insistant. Il ne parlait pas, il se contentait d'attendre en silence. Mais plus il m'observait, plus j'avais l'impression que mes pensées s'entremêlaient. Il vint à mon aide.

– Est-ce possible que tu aies eu besoin d'autant de temps parce que tu te croyais au sommet de la pyramide ?

Je pris quelques instants pour réfléchir. Il avait raison. Durant des années, je comptais parmi les meilleurs. Je croyais tout connaître ou du moins savoir l'essentiel. Le reste n'étant que des agencements de mouvements différents.

– C'est vrai que tant qu'on ne réalise pas qu'il y a autre chose, on ne fait rien pour y accéder, enchaîna-t-il. Mais de nos jours, il y a tellement de livres, de films qui parlent de spiritualité qu'on ne peut ignorer qu'il y a autre chose.

Je repensais à tous ces films où le héros presque anéanti se relevait de ses cendres pour aller vaincre le méchant après une illumination presque magique. Une fois de plus j'eus l'impression que le vieux maître avait lu en moi.

– La plupart des gens attendent que le changement se fasse de façon miraculeuse. Ils croient que ça viendra tout seul avec les années. Lorsque tu m'as dit que tu n'étais pas comme une majorité de personnes qui étaient mortes, mais qui ne le savaient pas encore, tu venais de franchir une étape importante. Si tu regardes autour de toi et que tu repenses à tes vieux amis d'enfance, d'étude ou de travail, la plupart d'entre eux après cinq, dix, vingt ou même cinquante ans sont demeurés au même niveau. Ils ont fait de nouvelles acquisitions, ils ont amélioré leurs conditions de vie de manières significatives. Ils se promènent avec des voitures plus luxueuses, mais malgré tout ça, ils sont les mêmes. Leurs préoccupations n'ont pas changé, tout est centré sur leur petite vie, ils ont le même caractère, la même façon de penser, ils n'ont pas évolué. Lorsque tu retrouves ces gens après plusieurs années, tu réalises qu'ils sont toujours ces mêmes bons vieux amis que tu connaissais à l'époque.

Je songeais à certains compagnons que j'avais revus récemment. Effectivement, leur vie devait se dérouler de manière identique. Un sommeil dont la qualité dépendait du stress au quotidien, une nourriture s'articulant autour d'aliments riches en cholestérol et en sucre, un travail basé sur l'image et le chèque de paie le plus gros possible. Aussitôt les vacances terminées, cette hâte maladive d'arriver à celles de l'année suivante. Les mêmes priorités que j'avais à l'époque.

– La plupart des gens ne souhaitent pas changer, ils ne veulent que bonifier leur condition de vie, dit le Maître. Habituellement, cela se traduit par plus d'argent. Tout tourne autour de ça. Si la situation monétaire se dégrade, le couple lui-même ne s'en sort généralement pas. Le stress créé abaissera le seuil de tolérance entraînant des disputes de plus en plus fréquentes.

– Oui, mais je ne comprends pas le rapport avec les arts martiaux.

Le vieux maître me regarda en souriant.

– Parce que le *budo*, la voie, c'est la vie. Lorsque l'on apprend à approfondir les arts martiaux, c'est le chemin de la vie que l'on choisit.

Ma compréhension restreinte de l'époque ne me permettait pas alors de saisir le sens caché de ces mots.

– Oui, mais si l'on n'a pas d'argent, on ne peut pas faire d'arts martiaux.

J'étais content de ma réponse. J'étais certain que le vieux maître ne pourrait rétorquer à quelque chose d'aussi évident.

– C'est tout à fait vrai, si tu achètes des techniques. Mais si tu es un pratiquant dans l'âme, tu continueras à t'entraîner seul, chez toi, dans un parc, dans la forêt. Si tu ne peux te payer des cours, c'est peut-être justement parce que tu en es rendu au point de faire des choix.

Le souvenir d'un étudiant me revint à l'esprit. Il semblait motivé, adorait suivre mon enseignement. Un jour, il me confia qu'il n'avait plus d'argent pour poursuivre. Je lui ai alors offert gratuitement mon enseignement jusqu'au moment où j'ai appris qu'il s'était acheté un luxueux équipement de ski alpin. C'était son choix, la descente sur la neige était plus importante pour lui que les arts martiaux. Mon professeur me tira de mes réflexions.

– Pour beaucoup de pratiquants, les arts martiaux sont une activité sociale, et c'est bien. Il faut avoir le plus de contact possible avec d'autres personnes. Le but du guerrier est d'aider les hommes à vivre paisiblement. Le but de l'homme est de s'améliorer et de trouver le bonheur. Si ce bonheur est simple, il n'y a rien de mal là-dedans. Pour la majorité des gens, tout ça se résume en une suite de petits désirs qu'ils assouvissent le plus souvent possible. Mais il peut arriver un moment où l'on se rend compte qu'il y a un vide dans notre vie, alors, c'est probablement le bon temps de bouger, de prendre un autre chemin. Si l'on ne saisit pas cette opportunité, il y a fort à parier que l'on demeurera au même point pour le reste de notre vie. Il y aura toujours cette sensation qu'on a manquée quelque chose.

Il me laissa méditer sur ces propos durant quelques instants, puis il continua.

– Que ce soit pour les arts martiaux ou pour la création d'une nation, les motivations sont les mêmes. Les pères fondateurs d'une nation ont généralement une vision. Malheureusement, ceux qui prennent la relève, eux, n'ont que des désirs. C'est une des différences entre le divin et la simple possession matérielle, entre la compréhension et la collection.

– Je ne comprends pas quel est le rapport entre ma question sur la voie et les pères fondateurs ?

– La vision, tout est une question de vision. Dans les arts martiaux comme en politique, la plupart des pensées se traduisent par « je sais », plutôt que par « ça devrait être ». Attention à ne pas confondre avec « je voudrais que ce soit ». Il y a une différence entre le je et le divin, le naturel qui devrait nous guider.

Je comprenais de moins en moins.

– Dans les arts martiaux, les gens veulent performer, connaître telle ou telle technique secrète, pouvoir battre une multitude de combattants à la force de leurs poings. Le chemin qu'ils prennent passe par la collection d'apprentissages. C'est le chemin de l'intellect et non du cœur. Les successeurs des pères fondateurs agissent de même. Lorsqu'on oublie le cœur, on tourne le dos à l'essentiel, ils ne travaillent que sur leurs désirs, non sur ce qui devrait être.

Ça m'a pris plusieurs années pour pouvoir lire entre les lignes de l'enseignement du vieux maître. Encore aujourd'hui, je ne suis pas certain de pouvoir comprendre toute la profondeur de son enseignement.

Le vieux maître me regarda puis sourit en me prenant à nouveau la main. C'est de tout mon cœur que je souhaitais que cette douleur cesse.

Chapitre 2
Une mauvaise énergie

Envahi du tout
Le vide n'est pas néant
De ses énergies

Le vieux maître avait réussi à me déstabiliser dès les premiers moments où il m'a pris en charge. Je ne me serais jamais attendu à m'entraîner de cette façon. Je prévoyais plutôt qu'il m'invite à son dojo pour ma première formation. Mais au lieu de cela, il m'avait dit de le rejoindre chez lui vers 3 h du matin. Je m'adossai au petit muret qui protégeait l'intimité de la maison d'en face. Une légère pluie venait se déposer en fines gouttelettes sur le parapluie que je tenais. Ne voulant pas risquer d'être en retard, j'étais arrivé quinze minutes plus tôt. Je n'osais pas appuyer sur la sonnette. Je savais qu'il m'attendait, mais je me disais que j'étais en avance et que ça serait impoli d'insister. Le sable du sablier devait être mouillé, car j'avais l'impression que le temps ne s'écoulait pas. Finalement, ma montre afficha 3 h. Rien ne se passa. Aucune lumière n'était allumée chez le vieux Maître. Je décidai de patienter cinq minutes avant d'appuyer sur le bouton. Au bout du compte, je repoussais de cinq minutes en cinq minutes l'instant où j'allais sonner. Et s'il m'avait oublié ou qu'il s'était endormi. À son âge, il devait avoir besoin de beaucoup de sommeil.

L'aiguille des minutes venait de dépasser la demie lorsque je m'apprêtais à quitter les lieux. Au moment d'arriver au coin de la rue, je vis une ombre qui se dirigeait vers moi. Deux représentants de la race canine accompagnaient la silhouette. À l'instant où il passa sous le faible éclairage du lampadaire, je reconnus le vieux Maître. Il marchait en compagnie de ses chiens. Il n'avait même pas pris la peine de se munir d'un parapluie.

– Où allais-tu comme ça ? Ne viens pas me dire que tu es impatient.

– J'avais peur de vous déranger, je pensais que vous vous étiez endormi. Il est presque 3 h 30...

– Qu'est-ce que tu ne comprends pas dans le mot attendre ? demanda le vieux Maître en fronçant les sourcils ornementés de perles d'eau.

Je ne savais que répondre, ou à vrai dire, je n'osais pas argumenter sur le sujet.

– Tiens, prend ça, dit-il en me tendant une des laisses.

Sans s'occuper de moi, il se remit en marche. Le chien qu'il m'avait confié gardait constamment la courroie sous tension. De temps à autre, il s'arrêtait pour renifler de sombres immondices camouflées par le voile nocturne. Soudain, il s'immobilisa en plein milieu du trottoir et se soulagea. Le vieux maître me regarda d'un air fâché.

– Tu n'as pas de sac de plastique sur toi ? On ne peut pas laisser ça là.

– Non, je n'ai pas de sac, je ne croyais pas aller promener vos chiens à 3 h du matin.

– Ce n'est pas grave, en retournant chez moi, je t'en donnerai un et tu n'auras qu'à revenir ramasser ça.

Quoi ? Il se baladait avec eux sans amener de sac et il voulait que je repasse nettoyer leurs excréments. Si c'était un test pour mon égo, il l'avait bien choisi. Plus je devenais tendu, plus le chien tirait sur la laisse pour aller sentir dans la rue.

– Qu'est-ce que tu fais ? me demanda celui que je désirais comme mentor.

– C'est lui qui ne cesse de s'arrêter.

– Je croyais que tu étais bon dans les arts martiaux, me dit le vieil homme.

– Dans les arts martiaux oui, mais je ne suis tout de même pas pour le battre.

– Parce que pour toi le *budo* ça se résume à frapper ?

Ça y est, je le sentais bien. J'étais en train de perdre le contrôle de la situation, et ce à mon premier entraînement avec le vieux Maître. Enfin, si l'on pouvait appeler ça un entraînement. Il me fit signe de lui donner la laisse. À l'instant même où il la prit dans ses mains, le chien redevint calme, la tension se relâcha dans la laisse. Le clébard ne tirait plus. Il marchait docilement à ses côtés.

– Les frappes ne sont qu'une manifestation de l'énergie que peut utiliser un pratiquant. La puissance de l'art martialiste doit se réaliser bien avant qu'une action soit entreprise. On devrait juger la compétence martiale d'une personne sur les combats qu'il n'a pas à faire plutôt que sur ceux qu'il a remportés.

Tout à coup, le vieux Maître me tendit la laisse à nouveau. Au même instant, sans que le chien ne me regarde, il se remit à renifler à gauche et à droite.

– Je ne comprends pas, comment est-ce possible ?

– C'est simplement une question d'énergie.

– Mais j'ai de l'énergie, je suis en pleine forme.

– Quel dommage que l'énergie et l'intelligence n'aillent pas de pair ! dit le vieil homme en soupirant.

Je n'en revenais pas d'être ainsi insulté dès notre première rencontre de maître à élève. Non, de maître à disciple, pensais-je. Jamais il ne s'était montré si dur avec des étudiants. Je commençais à comprendre que la route serait longue. Mon professeur me regarda en souriant. Je venais de saisir la leçon.

– Apprenez-moi. Qu'est-ce que vous voulez dire par une simple question d'énergie ?

– Le *ki*, ou l'énergie si tu préfères, peut se révéler de différentes façons. Le chien ne te respecte pas, parce que ton niveau d'énergie est inférieur au sien.

J'hésitais à déterminer s'il m'insultait ou s'il m'enseignait. Puis j'eus ce que je pense une petite illumination.

– Vous dites que je ne lui impose pas suffisamment de crainte ?

– Bon, ça y est, voilà que tu réfléchis avec tes muscles au lieu de ta tête. Non, ce n'est pas une question de peur, mais de respect, de confiance en soi. Si un animal ne ressent pas cet état d'esprit qui l'amène à obéir, comment veux-tu qu'un adversaire te prenne au sérieux ?

Le vieux maître avait misé juste. Je n'étais pas à l'aise, mais alors là vraiment pas à l'aise de trimbaler cette petite boule de poil qui ne devait pas peser plus de quinze kilos. C'est le chien qui me promenait et non l'inverse.

– Comment puis-je faire pour remédier à ça ?

– Le *budo* est avant tout un état d'esprit. S'il est travaillé seulement par le corps, il amène son pratiquant à devenir un outil vide de réflexion, tout juste capable de frapper.

J'aurais voulu être ailleurs. J'avais l'impression que toutes mes années d'entraînement étaient soudainement devenues inutiles.

– Par la laisse, tu transmets ton énergie ou devrais-je dire, ton manque d'énergie. Le chien peut sentir l'assurance que tu dégages. Inspire profondément et imagine-toi en train de marcher sur un sentier en forêt ou de faire tes emplettes. Il faut que tu penses à un scénario où tu es sûr de toi. Ensuite, c'est simple, tu n'as qu'à avancer en gardant cet état d'esprit en tête.

Je pris quelques bonnes respirations, puis je tirai un ou deux coups sur la laisse. Le message semblait passer. Le chien se rapprocha de moi et se mit à marcher à mes côtés. Il n'était pas totalement obéissant, mais l'amélioration était évidente. Le Maître sourit en voyant mes progrès. La pluie avait cessé. L'obscurité se retirait lentement. Entre les édifices, on pouvait deviner les efforts du soleil pour s'imposer aux nuages. Le Maître reprit la direction de la maison.

– Vous disiez que l'énergie peut se révéler de diverses façons. Que vouliez-vous insinuer par ça ?

– Tout est énergie. L'intention que tu mets pour donner un coup de poing est une force autre que celle qu'utilisent tes muscles pour frapper. Pourtant, elles se complètent. L'énergie dont tu as besoin pour accomplir tes tâches journalières est différente de celle qui est nécessaire pour faire un discours en public. Malgré tout, dans les deux cas, c'est de l'énergie ou une manifestation de l'énergie. La plupart des pratiquants mélangent l'ardeur physique et l'énergie. Un colosse aux biceps extraordinaires peut paraître impressionnant, mais sans la puissance de l'énergie, il peut être vaincu aisément.

– Oui, mais si c'est un costaud, sa puissance de frappe sera plus grande s'il possède l'énergie dont vous parlez.

– Oui, mais généralement, ceux qui ont la force ont tendance à s'en contenter. Leurs gros muscles deviennent un obstacle à la vraie puissance.

– Vous voulez dire qu'on ne doit pas tenter de développer son corps ?

– Ce n'est pas mauvais en soi. C'est même une bonne chose. Mais la grosseur des muscles ne doit pas être l'objectif

Le vieux Maître plia son bras et tâta son biceps.

– Sa frappe pourra être plus puissante, mais sans un bon contrôle de l'énergie, elle n'atteindra jamais son plein potentiel. L'énergie s'acquiert avec beaucoup d'effort. Le temps que tu utilises à faire grossir tes muscles, tu ne le passes pas à la développer. De plus, si tu cesses de t'entraîner, rapidement tes gros muscles auront tendance à se transformer en masse informe digne de ta culture occidentale.

Je ne savais trop comment prendre cet affront à ma culture. Puis je repensai aux méfaits de la mauvaise alimentation. Le Maître ne me laissa pas le temps de cogiter une façon de défendre ma culture.

– L'énergie est le ciment qui permet de lier deux opposants.

– Je ne comprends pas ce que vous voulez dire par lier deux combattants.

– On ne se bat pas contre quelqu'un, on se bat avec quelqu'un, dit le vieil homme.

– Pourquoi être uni, on se sert de ses yeux pour contrer sa technique ? Le combat passe par la vitesse de nos réflexes, non ?

– Je suis d'accord avec toi. C'est la bonne façon de faire... pour les débutants. Mais il faut mûrir. Les yeux sont lents, ils voient le poing arriver, ils transmettent l'information au cerveau qui réalise ce qui se passe. Ce dernier doit ensuite élaborer une stratégie défensive et après tout ça, il envoie les données aux muscles en passant par les nerfs. Seulement par la suite, le bras va bloquer l'attaque s'il n'est pas déjà trop tard.

– Et l'énergie n'a pas besoin des yeux ? demandais-je sur un ton qui aurait pu paraître sarcastique.

– Oui, on peut les utiliser pour évaluer la situation, mais l'énergie peut faire le même travail. Elle te connecte avec ton adversaire et avec tout ce qui t'entoure.

– Tout ce qui m'entoure ! Je pense que je préfère encore me fier à mes yeux plutôt qu'à cette connexion de l'énergie.

– Dommage pour toi, la connexion t'aurait évité ce problème.

– Quoi ? Quel problème, dis-je en sentant mon pied entrer en contact avec une substance moelleuse ! Je venais de déposer le pied dans les excréments que mon petit compagnon de route avait fait auparavant.

Chapitre 3
Le jugement

D'un œil sévère
Un regard qui ne peut voir
Il fut condamné

En devenant son disciple, j'avais la chance de partager des moments plus intimes avec mon professeur. Dans une relation entre étudiant et professeur, ce dernier échange des techniques contre des sommes monétaires. Cette façon de procéder est tout à fait normale. La plupart de ceux qui gèrent des écoles d'arts martiaux sont confrontés à de nombreux frais qui font généralement qu'en fin de compte, enseigner les arts martiaux est, dans la plupart des cas, une vocation. Pour ceux qui s'en sortent bien, l'amour de l'art a trop souvent cédé la place à l'aspect marketing.

J'accompagnais fréquemment mon mentor à toute sorte d'endroits, que ce soit des boutiques pour faire des achats, de simples promenades à pied ou bien pour aller manger. Ce jour-là, nous étions assis dans l'un des nombreux restaurants qu'il avait dans son carnet d'adresses. Le lieu était plus chic que ceux où j'avais l'habitude d'aller avec lui. Une dame en kimono traditionnel nous apportait les différents plats qu'il avait commandés pour nous. J'admirais l'élégance avec laquelle elle s'était agenouillée pour nous servir. Malgré les amples manches de son habillement, elle déposait les plats sur la table avec grâce sans qu'aucune partie du magnifique tissu ne touche quoi que ce soit. Lorsqu'elle allongeait ses bras, un léger parfum épicé parvenait à mes narines. Je ne pouvais dire si l'effluve émanait d'elle ou du plat qu'elle venait de déposer devant moi. Puis, avec méticulosité, elle tourna l'assiette d'un quart de tour. J'admirais la beauté du geste. Mue comme si une brise légère contrôlait son corps, elle s'inclina pour saluer avant de se retirer. J'abaissai mon regard sur la table et un certain malaise s'empara de moi.

– C'est ça ton problème, me dit le vieux maître.
– Quoi ? Comment ? Je n'ai rien dit...
– Tu n'as pas besoin de dire un seul mot, ton regard en dit suffisamment long.

Je savais que je n'avais exprimé aucune émotion en observant la dame s'éloigner, mais je n'aurais pas pu en dire autant au moment de voir ce que nous avions à manger.

– Vous parlez de quoi au juste ? dis-je en feignant la surprise.
– Tu n'as même pas goûté à la nourriture que déjà tu t'es fait une idée.

Dans un des plats, un poisson étrange qui semblait avoir été replié sur lui-même ne m'inspirait guère confiance. Étendu au fond d'une assiette rectangulaire blanche, l'animal ne cessait de me fixer de son œil globuleux. S'il avait voulu me narguer, il ne m'aurait pas regardé autrement. Les reflets de lumière sur le corps aqueux donnaient l'impression qu'il venait de nager dans une mer d'huile. Le tout était accompagné d'un bol de riz et, comme c'est fréquent au Japon, plusieurs petits plats de légumes et de condiments complétaient l'ensemble.

– C'est lui, il ne m'inspire rien de bon. Vous êtes sûr que ce n'est pas du *fugu* déguisé, ce poisson qui tue des gens chaque année.

– Non, tu n'aurais pas le moyen de nous inviter à manger ce délicieux mets. S'il y en a qui meurent, c'est seulement parce que le cuisinier n'avait pas la compétence de préparer ce met trop raffiné pour des personnes comme toi.

Je venais d'apprendre que j'étais un barbare et qu'en plus, c'est moi qui devais payer la note.

– Je ne jugeais pas, c'est simplement que...

– C'est simplement que tu te fies aux apparences. C'est ce que je te disais, c'est ça ton problème.

Il y avait déjà plusieurs mois que j'avais la chance de graviter autour du vieux Maître. Je comprenais bien qu'il ne me faisait aucun reproche, mais me prodiguait un enseignement. Même s'il se montrait dur avec moi, je savais que tout ce qu'il disait visait à m'aider. Je gardai le silence afin de lui permettre de continuer.

– Cette façon de penser, c'est ce qui empêche beaucoup de pratiquants d'arts martiaux de monter d'échelon. Avec un peu de chance, certains peuvent atteindre un stade un peu plus avancé, mais ils devront se contenter de ça, un niveau qui n'est pas très élevé.

À cette époque, cette notion de niveau était encore un concept flou à mon esprit. Mis à part l'ordre des ceintures, je séparais les pratiquants d'arts martiaux en deux catégories. Les doués, groupe auquel je considérais appartenir, et les pratiquants ordinaires, qui ne parviendraient jamais aux hautes sphères du *budo*. Sans le savoir, comme bien des professeurs qui me ressemblaient, je me croyais supérieur à la plupart. Je cherchais comment contrer les propos de mon mentor.

– Au contraire, dis-je. Le fait de pouvoir analyser si rapidement la situation devrait être un avantage stratégique, pas un handicap.

– La plupart des gens regardent, mais ne voient rien. Notre cerveau fonctionne en colmatant les vides qu'il ne voit pas. Il y a une petite zone de l'œil qui ne peut voir. On ne s'en rend pas compte parce que notre cerveau compense cet espace où il n'y a rien. S'il y a quelque chose que l'on ne voit pas bien, notre cerveau va se débrouiller pour combler le manque d'information.

– Quel rapport y a-t-il avec l'être monstrueux qui est dans mon assiette et cette façon de penser ?

– Pour compenser ce qu'il ne comprend pas, le pois chiche qui te sert à réfléchir se base sur tes expériences passées. Il monte un scénario en puisant ses données dans le bagage qu'il a accumulé au fil des années.

Le vieux maître me sourit, porta son regard sur ma pitance puis, lentement, tourna la tête dans ma direction en s'exprimant dans un vieux dialecte japonais difficile à comprendre. Mais je pense que ça parlait d'Occident et de Cro-Magnon. Après une courte pause, il enchaîna.

– Tu as le même problème lorsque je t'enseigne. Plutôt que d'être réceptif à ce que je te montre, tu réfères constamment au bagage martial que tu as acquis. Tu ne vois pas les nouvelles choses, tu ne fais que comparer avec les maigres connaissances que tu possèdes. Tu regardes, mais tu ne vois pas. Ton cerveau te projette des images référant à ce que tu connais déjà. Ce n'est pas mauvais, c'est simplement que tu te limites à tes maigres acquisitions.

– Je ne suis pas d'accord avec vous, j'ai un œil exercé capable de voir dans les moindres détails.

– Bien, fixe mes yeux et ne les quittent pas un seul instant.

Le vieux maître avança sa tête vers moi, obstruant ainsi une bonne partie de mon champ de vision.

– Il y a un homme derrière moi...

J'étais tout fier de pouvoir lui dire la particularité de cet homme.

– Oui, celui qui a une cicatrice sous son œil gauche.

– C'est de lui que je veux te parler. Peux-tu me décrire ses vêtements ?

– Je pense qu'il a un veston sombre avec une cravate rayée.

– Tu dis cela parce que la plupart des gens ici sont habillés de la sorte, mais tu te trompes. Tu es très loin du compte.

Le vieux maître se tassa afin que je puisse voir l'homme en t-shirt noir. Comment avais-je pu oublier son habillement ? Sa cicatrice avait obstrué ma vision.

– Au moins, j'avais raison pour la cicatrice.

– C'est ce que je te disais, tu remarques ce qui te lie à ton passé ou à tes craintes. Pour beaucoup de gens, se retrouver avec une telle marque au visage, c'est mettre fin à leur existence telle qu'ils l'ont toujours connu.

Au moment où mon professeur s'apprêta à pointer ses baguettes vers son assiette, il s'arrêta et me regarda.

– Notre cerveau nous amène à voir ce que l'on souhaite. On est conduit par notre désir ou par des émotions dominantes. Tu n'aimerais pas avoir une telle cicatrice, donc tu l'as vue tout de suite. Si tu t'en étais foutu, tu aurais probablement remarqué ses vêtements.

Le maître sourit et enchaîna.

– Si cela avait été une belle grande blonde au décolleté plongeant, peut-être que tu n'aurais même pas remarqué si elle avait eu une balafre.

Le maître avait dans son assiette un poisson similaire au mien. Il enleva la peau et planta ses baguettes dans les chairs du monstrueux spécimen aquatique. Il ferma les yeux en prenant bien le temps de déguster sa bouchée avant de l'avaler. Il avait l'air à trouver cela délicieux.

– Tu as déjà vu ces phrases où seules la première lettre et la dernière lettre de chaque mot sont à la bonne position. La plupart des gens sont capables de lire les phrases, car notre cerveau s'arrange pour compenser ce qui est incohérent.

– C'est donc un atout lors d'un combat, dis-je, croyant impressionner le vieux Maître.

– Peut-être dans certains cas. Mais si tu as un adversaire un peu plus intelligent que toi, il utilisera cette faille pour manipuler ton mental. Il agencera son langage gestuel de façon à te faire composer la séquence qu'il voudra bien que tu vois.

J'avais en tête toutes les fois où j'étais sûr de l'atteindre en le frappant lors d'entraînement intensif. À chaque fois, je me retrouvais à taper dans le vide. Le vieux maître me regarda en souriant.

– Tiens, il y a peut-être un peu d'espoir après tout. Je vois qu'il y a quelques neurones qui tentent d'allumer.

Le vieux maître replongea ses baguettes dans le poisson. Je pris mes baguettes, mais il semblait y avoir un invisible champ de force qui repoussait mes mains loin de mon assiette. Dès que les baguettes approchaient de la créature, le champ de force les éloignait. Quelques bonnes inspirations me permirent enfin de vaincre cette force obscure. Après avoir pris une bouchée sans l'avaler, il reprit la conversation.

– Chaque fois que tu m'attaquais, mon cerveau arrivait à analyser les possibilités d'action de ton corps et je pouvais me positionner là où tu ne t'y attendais pas. Naturellement, pour pouvoir faire ça, je ne me dis pas des choses comme bon ça y est, il va avancer le pied droit et me donner un coup de poing. Non, c'est plus simple que ça. On n'a pas besoin d'analyser geste par geste, on développe une vue d'ensemble. Avec l'expérience, l'attaquant devient prévisible. Lorsqu'on s'est habitué à voir cela, il devient alors facile de lui donner de fausses informations.

– Heureusement que c'est plus simple que ça, dis-je de façon sarcastique. Comment est-ce que je peux arriver à un tel résultat ?

– La première étape mange ton poisson.

Après quelques hésitations, je relâchai la tension entre mes mâchoires. La minuscule bouchée que j'avais arrachée à ma pitance se déposa sur ma langue. Presque instantanément, j'eus l'impression que la chair se décomposa. Un goût exquis envahit mon palais qui en voulait plus. Le Maître me regarda en souriant.

– C'est un peu ça le *budo*. On voit avec nos yeux, on goûte avec notre corps et notre cœur en redemande.

Chapitre 4
D'étranges pouvoirs

Sans un seul regard
Du néant l'âme agit
Naturellement

Chaque fois que je repense à cette histoire, d'innombrables questions assaillent mon esprit. J'assistais à un cours que mon professeur donnait à un groupe de jeunes Occidentaux. Un Japonais vint dans le dojo pour rencontrer le vieux maître. Apparemment, ils se connaissaient bien. Les deux hommes discutaient en riant. Le visiteur, bien que moins âgé que le maître, devait avoir légèrement dépassé les soixante-dix ans.

Sur le *tatami*, tout le monde s'entraînait avec le *bo*, un bâton d'environ deux mètres. Comme cela se produit fréquemment lorsqu'il y a beaucoup de participants à un tel stage, certains étudiants un peu trop dominés par l'excitation du moment ne parvenaient pas toujours à maîtriser leurs gestes. À un certain moment, l'un d'eux a perdu le contrôle de son arme. Le bâton qui arrivait à toute vitesse s'apprêtait à percuter l'arrière de la tête du vieux maître. Je regardais la scène sans pouvoir trouver le temps de réagir. C'était certain qu'il recevrait le bout de bois sur la nuque. Complètement absorbé dans sa conversation, il ne pouvait voir venir l'attaque. Au moment où l'inéluctable impact allait se produire, il avança la tête de manière à esquiver le coup. Le bâton passa dans le vide sans atteindre sa cible. Le vieil homme jeta un bref regard en direction du fautif et continua sa discussion comme si de rien n'était.

Le lendemain, alors que nous promenions dans la rue, je lui racontai que je l'avais vu éviter la collision.

– J'admire la façon dont vous avez esquivé le *bo*, j'aimerais tant avoir de tels pouvoirs moi aussi.

Le vieux maître s'arrêta un instant, me fixa dans les yeux puis reprit la marche.

– Un pouvoir... De quoi parles-tu donc ?
– De cette faculté que vous possédez de connaître ce qui se passe dans votre dos.
– Voler par-dessus un édifice, c'est avoir un pouvoir. Déplacer des objets par la pensée, lancer des éclairs, discuter avec des esprits, ça, c'est détenir des pouvoirs. Malheureusement, je n'ai aucune de ces capacités.
– Ne me faites pas croire que c'est naturel. Vous avez esquivé l'impact au dernier instant. Ne venez pas me dire que c'est un hasard.

– Attend, dans un instant, un camion rouge va surgir sur le coin de la rue sans faire son arrêt obligatoire.

Je cessai complètement de bouger. Je tendais l'oreille dans l'attente d'un bruit suspect. Je n'osais cligner des yeux de peur de manquer le moment où le véhicule passerait. Après quelques instants, je tournai la tête en direction du Maître. Il affichait un grand sourire. Il m'examinait comme on regarde un jeune enfant déballer un cadeau.

– Quoi ? Je te l'ai dit, je n'ai pas de pouvoir.

– Mais alors, comment pouvez-vous expliquer que vous ayez évité l'attaque accidentelle du dojo ?

– Ah ça, ce ne sont pas des pouvoirs, c'est, disons de l'instinct.

– De l'instinct ! J'aimerais bien avoir autant d'instinct que vous.

– Mais tu as de l'instinct. C'est juste que tu as cessé de l'écouter depuis longtemps.

– Je ne crois pas que je n'ai jamais esquivé un coup de bâton qui me frappait par-derrière.

– Lorsque tu étais enfant, ça ne t'est jamais arrivé d'avoir l'impression qu'un de tes amis était caché pour te jouer un tour et que tu savais qu'il était là sans l'avoir vu.

Quelques images apparaissaient à mon esprit. Des scènes confuses, saccadées, sans rapport les unes aux autres. Puis soudain, je revoyais un jeune du quartier tapi sur le côté d'une clôture, un seau d'eau à la main. Le maître ne me laissa pas le temps d'approfondir ce souvenir.

– Ça ne t'est jamais arrivé de penser à quelqu'un que tu n'avais pas vu depuis longtemps et de le croiser dans la rue.

Là, la réponse fut instantanée.

– Oui, j'ai déjà vécu ça. Plusieurs fois.

– Et bien, c'est la même chose, c'est de cet instinct qu'il s'agit.

– Je veux bien croire qu'il puisse y avoir une certaine connexion entre diverses personnes. Mais le bâton lui, il ne vit pas.

– Le bâton ne vit peut-être pas, mais la personne qui le manipule elle, est bien vivante.

Je n'avais pas songé à cela. L'arme n'est rien sans la main qui la tient.

– Oui, mais pour moi, c'est de la chance. Pour vous, ça semble aussi naturel que marcher, répliquais-je.

– Tu ne peux pas t'imaginer comment j'apprécie le simple fait de faire quelques pas dans la rue. Je me trouve drôlement privilégié de pouvoir me déplacer. Il y a tellement de gens qui ont toutes sortes de problèmes. Pense à ceux qui sont en fauteuil roulant.

– Quel est le rapport entre cette perception et le fait de marcher ?

– Décidément, tu ne comprends pas ce qu'est la vie.

– Mais oui, je sais ce qu'est la vie. La chance de marcher, de pouvoir bouger, d'avoir un toit à se mettre au-dessus de la tête, de bien manger et d'avoir un bon travail.

– Désolé, ce n'est pas ça, la vie. Ce dont tu parles ressemble davantage à de la survie.

– Comment ? De la survie ! Que voulez-vous dire ?

– Hum, je ne sais trop par où commencer. J'imagine que tu n'es généralement pas très occupé...

– Au contraire, je n'ai jamais de temps libre. Je dois me taper souvent des journées de dix heures de travail. Je dois préparer mes repas, étudier et le reste du temps que j'ai, je le consacre au *budo*, et...

– C'est bien ce que je disais, tu survis. À l'exception de nos entretiens, à quand remonte ta dernière vraie conversation avec un humain ?

– Je converse régulièrement avec mes amis lorsqu'on se voit.

– Et quels sont vos sujets habituels ?

– C'est varié, nous parlons de toute sorte de choses. De la technologie, des bons films au cinéma, des arts martiaux, de tout ce qui est important.

– Je te repose la question, à quand remonte ta dernière vraie conversation, pas tes discussions sur les banalités de la vie.

Je commençais à voir où il m'entraînait. Bien sûr, il y avait les règles robotisées de politesse, comme « bonjour, comment ça va ? », mais en y pensant bien, nos échanges étaient plus distrayants que profonds. Cela se résumait souvent à imposer nos idées plus qu'à accepter celles des autres.

– Je crois savoir où vous voulez en venir. Vous parlez d'empathie n'est-ce pas ?

Le maître me regarda en pointant son pouce vers son nez.

– J'ai du flair, je me disais bien qu'on finirait par attiser cette petite lueur d'humanité qui brille au fond de toi.

– Croyez-vous que je manque d'empathie ?

– Non, c'est juste que tu n'en es pas conscient.

– Est-ce que l'empathie est un bon outil pour percevoir une attaque arrière comme vous l'avez fait ?

– Se mettre dans la peau d'un clochard, d'un commerçant, d'un voyou ou d'une mère de famille permet de développer ce lien si essentiel aux arts martiaux. Tant que le pratiquant est tourné vers l'image qu'il projette plutôt que sur ce qu'il est réellement, il lui est impossible d'avoir accès à ces vieux instincts primitifs. La connexion lui sera difficile.

C'est de cela que nous étions en train de parler. De connexion, l'un des concepts les plus étranges du niveau supérieur du *budo*.

– Est-ce que c'est un exercice que je devrais faire souvent ?

– Ce n'est pas un exercice, c'est un état d'esprit. Il faut que ça devienne une seconde nature d'avoir de l'empathie pour les gens que tu côtoies. Dans un premier temps, ça sera émotionnel, puis un beau jour, tu découvriras probablement une dimension dont la plupart des gens n'ont aucune idée.

– Ce n'est donc pas de la magie.

– Est-ce que j'ai l'air d'un sorcier ? me demanda le vieux maître en mettant sa main sur ma poitrine pour m'empêcher de descendre du trottoir sur le coin de la rue, au moment où un camion rouge passa à toute vitesse sans faire son arrêt obligatoire.

Chapitre 5
Trop vite

Le temps existe
Trop vite il s'évade
Sans qu'on le voie fuir

Au moment où je rencontrai le vieux maître pour la première fois, j'enseignais déjà à de nombreux groupes. À cette époque, lorsque mes étudiants participaient à une compétition, nous revenions toujours avec une panoplie de trophée et de médailles. J'étais certain qu'avec autant de bons résultats de la part de mes élèves, je devais être un excellent professeur. À cette période de ma vie, j'étais celui qui ignorait qu'il ne connaissait pas grand-chose.

Un jour, mon Maître me fit faire un entraînement plutôt inhabituel. Nous étions dans le dojo extérieur, une petite clairière avec un espace suffisamment dégagé pour permettre n'importe quel type d'apprentissage martial. Je l'attendais au centre de cette aire vide. Je croyais qu'il viendrait me rejoindre, mais au lieu de ça, il demeurait à l'écart. À une centaine de mètres de moi, il s'amusait à se déplacer lentement autour d'un arbre puis il passa à un autre. Ça devait lui prendre une bonne quinzaine de minutes pour contourner un seul de ces redoutables adversaires végétaux. Je ne pus m'empêcher de sourire en le voyant faire ces mouvements qui me semblaient tout à fait inutiles. À pas de renard, je m'approchai, m'attendant à ce qu'il tente de me frapper à tout moment. Mais rien de cela n'arriva. Il se contentait de bouger, j'aurais pu dire de se promener, mais ce n'était pas vrai. Ses déplacements étaient étranges. Sans être du *tai-chi*, sans être de la marche, il paraissait se mouvoir tel un fantôme, flottant dans l'air. Même si ses pieds touchaient le sol, il ne laissait pratiquement aucune empreinte parmi les feuilles mortes. Aucun bruit ne trahissait sa présence.

– Sensei, qu'est-ce que vous faites ?

C'est sans prendre la peine de me regarder qu'il me répondit.

– Ça ne se voit pas, je pratique ma rapidité.

La seule réaction qui me vint à l'esprit me sembla sarcastique après coup.

– Ça fonctionne bien, les arbres n'arrivent pas à vous suivre.

Le vieux maître tourna la tête un instant dans ma direction, puis il continua son exercice sans s'occuper davantage de moi. Cela devait bien faire une heure qu'il déambulait ainsi à travers la forêt, contournant arbres et fougères. Un certain embarras s'empara de moi. Demeurer à ne rien faire me rendit soudainement mal à l'aise. Je me mis à imiter ses déplacements, perdant fréquemment ma stabilité sur quelques racines malveillantes qui n'attendaient que le bon moment pour me ridiculiser. J'ai même bien failli me crever un œil à la seconde ou je me tournais de côté pour poursuivre mes manœuvres sur un autre arbre. Le molosse s'était défendu en m'attaquant d'un de ses tentacules à la cornée. Un peu de sang coula de ma paupière inférieure. Alors que je levais le bras pour essuyer la goutte chaude qui tombait sur ma joue, mon professeur s'adressa à moi.

– Trop vite...

– Quoi ! Comment ça trop vite ? demandais-je d'un ton qui frôlait l'impatience.

– Trop vite, tu vas trop vite. C'est pour ça que tu n'es pas connecté à la forêt. C'est pour ça qu'elle s'est défendue.

– Une forêt ne peut pas se défendre, répliquai-je.

– Alors, tu t'es fait ça tout seul. Tu es donc stupide, il faut être stupide pour se blesser soi-même volontairement.

– Ce n'était pas un choix, c'était un accident.

– C'est ce que je disais, tu n'es pas connecté.

Je ne tenais pas à avoir ce type de discussion avec le vieux maître, pour cette raison je gardai le silence.

Mais il n'avait pas dit son dernier mot

– Qu'est-ce que la vitesse pour toi ? me demanda-t-il sans daigner lever les yeux vers moi.

– La vitesse c'est quand on est rapide, dis-je sans réaliser le pléonasme.

– Bravo, belle réponse. Je me demande pourquoi j'ai accepté de passer du temps avec toi.

Cette phrase avait été comme une douche froide. C'est moi qui l'avais approché, supplié de me prendre comme disciple. Au diable ma fichue fierté, cet orgueil déplacé.

– Je m'excuse pour cette réponse idiote. La vitesse c'est de pouvoir bouger suffisamment bien afin d'éviter n'importe quelle agression. C'est pouvoir frapper plus rapidement que son adversaire. C'est...

Il ne me laissa pas le temps de continuer.

– Si je comprends bien, tu es rapide lorsque tu parviens à esquiver des attaques aux poings ou aux pieds. Ça, c'est facile. On est vite lorsqu'on arrive à éviter la lame d'un sabre qui s'abat sur nous.

– Oui, c'est ça. Pouvoir se défiler de l'attaque d'un *katana*.

Je sentais la frénésie dans ma voix. Je me voyais en train de sauter de côté pour éviter de me faire trancher par un mystérieux assassin à la cagoule opaque.

– Est-ce que tu crois que tu possèdes ce talent extraordinaire d'éviter de telle agression ? demanda le vieux maître qui me regarda dans les yeux pour la première fois.

— Je pense que oui, dis-je, heureux comme tout d'avoir toute son attention.

— Alors, probablement que l'arbre qui t'a attaqué est plus rapide qu'un bon sabreur, dit le maître en plissant les yeux.

J'avais l'impression que son regard engouffrait toute mon âme.

— La vitesse n'est qu'une illusion, il faut apprendre à connaître son adversaire. Comment peux-tu espérer te défendre contre un katana si tu n'es même pas capable d'éviter une petite branche ?

— Mais alors sensei, qu'est-ce que la vitesse si ce n'est qu'une illusion ?

Le maître se dirigea vers moi. Je savais que l'entraînement deviendrait un peu plus physique.

— Frappe-moi, me dit-il. Ne t'inquiète pas si tu réussis à m'attraper, c'est moi qui te l'ordonne. Cogne-moi si tu veux que je te garde comme disciple.

Naturellement, toutes mes tentatives pour atteindre le vieil homme se soldèrent par un échec. Une feinte d'un crochet de la droite suivi d'un coup de pied circulaire me donna un espoir une fraction de seconde. Mais sans que je ne comprenne comment, mon pied ne rencontra que le vide.

— Tu agis trop vite, tu ne réfléchis pas. C'est parfait pour jouer avec des enfants, mais dans un combat réel, tu es un piètre adversaire. Tout repose sur la vitesse de tes muscles, c'est de l'illusion. Je me demande pourquoi je perds mon temps ici, dit-il en soupirant.

— Vous êtes ici par que vous savez que je peux arriver à quelque chose. Mais sans vous, je n'y parviendrai pas. J'ai besoin de vous, ne me laissez pas tomber, s'il-vous plaît... Maître.

Le vieux professeur sourit.

— Tu es sur la bonne voie. On reprend, essaie de me frapper, mais là je vais rendre les coups.

Je venais de réaliser que je me battais contre une ombre, un fantôme. Une entité qui se contentait d'éviter mes attaques. Je donnai mon premier coup de poing avec une violence nourrie par la crainte. Peur qu'il me refuse son enseignement, peur de la douleur qu'il allait me faire. Aussitôt que mon bras tenta de reprendre sa position après avoir manqué la cible, une douleur brulante se fit sentir dans mon pectoral droit. J'avais l'impression que toutes les fibres du muscle se déchiraient, que je ne pourrais plus jamais lever mon bras. Il me relâcha. Je sentis mes jambes ramollir, mais je trouvai l'énergie nécessaire pour réattaquer d'un coup de poing de la main gauche. Le vieillard redirigea mon bras vers le bas, puis il le remonta en appuyant une main sur le dessus de ma tête. Sans trop réaliser ce qui venait de se passer, je me retrouvai projeté dans un bouquet de fougère. Ma fesse cogna contre une pierre pointue qui dépassait. L'orgueil m'interdisait de m'apitoyer sur mon sort. Après plusieurs tentatives infructueuses, le

Maître m'obligea à reprendre le travail autour des arbres. J'étais bien content de ne plus essayer de le frapper. Mon corps, mais surtout mon égo, en aurait sûrement pour plusieurs jours à se remettre de cet entraînement.

– Trop vite.

J'ai dû entendre ces mots des dizaines de fois. À chaque fois je ralentissais. Mais après un certain temps, le naturel revenait au galop. Sans m'en rendre compte, j'accélérais le rythme.

– Maître, je ne comprends pas le rapport de cet exercice avec la vitesse. Est-ce qu'un tel exercice peut réellement faire augmenter ma vitesse ?

– Est-ce que tu avais l'impression que je bougeais rapidement lorsque je t'ai combattu tout à l'heure ?

– Non, j'avais même par moment la sensation que vous étiez immobile.

– J'étais presque immobile, c'est tout ce dont on a besoin lorsque l'adversaire n'est pas très performant. On n'a pas besoin de bouger beaucoup. C'est ce que tu apprends ici, à ne pas bouger, mais à te connecter.

Sans dire un mot, je retournai à ma routine autour d'un arbre qui m'apparaissait centenaire. Je regardai le vieux chêne en l'appelant *sensei*. En japonais le mot *sensei* se traduit par professeur. Le kanji *sen* peut se traduire par avant, précédemment, antériorité ; alors que le second kanji, *sei*, peut se traduire par vie, naissance. On peut alors traduire ce mot par : celui qui est né avant nous. Je ne sais trop pourquoi ni comment, mais j'étais en train de me faire instruire par un arbre.

– Trop vite, concentre-toi, sinon tu n'y arriveras jamais.

Je pris une bonne respiration et continuai l'exercice en ramenant mes pensées sur ce qui se trouvait devant moi. Puis, je ralentis mes déplacements. J'essayais de sentir tout ce qui m'entourait, de voir avec chacune des cellules de mon corps.

– Voilà, tu commences à comprendre. Il y a peut-être un peu d'espoir après tout.

Je ne sais comment le vieux maître pouvait sentir ce que je ressentais, mais pour la première fois, j'avais conscience de l'importance de la connexion. Plus j'avais l'impression de sentir tout ce qu'il y avait autour de moi, plus j'avais une sensation de puissance.

– Fais attention, dit le maître.

J'étais tellement excité que je venais de perdre ma connexion avec tout ce qui m'entourait. Je voulais rassurer le maître sur ma capacité à me reconnecter.

– Ne vous en faites pas, Maître, je vais arranger ça. Ça va être facile de me reconnecter avec la forêt.

– Mais, ce n'est pas de ça que je parle, dit-il.
– Tout est sous contrôle, ne vous inquiétez pas, laissez-moi faire. Je ne suis plus un enfant.
– D'accord, mais je voulais simplement te dire de ne...

Des douleurs chaudes, pointues s'agglutinèrent le long de ma jambe. Je perdais le rythme nécessaire pour l'exercice. Le vieux maître me rappela à l'ordre.

– Le nid de guêpes, tu as marché sur un nid de guêpes me dit le vieux maître qui m'observait fuir la nuée à toute jambe.

En décampant le plus rapidement possible, je n'eus le temps que d'entendre ses deux derniers mots.

– Trop lent.

Chapitre 6

Devenir vieux

Expérience
Cascades de nos années
Être au sommet

Cette conversation eut lieu au début de ma relation avec le vieux Maître. J'étais dans le dojo avec quelques amis et je regardais une vidéo d'un art martialiste qui démontrait sa capacité physique. Dans la cinquantaine, l'homme était dans une forme qui faisait l'envie de mes compagnons d'entraînement. Je ne m'étais pas aperçu que le vieux Maître observait par-dessus mon épaule.

– Il y en a qui sont prêts à tout pour demeurer au sommet de leur art, dit-il.

– Vous voulez dire que sa forme physique fait de lui un grand pratiquant d'art martial ?

– Non, je dis simplement qu'il tente de s'accrocher à son passé.

– Vous ne pouvez nier le fait que cet homme fait preuve d'une volonté incroyable.

J'étais confus et aussi sceptique. Je ne comprenais pas que l'on pouvait dénigrer quelqu'un qui démontrait autant d'ardeur.

– Je ne sais pas à quel niveau se situe sa volonté, dit le vieil homme. Mais chose certaine, c'est très joli à regarder.

– Joli… Je trouve ça spectaculaire.

– Je respecte la ténacité, la persévérance et le vouloir de cet individu dans sa tentative pour rester jeune. Mais dans les arts martiaux, on n'a pas vraiment besoin d'autant de gymnastique.

– En tout cas, ça ne peut pas nuire, lançais-je dans un élan désespéré.

J'admirais vraiment le travail que faisait ce gaillard. Il avait dû faire tant d'effort pour demeurer aussi athlétique.

– Ça ne peut pas causer de tort, s'il n'emprunte pas ce temps à son entraînement martial.

– Vous ne semblez pas apprécier cet homme, dis-je.

– Non, j'admire vraiment ce qu'il fait, crois-moi. Mais il ne faut pas confondre arts martiaux et gymnastique.

– Les *ninjas* étaient des athlètes extraordinaires, lançais-je avec assurance.

– Pour certains des plus jeunes, probablement, mais pour les plus matures, ils ne se fiaient certainement pas à leurs acrobaties pour survivre.

– C'est peut-être qu'ils n'étaient pas aussi en forme que cet homme.

Le vieux sage me regarda en souriant. Il semblait avoir pitié de moi. Il continua à discuter sur le sujet.

– Rendus à un certain âge, il faut accepter de vieillir. C'est sûr, on doit tenter de garder notre corps dans une condition maximale. Par contre, on ne doit pas faire ça en négligeant du temps d'entraînement. Si tu le fais pour toi-même parce que pouvoir faire des mouvements acrobatiques à soixante ans te plaît, alors je n'ai rien contre. Mais si tu le fais pour impressionner les autres et que tu associes cela aux arts martiaux, j'ai un peu plus de difficulté avec ça.

Je ne démordais pas de mon point de vue.

– Oui, mais si l'on est plus en forme, on devient plus rapide, plus résistant. C'est le secret pour performer.

– Combien de temps d'arrêt est-ce que ça peut prendre à un champion olympique pour perdre un bon pourcentage de sa condition physique, me demanda-t-il ?

Il ne me laissa pas le temps de répondre.

– Probablement qu'en deux mois, tu auras perdu un grand pourcentage de ta capacité. Or, si tu t'entraînes martialement et que tu es deux mois en arrêt, ta compétence ne fera pas défaut. Même après dix ans, il en restera quelque chose.

Je commençais à comprendre où il désirait en venir. Il souleva un autre point auquel je n'avais pas songé.

– Est-ce qu'on peut faire tous ces mouvements à froid, sans préparer ses muscles ?

– Bien sûr que non, répondis-je. Il faut s'étirer et se réchauffer si l'on veut éviter les blessures.

– J'imagine que dans un combat si tu demandes à un adversaire de patienter afin qu'il te laisse suffisamment de temps pour te préparer, qu'il va acquiescer à ta requête ?

Je me voyais mal faire quelques exercices d'étirement devant un attaquant qui m'attendrait sans rien dire.

– D'accord, là vous marquez un point. Je n'avais pas songé à cela.

– Beaucoup de gens craignent de vieillir. Plusieurs professeurs d'arts martiaux ont peur de ne plus susciter autant d'admiration chez leurs étudiants. Souvent, ils perdent un peu de confiance en eux lorsqu'ils constatent qu'ils sont moins rapides qu'auparavant ou que leurs réflexes ont diminué. Ils tentent de compenser par davantage d'efforts physiques plutôt que de s'améliorer en acquérant plus de précision.

– Est-ce que vous avez ressenti la même chose ? demandais-je. Plusieurs étudiants présents semblaient mal à l'aise que je pose une telle question au Maître.

– Bien sûr. On pratique une technique de déplacement qu'on n'a pas fait depuis un certain temps et l'on se rend compte, en appuyant le pied au sol, que l'on possède un peu moins d'équilibre. On se dit que c'est passager, que c'est dû à la fatigue ou à autre chose, mais non, c'est simplement le vieillissement qui fait son œuvre.

– Qu'est-ce que vous avez fait ? Est-ce que ça vous a découragé ?

– J'étais triste. Je réalisais bien que toutes mes capacités allaient en diminuant. Durant une courte période, j'ai songé à tout arrêter. Puis j'ai repensé à mon professeur, un homme âgé qui pouvait jouer avec moi d'une seule main. Je me suis dit que s'il pouvait être aussi efficace à son âge, je pouvais le devenir également. Alors je me suis mis à réfléchir à sa manière de se déplacer.

La première fois que j'avais vu bouger mon professeur, j'avais remarqué qu'il ne se mouvait comme aucun autre que j'avais vu avant lui. À cette époque je ne comprenais pas ce qui faisait de ses déplacements quelque chose d'aussi particulier. Il enchaîna.

– J'ai revu et changé ma façon de m'entraîner. J'ai analysé et fait ressortir les points culminants des techniques que je connaissais. Pourquoi tel geste était-il si efficace ? Est-ce que je peux l'améliorer en faisant moins d'efforts ? Est-ce que je peux être plus rapide qu'un assaillant plus jeune au sommet de sa forme ? La réponse était oui. Il me suffisait d'économiser du temps de réaction, exploiter au maximum les angles adéquats. C'est également dans cette réflexion que j'ai compris l'importance de la capture du mental d'un adversaire.

Je buvais littéralement les mots de mon professeur. Ces paroles sont toujours demeurées gravées dans ma mémoire. J'ignorais à ce moment comment les utiliser, mais je savais qu'un jour, moi aussi j'aurais à passer par là.

– Un beau matin, dit-il, on s'aperçoit que nos techniques de frappes sont moins puissantes. Comment faire pour compenser les méfaits de l'âge ? L'alignement des os, une bonne récupération de l'énergie des mouvements du corps, et voilà que d'un seul coup, non seulement je cogne plus rapidement, mais en plus, je gagne en puissance.

En affirmant cela, le vieil homme donne un formidable coup de poing dans sa main. Je n'aurais pas voulu recevoir cette attaque.

– Lorsque vient le temps de saisir un adversaire, nos doigts n'ont plus la même facilité de préhension que jadis. Pas de problèmes, la connaissance des *kyushos* va compenser ce manque de puissance. Durant des années j'ai fait des arts martiaux comme tout le monde, en ignorant pourquoi les mouvements s'exécutaient de cette façon. La compréhension m'a amené au niveau où je suis aujourd'hui.

– Avez-vous des regrets de vieillir ? demandais-je.

– J'accepte avec sérénité le fait de prendre de l'âge. Je suis simplement déçu de n'avoir pas compris plus tôt ce que je sais maintenant. C'est pourquoi j'enseigne de la façon que je le fais. Je désire que vous appreniez plus tôt les choses importantes du *budo*.

L'un des points qui m'avaient fasciné chez lui était sa générosité. Il distribuait ses connaissances avec une telle largesse, sans aucune restriction. Cela me changeait des professeurs que j'avais déjà eus par le passé, qui donnaient au compte-goutte les quelques bribes de savoir qu'ils détenaient. Naturellement, je ne pouvais m'empêcher de lui poser davantage de questions sur le sujet.

– Si vous aviez quelque chose à changer dans votre vie, qu'est-ce que ça serait ?

– Je ne changerais rien à ma vie. J'ai eu une vie heureuse, bien remplie. J'ai eu le privilège d'avoir les meilleurs professeurs d'arts martiaux dont on puisse rêver. Je me considère chanceux et surtout choyé de pouvoir continuer d'enseigner à mon âge. Je ne crois pas que si j'avais investi autant dans la gymnastique, j'en serais là où j'en suis à l'heure actuelle.

– Quelle est la chose la plus importante pour nous dans notre entraînement ?

Je n'avais aucune idée de ce que j'attendais en demandant cela. Peut-être qu'inconsciemment je souhaitais connaître l'un de ces secrets que possèdent les vieux maîtres.

– La chose la plus cruciale dans votre formation ? Hum... c'est une bonne question.

Le vieil homme mit sa main sous son menton, regarda le sol puis se tourna vers moi en levant les sourcils, comme s'il était étonné de sa propre réponse.

– *Ishiki*, dit-il. Sans aucun doute, c'est *ishiki*. Être conscient, conscient de ce que vous faites, de la manière dont vous le faites et de pourquoi vous le faites. Être conscient de vos faiblesses comme de vos forces, conscient de vos lacunes.

Le vieux Maître garda le silence un moment, puis il releva la tête en souriant.

– La plupart des gens regrettent le fait de prendre de l'âge. Ils sont tristes en pensant à tout ce qu'ils n'ont pas fait, à tout ce qu'ils auraient pu faire dans leur vie. Il faut être conscient que l'on est vivant, que l'on peut accomplir toutes sortes de choses. L'homme est fait pour créer, pour faire de grandes œuvres. Trop de gens sont déjà morts, mais ils l'ignorent encore.

Avant même de connaître mon Maître, j'avais lu un article où il tenait des propos semblables. Cela avait été l'élément déclencheur qui m'avait amené à désirer suivre son enseignement. Je ne voulais pas être comme toutes ces personnes qui végètent dans un état léthargique toute leur vie, des ombres qui vivent par procuration. Des gens qui existent, mais qui n'agissent en rien.

Chapitre 7
Gérer sa personnalité

Troublé du regard
Puiser au fond du mental
Ébranler l'âme

– J'ai l'impression de me battre contre une coquille vide, me dit le vieil homme.

Bon, ça y est, il est de mauvaise humeur, ai-je pensé. Il m'avait simplement demandé de le frapper et il me réprimandait pour je ne sais trop quelle raison. Mon coup de poing était pourtant puissant et rapide.

– Tu ne projettes pas assez d'intention, il faut que tu m'attaques sur tous les plans, pas seulement physiquement.

Cet entraînement avait eu lieu quelques semaines avant que je n'aie osé le solliciter pour qu'il me prenne comme disciple. J'étais un étudiant parmi tous ceux qui allaient le visiter régulièrement. Ma compréhension martiale était beaucoup plus limitée que ce que je croyais. C'est avec une évidente frustration que je lui répondis :

– Je ne suis pas certain que l'on puisse faire beaucoup de dommage en engageant le combat par la pensée.

J'ignorais que mon sarcasme donnerait le ton à l'enseignement du jour.

– D'accord, s'il faut faire cela pour que tu apprennes, je suis partant. C'est moi qui vais te frapper.

Je m'attendais à ce que ce soit facile d'éviter son attaque. En raison de son âge avancé, j'aurais dû avoir raison de sa rapidité. Mais ce n'était pas aussi simple. Au moment où son poing était à mi-course, j'eus l'impression qu'une vague d'émotion déferla dans mon esprit. Durant un instant, je sentis de la panique, de la crainte. J'avais peur de lui. Comment était-ce possible ? Puis une douleur au ventre me fit réaliser que ses jointures me percutaient sans que je puisse y faire quoi que ce soit. Il attendit patiemment que je reprenne mon souffle.

– Alors ! Tu vois maintenant la différence entre une coquille vide et une qui est remplie d'intention.

Je ne pouvais expliquer ce qui venait de se produire, mais il était évident qu'il s'était passé quelque chose au-delà d'une simple attaque physique.

– On ne doit pas dédaigner la puissance de l'esprit. Notre mental est quelque chose de malléable. On peut s'en servir pour projeter des émotions ou encore pour passer inaperçu. Est-ce que quelqu'un sait ce qu'est le *henso jutsu* ?

— C'est l'art du déguisement, dit l'un des étudiants.

— Oui, mais c'est beaucoup plus que ça. Les ninjas utilisaient ces principes pour se fondre à la masse et influencer leur entourage. Mettre de beaux habits pour se camoufler c'est facile. Mais réussir à convaincre les gens qui vous côtoient que vous êtes vraiment ce que représentent vos vêtements, là ça commence à être de l'art, celui de la dépersonnalisation.

— Quel rapport y a-t-il entre le coup de poing que vous venez de m'administrer et ces techniques? demandai-je

— C'est la différence entre le vouloir et le savoir. Tu voulais frapper fort, et moi je savais que je pouvais cogner fort.

Je ne voyais absolument pas comment cette réponse pouvait m'aider à comprendre.

— Cette exploitation du mental est utilisée par les grands hommes qui gouvernent ce monde, continua le Maître. Ces gens qui possèdent un charisme inébranlable, ceux pour qui on irait jusqu'à risquer nos vies. Ils ont appris comment projeter de l'énergie. Imaginez deux personnes qui ont les mêmes formations générales, les mêmes capacités physiques et les mêmes ressources financières. Ces deux individus se présentent pour une élection à un poste quelconque. Mais l'un d'eux doute de lui, ne réussit pas à s'imposer alors que son homologue vous regarde droit dans les yeux, occupe l'espace à son maximum. Pour qui allez-vous voter? Probablement pour celui qui affirme le plus sa personnalité. C'est un signe de force, de confiance en soi et de maîtrise.

Je me remémorai une scène où des politiciens aux Philippines en étaient arrivés à se taper dessus à grands coups de poing. Mais j'imagine que le Maître ne faisait pas allusion à cela.

— Vous devez apprendre à vous connecter à l'émotion que vous désirez afficher. Si par exemple vous allez à une entrevue pour une jeune entreprise dynamique qui a le vent dans les voiles, vous ne devriez pas vous présenter comme quelqu'un de stable, de traditionaliste. Il faut donner une image pleine d'énergie, l'image de quelqu'un qui ne demande qu'à relever des défis. Si par contre vous postulez dans une firme plus conservatrice, vous devrez cacher votre côté innovateur ou fonceur. Vous devez projeter l'image qui convient à la culture de la compagnie.

— Vous disiez, il y a quelques semaines, que l'on devait être naturel. Est-ce que le fait de prendre d'autres personnalités n'est pas contraire à cela? demandai-je.

— Il faut que le fait de revêtir différentes attitudes devienne naturel pour vous. Vous ne reniez pas qui vous êtes, vous ne faites que projeter une nouvelle image, une énergie. Qu'est-ce qui t'a le plus perturbé tout à l'heure? Le coup de poing que tu as reçu ou ce que j'ai projeté?

– J'ai été déstabilisé avant même que vous ne m'atteigniez. Je ne sais pas ce que vous avez fait, mais j'ai senti une vague qui me repoussait.

– Avant même que tu ne puisses analyser quoi que ce soit, ton cerveau a immédiatement perçu la confiance que je dégageais. Ça a été suffisant pour jeter un doute dans ton subconscient et créer la confusion qui t'a empêché de réagir. J'ai projeté une image de gagnant et non celle d'un combattant. Inconsciemment, tu as senti les affres de la défaite. Tu y as cru.

Un étudiant leva la main.

– J'ai déjà suivi un cours de vente. Une des conditions de réussite était de croire en notre produit. Si l'on doute de ce que l'on vend, le client le percevra et sera plus difficile à convaincre s'il n'a pas besoin de ce qu'on lui offre.

– L'exemple est excellent. Que ce soit pour un échange verbal ou au poing, ce sont nos idées que l'on tente de faire accepter par l'autre. On peut parler ou se battre sans trop savoir où l'on va. Mais dès que l'on y met de l'intention avec une grande détermination, le succès est davantage au rendez-vous. On doit apprendre également à projeter toute son énergie vers l'avant. Si je donne un coup de poing et que mon corps semble vouloir reculer, se cacher, l'impact de mon attaque ne sera que physique. Il faut impressionner l'adversaire en démontrant qu'on n'a aucune crainte.

Quelque chose m'agaçait dans cette stratégie.

– Il n'y a pas de danger de se faire frapper si l'on s'expose de la sorte ?

– Oui, mais comme on sait que l'on offre certaines cibles, il devient facile de prévoir les ripostes possibles de l'assaillant. En bloquant ses contre-attaques, on renforce l'image du gagnant que l'on projette.

Le vieux sage prit une pause, marcha quelques pas. Personne n'osait briser ce silence. Il se retourna et son regard croisa le mien.

– Il peut arriver que ce soit le contraire que l'on doive faire et s'afficher comme étant faible et vulnérable. Cela peut être avantageux de projeter l'idée que l'on a peur et qu'on cherche à la dissimuler. Il faut que la personne en face ait la sensation que l'on veuille l'impressionner sans cependant avoir la force de caractère nécessaire.

– Et ça lui accordera un surplus de confiance qui se retournera contre lui, m'empressai-je de dire.

– C'est exact. Manipuler l'image que l'on donne peut nous apporter une foule d'avantages.

– Comment peut-on arriver à bien contrôler cette image ? demanda l'un des étudiants.

– La première étape est simple, *ishiki*. La conscience, il faut être conscient de l'image que l'on présente. Si vous avez été filmé sans le savoir, prenez le temps d'observer ce que vous projetez. Sinon, regardez-vous dans un miroir et tentez d'imiter certaines émotions.

La compassion et l'empathie, la colère, la peur et toutes celles qui vous passeront par la tête. Apprenez à compartimenter ces diverses expressions. Il faut que vos émotions et votre corps se synchronisent afin de projeter la même chose.

Le vieux Maître fit quelques pas dans le dojo. En trois ou quatre pas, sa démarche se transforma.

– Peut-être qu'un simple exercice de marche pourra vous aider. Levez-vous, tout le monde. Marchez dans le dojo, promenez-vous et soyez conscient de l'image que vous affichez.

Tout le monde se leva et marcha. Après quelques minutes, tout le groupe tourna dans le même sens. Cela me rappela le film de Jack Nicholson, Vol au-dessus d'un nid de coucou. Je décidai de me diriger à contresens. Le Maître me souria avant de nous faire arrêter.

– Bien. Maintenant, vous allez marcher et vous devrez vous déplacer en démontrant de l'inquiétude comme si vous aviez peur. Observez comment votre corps va s'adapter à cette émotion.

Curieusement, je sentis mes épaules descendre, mon regard fixa le sol. J'esquivais avec une plus grande distance afin de ne pas accrocher les autres promeneurs.

– Avez-vous remarqué comment cette attitude est facile à prendre? dit le professeur. Nous avons tous des craintes inconscientes qui sont omniprésentes, qui n'attendent que le moment de s'exprimer. Vous allez maintenant trouver une façon de vous déplacer, un style qui vous donnera une sensation de puissance. Inventez une marche de puissance, quelque chose qui projettera de vous une image forte.

Les premiers pas étaient banals. Puis à un certain moment, mon menton se releva. Puis, ce fut au tour de mes épaules de prendre un peu plus d'espace. Sans écarter les jambes, j'avais l'impression que mes hanches s'élargissaient davantage et qu'elles me propulsaient vers l'avant en occupant plus d'espace qu'à l'habitude. Parfois, mes bras balançaient, parfois je déposais mes poings sur mes hanches. Je ne comprenais pas trop pourquoi, mais cette marche me donnait un sentiment de puissance. Une plus grande énergie que je focalisais aisément. Une sensation étrange de liberté fit place au scepticisme que j'avais lors de mes premiers pas.

– Alors, demanda le Maître, c'est assez intéressant comme manière de marcher, n'est-ce pas?

Nous étions tous d'accord sur le fait que cela nous énergisait.

– Pourquoi est-ce que ça fait cela? questionna un étudiant.

– Parce que c'est probablement la meilleure façon pour toi de marcher. Ton corps sait ce dont il a besoin. Mais se déplacer de cette manière dans une foule peut paraître un peu bizarre. La plupart des gens hésiteront à s'abandonner à ce type de comportement.

Le temps filait à toute allure. Juste avant la fin de la classe, j'émis un commentaire sur ce que nous venions de faire.

– Si j'ai bien compris, on va devoir s'habituer à projeter, à cacher ou à modifier nos émotions, notre énergie.

– En quelque sorte oui, répondit le Maître.

– Il faut apprendre à puiser dans nos énergies et même à la projeter.

– De façon basique, ça ressemble à cela.

– C'est la même chose que lorsqu'Obi Wan Kenobi dit à Luke d'utiliser la force dans le film de la guerre des étoiles, dis-je.

– Pas tout à fait. Dans la version japonaise on ne dit pas d'utiliser la force, on dit plutôt de croire en la force. Et ça, ça fait toute la différence, répondit le Maître.

Chapitre 8
Pourquoi

Toujours insister
Sans comprendre le pourquoi
Être ignorant

Le mot qui revenait le plus souvent ce matin-là était incontestablement *doshite*. Un étudiant attaquait en amenant ses poings sur les hanches. Le Maître lui avait demandé pourquoi il agissait de cette manière.

– Je ne sais pas, avait dit ce dernier. Dans les autres arts martiaux que je pratiquais, on devait frapper de cette façon. En questionnant un de mes professeurs sur ce positionnement, il m'avait fait comprendre que je ne devais pas remettre en doute son enseignement. Je n'ai pas osé pousser plus loin ma quête de la connaissance.

– Vous auriez dû ! dit le Maître d'un ton acariâtre. On doit toujours comprendre pourquoi ce que l'on apprend doit s'exécuter d'une certaine façon. Dans le *budo*, le vrai *budo*, il y a des raisons qui expliquent le moindre geste. Rien n'est laissé à la chance. Vous ne pouvez confier au hasard le soin de réagir lorsque votre sécurité et votre vie en dépendent. Il vaut mieux savoir comment fonctionnent les outils que vous allez utiliser.

Les yeux oblongs du Maître ne quittaient pas le regard du pauvre étudiant qui devait se sentir mal à l'aise dans sa peau. Le Maître attendit que l'étudiant hoche la tête avant d'enchaîner. Il cessa enfin de fixer le jeune homme pour s'adresser à tous.

– Si vous demandez à un médecin pourquoi il vous donne un médicament en particulier et qu'il vous répond qu'il ne sait pas, je crois qu'il y a un problème. S'il vous dit que c'est celui que ses professeurs lui ont dit de prescrire lorsqu'il était sur les bancs de l'université, auriez-vous confiance en lui ? Si oui, vous risquez d'être en difficulté. Certains remèdes ont été bannis depuis des années et de nouveau font leur apparition sur le marché. C'est le devoir de votre médecin d'être à jour afin de vous donner ce qui est le plus approprié pour vous. Et surtout, il devrait comprendre les raisons de ses actes.

J'eus soudain l'image de l'un de mes chiens qui après avoir reçu son vaccin, avait fait une réaction terrible au médicament. Le vétérinaire semblait complètement désemparé face à l'état de mon toutou. Le Maître enchaîna d'un nouvel exemple.

– Vous sentiriez vous en sécurité si, en passant sur un pont avec l'ingénieur qui l'a construit, vous découvrez qu'il n'a aucune idée pourquoi il a choisi ce type de structure plutôt qu'une autre. « Ça me tentait d'essayer celle-là, j'ai vu ça dans un magazine, je trouvais cela joli », vous répond-il. Je pense que ce ne serait pas très rassurant. Ne pas savoir pourquoi vous faites les techniques comme je vous les enseigne n'est pas la meilleure voie pour arriver à un haut niveau. On doit essayer de comprendre, de poser les bonnes questions. Il faut se renseigner sur le pourquoi des choses.

Le Maître était toujours disponible pour répondre à nos demandes. Il ne se montrait jamais contrarié ou dérangé lorsque quelqu'un cherchait à saisir le fonctionnement d'une technique. Sa patience était infinie pour ceux qui faisaient des efforts. Une question me traversa l'esprit.

– Maître, est-ce que ces gens qui enseignent des arts martiaux sans donner d'explications savent la raison pour laquelle, eux, ils les font de cette façon ?

Après avoir demandé cela, j'avais craint de le placer dans une situation embarrassante, car il était ami avec de nombreux professeurs de différents styles. Mais comme toujours, il disait ce qu'il pensait, il n'avait pas peur des mots et les assumait pleinement.

– Malheureusement, la réalité est que beaucoup trop d'entre eux ne font que retransmettre leurs connaissances sans réellement bien saisir la mécanique derrière tout ça. S'ils vous racontent que vous n'êtes pas prêt à comprendre sans vous donner le moindre indice, c'est probablement qu'ils ne connaissent tout simplement pas la réponse. Dans bien des cas, ces professeurs vont se rendre inaccessibles aux étudiants. Ils s'entoureront d'une aura qui fera en sorte que personne n'osera leur demander quoi que ce soit.

– Comment se fait-il qu'ils aient, la plupart du temps, beaucoup d'étudiants ? Ils sont souvent populaires et très recherchés, dis-je.

Je pensais à certains enseignants plus qu'incompétents, mais qui parvenait malgré tout à trouver suffisamment d'étudiants pour avoir pignon sur rue.

– Des études ont démontré que, dans la société, les gens qui réussissent le mieux sont ceux qui parlent le plus et qui sont de bons menteurs. On rencontre beaucoup de ce type de personnalité dans les arts martiaux. Nous sommes loin de l'époque où transmettre les traditions ancestrales tenait de la vocation plutôt que d'un business.

– Mais alors pourquoi les fédérations tolèrent ces professeurs ? demanda une femme dans la quarantaine.

– Parce que généralement ceux qui sont à la tête d'organisations internationales ou de fédérations bien structurées sont trop éloignés pour pouvoir voir ce qui se passe. En réalité, c'est à l'étudiant de se poser les bonnes questions. Pourquoi ai-je choisi cette école ou cet enseignant plutôt qu'un autre ? Est-ce qu'il est compétent ou est-ce qu'il ne l'est pas ? Est-ce que je me fie davantage à l'aspect spectaculaire qu'à une véritable efficacité ? On a le professeur que l'on mérite.

Je songeais à la première fois où j'avais mis les pieds dans une classe de karaté. Le simple fait de voir des gens revêtir une ceinture noire avait été suffisant pour m'impressionner. Comment aurais-je pu, à l'époque, oser douter de quelqu'un de ce rang ? Je décidai de faire part de mes pensées à mon Maître.

– Lorsque l'on débute dans la pratique des arts martiaux, il est difficile de savoir si quelqu'un est compétent ou non. On ne possède pas assez d'expérience pour en juger.

– C'est pour ça que l'on doit poser beaucoup de questions. On ne choisira pas le maître sur sa capacité à faire les démonstrations, mais sur la pertinence de ses réponses. On ne doit jamais croire aveuglément son professeur, il faut juger, évaluer et regarder si ce qu'il nous transmet est logique ou pas. Il ne faut pas se laisser aveugler par l'aspect cinématographique des mouvements. On doit tenter de voir le réalisme des techniques. Si je bloque une attaque au couteau, mais que l'agresseur peut aisément me frapper à la tempe de son autre poing, alors je devrais me poser de sérieuses questions. On n'a pas besoin d'être un maître de haut niveau pour constater de telles faiblesses, ce n'est qu'une question de gros bon sens.

– Il faudrait peut-être que ces enseignants se demandent eux-mêmes le pourquoi des choses, rajoutai-je.

– Malheureusement, ce n'est pas tout le monde qui est prêt à faire les efforts nécessaires pour s'améliorer. Dans bien des cas, l'exercice d'un bon examen de conscience revient à rejeter le style d'art martial dans lequel on a investi énormément de temps. Se remettre en question exige beaucoup de courage.

– Vous disiez tout à l'heure de ne pas croire nos professeurs, c'est bon pour vous aussi ? demanda la même femme.

– C'est valable pour tous les professeurs, moi inclus. Lorsque je démontre une technique, je le fais avec un partenaire qui a des paramètres qui lui sont personnels. J'agis en tenant compte de sa grandeur, de sa force, de sa souplesse, bref du corps qu'il possède. Ce qui est efficace avec lui ne le sera pas nécessairement avec quelqu'un de stature différente. Il faut apprendre à adapter notre réponse en fonction de l'assaillant. Donc ce qui est vrai pour l'un ne l'est pas obligatoirement pour l'autre.

Le Maître venait de soulever un bon point. On ne peut utiliser la même technique avec tous les adversaires. Une personne sous l'influence de la drogue n'offrira pas la même résistance que celle qui n'a rien pris. Il faut tenir compte de ces facteurs dans les arts martiaux. Dans la plupart des cas, une femme ne possède pas la puissance d'un homme et ce dernier est défavorisé par un centre de gravité plus élevé par rapport à elle. Il y a tellement de paramètres en jeu qui font que chaque confrontation est unique. Le Maître reprit ses explications.

– Ne pas croire votre professeur vous impose de mieux comprendre la mécanique d'un geste ou d'une frappe. Cette façon de penser vous oblige à voir avant, pendant et après le moment présent. Un combat est un jeu d'échecs où l'on doit apprendre à disposer ses pièces afin de piéger l'adversaire. Seuls les fanatiques ont une foi absolue, conclut le vieil homme.

– À partir de quand doit-on utiliser le mot pourquoi ? demanda un autre étudiant.

– À tout moment, dit le vieux Maître. À chaque mouvement, à chaque angle, à chaque regard, vous devez vous poser la question.

Il demanda à l'étudiant de le frapper. Au moment où le poing arriva, il se déplaça à l'extérieur en appuyant sa main gauche sous le coude droit de l'attaquant.

– Pourquoi me suis-je mis ici ? demanda le vieil homme.

– Pour éviter d'être atteint, lança un des étudiants.

– Je pouvais me positionner n'importe où en dehors de la trajectoire du poing et je n'aurais pas été touché. La question est pourquoi je suis à l'endroit où je me trouve plutôt qu'à un autre ?

– Parce que vous contrôlez le centre d'équilibre de votre adversaire s'il tente de vous porter une seconde attaque, ai-je dit.

– C'est exact, dit le vieux Maître.

Il demanda à l'étudiant de le frapper de l'autre poing. Au moment où il tenta de l'atteindre, le Maître poussa sur le coude amenant ainsi son agresseur à perdre sa stabilité. Le Maître appuya ensuite le bout de son index droit dans le coin de l'œil de l'étudiant, l'obligeant à s'allonger sur le sol. Le combat avait été gagné du bout des doigts.

– Vous comprenez pourquoi il est important de poser des questions.

Chapitre 9
La sérénité de la terre

Esprit sans âme
Déconnecté du monde
Errant à jamais

Cette journée-là, il y avait foule dans le petit *dojo*. Généralement, tout se passait bien, car la plupart du temps, les gens se comportaient de façon civilisée. Bien sûr, il existe toujours des exceptions. Cette fois-ci, elle prenait la forme d'un grand blond qui n'hésitait pas à occuper plus d'espace qu'il en disposait. Il projetait son compagnon comme s'ils étaient seuls. Au moment où un pied me frôla la tête, je demandai aux deux hommes de faire attention, de ralentir le rythme. Cette accalmie ne dura pas plus que dix minutes. Un autre étudiant du dojo se fit heurter violemment dans le dos. C'était visiblement le grand blond le coupable, son partenaire se contentant de subir ses assauts. Il était un danger pour tous ceux qui gravitaient autour de lui.

– Eh ! Tâchez de faire attention, je n'ai pas envie de manger un coup de talon dans la figure.

Le fauteur de trouble tourna sa tête vers moi en haussant les sourcils. Il me regardait avec mépris. Ma partenaire s'informa si c'était sa première visite au Japon. Il rétorqua d'un air insulté que non, il n'en était pas à sa première fois. Son arrogance me mit en colère. Je ne pouvais plus me contenir.

– Est-ce que tu agis comme ça parce que tu es stupide ou si c'est simplement que tu n'es pas intelligent ? lui demandais-je.

– Je ne suis pas stupide, répondit-il sur un ton qui dénotait beaucoup de frustration.

Puis soudain, il dut réaliser le piège de ma question. Son visage devint rouge, il haussa les épaules en avançant vers moi, puis il rebroussa chemin. Il alla se placer dans un coin de la salle et se tint tranquille jusqu'à la fin de la classe. Avant de quitter, son partenaire vint me voir pour s'excuser. Il ne connaissait pas cet homme, mais c'était la seule personne qui était disponible pour s'entraîner.

Sur le chemin du retour, le Maître me fit la remarque sur ce qui s'était passé.

– J'ai constaté que tu as rappelé un étudiant à l'ordre, tu as bien fait. Il ne faisait pas d'entraînement martial, il tentait simplement de prouver qu'il était bon. Par contre, je suis un peu déçu de toi.

Je m'attendais à tout sauf à une telle remarque.

– Quoi ? Qu'est-ce que j'ai fait ? Vous venez de dire que j'avais bien fait.

– Pour ça, oui tu as pris la bonne décision. Mais je parle plutôt de l'état d'esprit dans lequel tu te trouvais. J'ai cru ressentir de la colère. S'il avait continué d'avancer sur toi, je sens que tu lui aurais sauté dessus.

– J'avoue qu'il m'avait fait un peu enrager. Je m'apprêtais à me défendre, c'est tout.

– Te défendre est une chose, être furieux en est une autre. Je pense qu'il est temps que nous discutions sur la manière de gérer les émotions liées à la terre.

Bien sûr, je savais que dans les arts martiaux traditionnels, les éléments étaient souvent utilisés pour démontrer certaines façons de bouger. C'était en quelque sorte un mode d'emploi pour déterminer le type d'énergie à appliquer. Mais dans le contexte présent, je ne voyais pas le lien avec mon altercation. Nous venions d'arriver chez lui. Il m'invita à entrer. Généralement, lorsqu'il était à la maison, il laissait la porte débarrée, ouverte à tous. Cette fois il tourna le loquet, nous assurant ainsi une tranquillité absolue. Nous nous assîmes sur le sol dans la minuscule pièce encombrée qui lui servait de salon. Je m'installai près de la vieille télé réfractaire à l'ère du numérique.

– Regarde mes doigts, me dit-il. Place-les de la même façon.

De chaque main, j'appuyai mon auriculaire sur le bout du pouce formant ce qu'il appela un anneau de la terre. Je savais que pour la méditation, on créait une forme similaire avec le pouce et l'index. Par la suite, j'appris que cela exprimait l'élément air. Dans cette configuration, le petit doigt représentait la terre. Chacun des doigts incarnait un élément alors que le pouce symbolisait le vide. Le Maître me fit fermer les yeux. Après m'avoir amené à faire quelques respirations profondes pour me détendre, il enchaîna avec un exercice de visualisation.

– Concentre-toi et imagine un minuscule caillou dans ton ventre, à quelques centimètres sous ton nombril. À chaque inspiration, regarde le petit caillou qui devient de plus en plus gros. Plus il croît, plus tes pensées deviennent stables, immuables. Tu te sens bien, complètement relaxé.

Durant de longues minutes, il continua en répétant les mêmes mots, mais en y ajoutant le fait que la roche sortait de mon ventre, que je me trouvais maintenant au centre de cette roche qui prenait la forme d'une petite montagne. Il me fit prendre conscience de la stabilité de mon corps. J'avais la sensation d'être lié à mon corps comme je ne l'avais jamais été. Je me sentais plus stable physiquement, mais également émotionnellement. Mon bassin me donnait l'impression d'être immuable, et ma foi en mes capacités m'apportait un sentiment de confiance en moi comme je n'en avais jamais eu auparavant. Je n'aurais pu dire si c'était la visualisation ou si c'était lui qui me transmettait une invisible énergie, mais il se produisait quelque chose en moi. Sa voix m'apparaissait comme étant de plus en plus lointaine. Malgré l'impression de distance, chacun des mots était clair et distinct sans que j'aie l'impression qu'ils passent par mon conduit auditif.

– Maintenant, ressent la colère, connecte-toi à elle comme lorsqu'elle se présente à toi. Puis observe comment elle joue sur tes fonctions glandulaires, sur tes émotions.

Je repensai au blond qui bousculait tout le monde, et je sentais ma respiration s'accélérer. Je réalisai que mes dents se serraient, puis mes poings tendaient à se refermer. Mais je ne les laissai pas faire, je désirais maintenir l'anneau de la terre que formaient mes doigts.

– Prends cette colère et projette-la à travers la montagne qui t'entoure. Laisse la devenir un ciment qui va solidifier toute cette structure. Utilise cette émotion de façon positive pour te renforcer et non pour t'atteindre ou te blesser.

Je visualisai ma colère sous la forme d'un voile qui s'amalgamait à toute la structure autour de moi. Le voile se décomposait en une brume grisâtre qui entrait dans les moindres interstices de la roche. Je ressentis instantanément une sensation de calme et de sérénité m'envahir. Ma propre colère m'apportait la paix.

– Maintenant, chaque fois que tu éprouveras de la colère, tu n'auras qu'à recréer un anneau de la terre dans l'une de tes mains et à imaginer cette montagne durant une fraction de seconde et aussitôt, tu te sentiras en possession de tes moyens. Ta colère ne te contrôlera plus, c'est toi qui la soumettras.

Le Maître me fit visualiser la montagne qui rétrécissait au point de redevenir le caillou qui était dans mon ventre au début de cette méditation. Puis il me dit d'ouvrir les yeux en suggérant que je serais complètement relaxé, frais et reposé, ce qui était effectivement le cas. J'avais l'impression d'avoir fait une longue sieste qui avait été plus que bénéfique. Maintenant, je comprenais pourquoi il avait verrouillé la porte. Il ne désirait pas être dérangé au beau milieu de cet exercice. Sans s'occuper de moi davantage, il alla dans la cuisinette se faire bouillir de l'eau pour un thé.

– Et vous croyez que ça va fonctionner, que je pourrai mieux contrôler mes colères ? dis-je en haussant le ton pour être sûr qu'il m'entende bien malgré le bruit du robinet.

– Non, absolument pas.

Je pensai qu'il n'avait pas dû bien entendre. Je me levai pour aller reposer ma question. La réponse fut la même.

– Mais alors, pourquoi on a fait cela ? Nous avons perdu notre temps à tous les deux si je comprends bien.

– Absolument pas. Je ne fais pas de magie. Une telle méditation n'est qu'un mode d'emploi. Pour que ça soit efficace, tu dois refaire l'exercice par toi-même durant trois semaines, sans manquer une seule journée.

– Et vous pensez que ça fonctionnera ?

– C'est le temps nécessaire pour... hum, comment pourrais-je dire ça, une reprogrammation.

Je savais que les *ninjas* utilisaient des techniques d'hypnose. Cet art s'appelait du *saiminjutsu*. La légende dit que ces farouches guerriers possédaient des pouvoirs qui les rendaient surhumains.

– Ce sont de vieilles techniques de *ninjas*, ce que nous venons de faire, n'est-ce pas ?

– Oui, un guerrier ne peut être efficace s'il ne dispose pas de la sérénité qu'apporte la terre. C'est cet état d'esprit qui permet de prendre la bonne décision lorsque tout semble confus. La terre procure de la confiance en soi et surtout, elle augmente notre stabilité tant physique qu'émotionnelle.

– Je ne suis pas sûr de bien comprendre ce que vous voulez dire ?

– Imagine que des gens te poursuivent. Ça fait déjà un moment qu'ils te courent après. Tu es fatigué, ton énergie est à son plus bas. Tu trouves une cachette, mais tu sais qu'elle ne te protègera qu'un certain moment. Tu te sens paniqué, tu n'as plus les idées claires. Dans ton abri, tu positionnes tes mains pour former l'anneau de la terre. Tout de suite, tu te retrouves un peu plus calme. Ta respiration ralentit et tu t'aperçois que tu ne perçois plus la situation de la même façon, d'un même angle. Tu découvres des possibilités de fuite et de contre-attaque que tu ne voyais pas quelques minutes auparavant. Une fois que tu as acquis cette faculté d'atteindre cet état mental rapidement, tu peux l'utiliser dans de tels contextes. Elle permet d'éclaircir les idées lorsque tout n'est que chaos et confusion.

– Peut-être que cela peut aider dans bien des situations. Mais s'il n'y a rien à faire, s'il n'existe aucune solution pour nous tirer d'affaire, alors je ne crois pas que cela puisse nous servir à quoi que ce soit.

– Détrompe-toi. Elle te fera affronter la mort avec une plus grande sérénité.

Chapitre 10
Le guerrier

Pour l'humanité
L'étincelle divine
Jaillit le guerrier

Cette classe eut lieu quelques mois avant que je n'ose demander au Maître de devenir son disciple. Ce jour-là, nous étions nombreux à nous entraîner dans le *dojo*-mère. À la pause, il semblait vouloir discuter de tout et de rien. La conversation s'orienta sur ce que pouvaient apporter les arts martiaux.

– Ils ne servent pas seulement à nous donner un moyen de nous défendre, dit le vieil homme. Ils nous enseignent une façon de vivre, une manière de gérer nos émotions, autant lorsqu'elles sont au plus bas qu'au plus haut.

– La voie du juste milieu, dit timidement le *budoka* immature que j'étais à l'époque.

Le Maître me regarda en hochant la tête et continua.

– Nous sommes un tout. Il est important de pouvoir défendre son enveloppe physique, mais il faut également savoir préserver son esprit de la déchéance, du désespoir, mais aussi de la vanité. Le pratiquant d'art martial doit apprendre à connaître ses forces et ses faiblesses.

Une étudiante nouvellement arrivée leva la main.

– Que voulez-vous dire par protéger son esprit de tout ça ?

– Lorsque nos conditions de vie se modifient, cela peut affecter notre tempérament de diverses façons. Parfois en mieux et de temps à autre en pire, tout dépend. Mais peu importe ces transformations, vous devez en être conscient. Si vous devenez plus à l'aise monétairement, probablement que vous ne regarderez plus les gens démunis de la même façon. Vos priorités changeront, elles suivront votre nouveau mode de vie. Vous ferez tout ce qui est possible pour ne pas perdre ce confort si durement gagné. Vous chercherez sans doute à vous éloigner de ces personnes dépourvues que vous croisiez fréquemment. Le contraire est vrai, si vous devenez pauvre, il se peut que vous vous en preniez à toute la société, que vous en arriviez à voir un ennemi chez chaque personne riche. La voie martiale devrait vous amener à pouvoir vaincre ces obstacles qui mènent à l'illumination.

Avant d'enchaîner, le Maître fit une pause comme pour s'assurer que nous comprenions bien ce qu'il voulait dire.

– Le *budo* est au-delà du monde des hommes. Il a pour mission de solliciter le divin qui est en chacun de nous.

À cette époque, je n'étais pas prêt pour ce genre de discours. Le vieil homme avait dû remarquer mon petit sourire sarcastique. Mais il ne s'en préoccupa pas, du moins c'est ce que je croyais, il continua.

– Pour des esprits simples, ce concept du divin peut être difficile à admettre. Mais ne vous inquiétez pas, plus vous vous enfoncerez dans le chemin du *budo* et plus vous découvrirez ce qu'est le divin. Naturellement, si cela peut se faire avec de vrais arts martiaux traditionnels, il en va autrement avec les sports de combat modernes.

Le Maître parût réfléchir un instant puis il continua.

– Quoiqu'il peut arriver que certains athlètes sportifs finissent par saisir le divin qui est en eux.

Le vieil homme donnait l'impression de tous nous scruter du regard. Puis, il sembla sursauter. J'eus tout de suite la sensation qu'il avait oublié de dire quelque chose d'important.

– Faites attention, ici, de ne pas mélanger un Dieu judéo-chrétien avec le concept du divin à l'Oriental. Ce n'est pas du tout la même chose.

Il ne poussa pas plus loin sa référence.

– Sans ce niveau de spiritualité, il est difficile de combattre simultanément une multitude d'adversaires. Cet aspect du divin nous donne la faculté de lire dans le cœur des ennemis. Il nous permet de mieux nous connaître et d'aller chercher l'énergie nécessaire.

– Est-ce qu'il y a plusieurs sortes de guerriers ? demanda la même étudiante.

Heureusement pour moi, je n'ouvris pas la bouche. À cette époque, l'image que je possédais s'inspirait davantage de Rambo et de Chuck Norris. Pour cette raison, sur le moment, je trouvai sa question simpliste. Mais après avoir écouté le Maître, c'est moi qui me sentais ridicule.

– C'est une question très pertinente, répondit le Maître en me regardant comme s'il avait pu lire mes pensées. Effectivement, il y en a plusieurs sortes. La question que l'on doit se poser est : qu'est-ce qu'un guerrier ?

Cette fois-ci, je ne pus m'empêcher de donner mon avis.

– Des soldats, des gars des forces spéciales, des types comme Rambo sont de bons exemples de guerriers.

– Tu as tout à fait raison, me dit le vieil homme.

J'étais particulièrement fier de ma réponse. Je croyais que j'étais bien placé pour savoir ce qu'était un guerrier. Il faut dire qu'à l'époque, j'étais persuadé que moi-même j'en étais un.

– Effectivement, ils pourraient représenter cela, dit-il. Mais ce n'est pas la seule catégorie. Le guerrier n'est pas celui qui se bat. C'est celui qui protège. C'est celui qui s'est donné comme but de protéger sa famille, son village, son pays. C'est celui qui est prêt à sacrifier sa vie pour les autres. De plus, un guerrier peut utiliser autre chose que le fusil ou le couteau comme arme. La plume est un outil redoutable dans les mains de quelqu'un d'habile. Le journaliste ou le blogueur qui dénonce des injustices en sachant qu'il se retrouvera probablement en prison est un guerrier. Il n'ignore pas que chacun des mots qu'il couche sur le papier est susceptible de le faire condamner. Et malgré ces risques, il va au bout de ses convictions.

Je n'avais jamais pensé à cela de cette façon, mais ça demande énormément de courage pour affronter un gouvernement ou de grosses entreprises. Plusieurs personnes ont vu leur vie détruite dans ces combats aux forces inégales. Le vieux Maître ne me laissa pas le temps de méditer sur le sujet.

– La mère de famille qui se bat pour le bien-être de ses enfants est une guerrière. Elle se sacrifiera sans hésiter afin que sa progéniture puisse s'épanouir et même dans certains cas pour qu'elle puisse simplement survivre. Les actes deviennent l'outil qu'elle utilise. Elle agit sans se plaindre, affrontant parfois des difficultés que beaucoup d'hommes ne sont pas en mesure de surmonter. Le découragement fait souvent partie de son pain quotidien. Mais il y a quelque chose de divin en elle qui fait qu'elle est prête à se battre jusqu'au bout pour arriver à ses fins.

Durant ces premières années avec le Maître, je n'aurais jamais songé à mettre une mère de famille dans la catégorie des guerriers. Il est vrai que la vie elle-même est un long combat. Le Maître poursuivit ses réflexions.

– Combien de personnes se sont assemblées pour préserver la survie de diverses organisations caritatives ! D'autres se sont réunies pour assurer le maintien d'équipes sportives pour des jeunes ou pour la réfection d'un monument historique ou autre. Tous ces gens se battent pour une cause, ils ont un but. Le guerrier est quelqu'un qui se donne un objectif. Leur arme est l'effort. Ils sollicitent, comptabilisent, sensibilisent dans des conditions difficiles.

En entendant cela, je me disais que, personnellement, je n'octroierais pas à ces derniers le titre de guerrier. Ça m'a pris longtemps avant d'accepter ce fait. Le Maître continua son laïus.

– Les plus grands guerriers ne sont pas toujours ceux qui combattent sur le champ de bataille. On les retrouve souvent parmi les gens les plus pacifiques. Qui peut se prétendre plus guerrier qu'un homme comme le Dalaï-Lama ? Je pense qu'il est le meilleur exemple que l'on puisse donner lorsque l'on parle du divin en-soi. L'arme qu'il utilise est la paix. C'est une arme tellement efficace qu'elle réussit à incommoder et gêner un pays aussi puissant que la Chine.

– Comment sait-on que l'on est un guerrier ? demanda l'étudiante.

– Ce n'est pas nécessairement en se battant que l'on est un guerrier. Beaucoup de soldats le font pour le salaire ou parce qu'ils n'ont pas le choix. Combien d'entre eux sont entrés dans l'armée parce qu'ils ne trouvaient rien de mieux ailleurs ? Ce ne sont pas tous les militaires qui sont des guerriers. On peut combattre efficacement et ne pas être lié au divin. On sait que l'on est guerrier lorsqu'on a un but, une tâche à accomplir et que le divin se montre à nous. Lorsque toutes les conditions sont présentes, on n'a plus de doute, on sait pourquoi nous sommes là. On ne pense pas être là pour veiller à la sécurité de nos semblables, on le sait. N'oubliez jamais, un guerrier est un protecteur. Il consacre ses énergies à protéger. Alors, quand vous savez que vous être utile pour le bien-être de quelqu'un d'autre, à ce moment-là, vous commencez à emprunter la voie du guerrier.

Chapitre 11
Question de réflexes

*Posséder un but
L'atteindre sans défaillir
Un geste précis*

J'ai toujours regretté de ne pas avoir noté convenablement le moment où chacun de ces enseignements s'était donné. Si mes souvenirs sont exacts, à cette époque, le Maître devait tout juste avoir dépassé le cap des soixante-dix ans. Sa capacité martiale ne cessait d'augmenter. On aurait pu croire qu'avec l'âge, ses réflexes déclineraient, mais cette journée-là, il me prouva le contraire d'une belle façon. Nous étions en pause. Le Maître se leva et prit sa dernière gorgée de thé. Nous nous trouvions dans le dojo pour une formation de groupe.

– Ce que vous voyez là est plus qu'une simple tasse de thé. C'est une arme redoutable entre les mains de quelqu'un qui sait l'utiliser.

Je n'aurais pu dire s'il blaguait ou s'il était sérieux. Le regarder comme ça au milieu de la salle, une petite tasse de porcelaine anglaise finement ciselée entre ses doigts, cela n'avait rien de bien terrifiant.

– Attaque-moi, m'ordonna-t-il.

Sans attendre, je m'élançai vers lui en tentant de l'atteindre de mon poing droit. Il plaça alors la tasse de thé vide devant mon poing et la redirigea sur le côté. Au lieu de rechercher sa figure, mes jointures pointèrent bêtement vers l'objet qu'il tenait. De son autre main, il appuya ses doigts dans mes yeux et m'amena au sol d'une seule main.

– Qu'est-ce qui t'arrive ? me demanda-t-il. Pourquoi as-tu tenté d'agresser cette pauvre tasse ?

– Je n'ai aucune idée de ce qui s'est passé. Lorsque vous avez mis la tasse devant moi, elle est devenue ma cible même si je me posais la question sur ce que j'étais en train de faire.

– C'est exact et tout à fait normal. Il y a eu un phénomène de substitution. Les vieux arts martialistes d'expérience connaissent bien cela. Si vous changez une cible au bon moment dans le bon espace, celui qui attaque cherchera sur le nouvel objectif. Frappe-moi encore, me demanda-t-il.

Cette fois-ci, il mit simplement sa paume devant son visage pour faire diversion. À nouveau, mon poing suivit sa main au lieu de demeurer orienté sur la cible première. Mon hésitation ne fut que d'une fraction de seconde, mais c'était suffisant pour que je perde mon combat.

– Ce que je viens de faire peut paraître facile, mais ça exige énormément de précision. Naturellement, comme la tasse de thé est un objet, disons assez inhabituel dans une confrontation, ton subconscient a été davantage perturbé.

– Comment est-ce que cela fonctionne ? demanda un ami. Il me semble que ça devrait être facile pour celui qui frappe de ne pas se laisser détourner ainsi de son objectif.

– Tout se passe dans le subconscient. Une fois qu'il a, comment dirais-je, verrouillé sa trajectoire en direction de la cible, il ne fait plus la différence si l'on change l'objectif visé. Il va suivre tout ce qui se trouve sur le trajet qu'il avait prédéterminé. Il ne remarquera pas que l'itinéraire est modifié puisqu'une cible lui est toujours offerte. Naturellement, il faut que l'agresseur soit dans un esprit de combat réel. S'il donne un coup de poing sans la moindre intention, il sera facile pour lui de corriger le tir.

Il refit la démonstration avec plusieurs personnes et le résultat était invariablement le même. Une idée stupide me vint en tête. Je pris une tasse de thé vide et lorsqu'il me demanda de l'attaquer je lui lançai la tasse en pensant qu'il la ramasserait. La pièce de porcelaine roula sur le *tatami* sans se briser.

Le Maître me regarda en haussant les sourcils.

– Je croyais que vous alliez l'attraper et oublier que mon poing arrivait.

– Ah ! Je n'avais pas remarqué que tu me lançais la tasse. Que veux-tu, à mon âge les réflexes ne sont plus ce qu'ils étaient.

J'étais certain qu'il possédait des réflexes et une agilité supérieurs lorsque c'était nécessaire. Je ne sais trop pourquoi, mais j'étais un peu déçu. Peut-être avais-je mis la barre trop haute. Le Maître se détourna de moi et continua ses explications.

– Le subconscient nous permet d'accomplir des actions qui peuvent parfois donner l'impression qu'elles sont sorties tout droit d'une histoire de science-fiction. Par exemple, la vitesse avec laquelle nous percevons les mouvements peut différer grandement selon notre état d'esprit du moment.

Il demanda à un de mes amis de me frapper le plus rapidement qu'il le pût. Je devais avancer sur l'attaque en me tassant à la dernière seconde en poussant légèrement sur son bras pour le contrôler. Mon agresseur se tenait à un peu plus d'une longueur de bras devant moi. Dans de telles conditions, il devenait presque impossible d'éviter son poing. Toutes mes tentatives se soldaient par des impacts sur mon estomac. Il faut avouer pour ma défense que le Maître avait choisi quelqu'un qui était particulièrement rapide.

– Comme ça, tu ne l'éviteras jamais. Frappe-moi, demanda-t-il à mon ami.

Il avança en poussant légèrement le bras adverse. Comment pouvait-il arriver à cela si moi je ne pouvais y parvenir ? Je conclus que c'était une question de vitesse et non de réflexe. Les autres étudiants affirmèrent que l'attaque avait bien eu lieu avec la même vélocité.

– Wow ! Je suis toujours surpris de constater combien vous êtes rapide.

– Je ne suis pas vite. J'ai simplement une meilleure vision des choses. La bonne façon de percevoir ce qui se passe. Toi, tu l'anticipes à la façon d'un obstacle à surmonter. Moi je l'attends, je l'espère comme si j'attendais qu'une vieille compagne vienne me rendre visite. Refais la même chose, mais dis-toi que tu es heureux de l'attaque, que tu es prêt et que ça va être agréable de l'accueillir. Ne la vois pas comme un ennemi, mais comme une amie.

J'essayai tant bien que mal de ne pas me mettre dans la peau de quelqu'un qui était sur le point d'encaisser un autre coup dans le ventre, mais de quelqu'un qui recevait un cadeau. Je pris une bonne respiration, puis je remarquai que mes épaules s'étaient légèrement abaissées. Je me répétais des mots comme « amène le ton coup de poing, je suis prêt, je l'attends ». Mon ami bondit sur moi, j'avais soudain la sensation qu'il avançait beaucoup plus mollement. Je posai ma main gauche sur son coude et je l'éloignai délicatement de mon corps. J'avais réussi le test.

– Tu m'as frappé plus lentement, n'est-ce pas ? J'ai eu l'impression que tu attaquais presque paresseusement.

Tous m'assurèrent que ça n'avait pas été le cas. L'agression avait été aussi rapide que les précédentes. Je regardai le vieux Maître, dans l'espoir d'une quelconque explication.

– Les conducteurs automobiles et les gardiens de but dans les sports connaissent bien ce phénomène de vision au ralenti.

L'expression était bien choisie, j'avais vraiment eu l'impression que les secondes s'étaient étirées. Le Maître enchaîna.

– Dans les arts martiaux, après un certain nombre d'années et si l'entraînement a été fait de la bonne façon, il est tout à fait normal de développer ce mécanisme de ralenti. Si l'on craint l'attaque, nos muscles sont crispés. Au moment de réagir, il faut les relâcher pour ensuite effectuer l'action motrice. Ce processus est long et nuisible. Si vous n'avez pas peur de l'agression, que vous l'attendez avec sérénité, vos muscles sont prêts à répondre. Votre subconscient est déjà préparé à bouger. Il n'y a plus l'effet-surprise que l'on a lorsque l'on est tendu et que l'on craint le poing à chaque instant. L'esprit doit être calme.

Le Maître nous fit pratiquer cet exercice durant un long moment. Puis il reprit ses explications.

– Que ce soit pour un combat ou pour une situation stressante dans la vie de tous les jours, on doit apprendre à affronter le problème de front. Tenter de s'y dérober ne fait qu'augmenter le stress et nous rendre moins efficaces. C'est là que le code du *bushido* est important.

On doit être prêt à faire face à un assaillant sans craindre la mort ou les conséquences. Il faut voir la réalité en face et l'accepter. La fuite est indigne. Par contre, faites attention de ne pas mélanger débandade et repli stratégique, rajouta le vieil homme en riant.

Il nous fit ensuite faire un autre exercice où l'on ne regardait pas l'adversaire. Nous devions fixer un point au sol à la droite des pieds de l'attaquant. Le résultat était encore plus étonnant. On avait vraiment l'impression que l'action se déroulait très lentement. Plus je répétais cela, et plus je me sentais calme, en plein contrôle de la situation. Je n'aurais jamais songé à faire un combat sans regarder l'adversaire à la poitrine ou dans les yeux. Et encore, pour ce qui était des yeux, c'était seulement lorsque l'on était certain que cela ne nous intimidait pas. Pour être sûr que je comprenne cela, le Maître m'avait fait placer en garde à une distance où il pouvait me cogner sur la tête. Chaque fois que je croisais ses yeux, il parvenait aisément à venir me taper sur le sommet du crâne, tandis que quand mon regard pointait vers sa poitrine, je réussissais à le bloquer. Il nous avait expliqué sommairement qu'un regard entre deux personnes était une forme de combat psychologique et que lorsqu'arrivait le moment de réagir, le temps que notre regard se détache de l'autre, il était trop tard.

– Si vous avez fait de l'hypnose ou si vous avez une relation qui vous place psychologiquement au-dessus de votre adversaire, ce dernier, s'il vous regarde droit dans les yeux sera incapable de réagir assez rapidement pour éviter votre attaque.

Il conclut son enseignement après nous avoir montré de quelle façon on doit regarder un opposant dans les yeux si l'on veut tourner ça à notre avantage. C'était simple et terriblement efficace.

La classe était terminée depuis un certain temps déjà et personne ne semblait vouloir quitter le dojo. Un étudiant qui tenait un plateau et des tasses de thé s'approcha de nous. Lorsqu'il arriva à hauteur du maître, un des pratiquants que je ne connaissais pas fit un mouvement brusque et accrocha l'étudiant alors qu'il présentait une tasse au vieil homme. Je vis la tasse échapper de ses mains et se renverser. Le liquide sortit de la tasse, se dirigeant tout droit sur le sol. Ce qui se passa par la suite restera toujours gravé dans ma mémoire. Le Maître saisit la tasse de thé au vol et la descendit rapidement pour récupérer le chaud liquide avant qu'il ne touche le sol. Puis il inclina la tête en signe de remerciement et avala lentement une gorgée en aspirant le liquide ambre.

Chapitre 12
Henka

Incertitude
De l'enseignement passé
Le fleuve coule

— Un art martial qui n'utilise pas les *henka* n'est pas vivant. Les variations font partie de la vie. Il faut apprendre à réagir aux changements. Pour beaucoup de gens, une simple modification des habitudes est une source de crainte et d'incertitude. Cela peut être intimidant, triste ou parfois même effrayant. Le *budo* c'est la vie. Des adaptations sont inévitables. Lorsque l'on accepte d'affronter ces changements, ils peuvent devenir passionnants, joyeux et agréables.

Le Maître répondait à une question qu'avait posée un étudiant au sujet des *henka*, ces variations des techniques qu'il appréciait tant.

— Comme la vie, une attaque ne se produit rarement comme vous l'attendiez. Si l'on résiste au changement, il prendra un chemin différent pour nous contourner. S'adapter et comprendre comment utiliser ce qui se présente est de loin la meilleure option pour survivre sans trop y laisser de plumes.

Je ne savais plus s'il faisait allusion aux arts martiaux ou à la vie en général.

— Refuser l'adaptation, dit-il, c'est s'imposer la rigidité, l'intransigeance. Nous avons appris du passé et sur ces bases, nous construisons l'avenir. Nous nous accommodons aux changements, nous assurant ainsi d'évoluer plus sainement. Le passé nous donne les fondations nécessaires pour créer notre futur. Au contraire de la rigidité, nous devons nous montrer souples. Nous ne devons pas hésiter à transformer nos acquis en fonction des besoins actuels. Tout se déroule par cycles dans la vie. Nous naissons, devenons malades, nous guérissons, nous vieillissons et nous mourons. Le climat varie, les saisons se succèdent. Tout est changement. Nous devons vivre avec ces changements. Accepter de modifier nos points de vue et notre philosophie n'est pas un signe de faiblesse, mais de force. Il faut consentir à nous détacher de notre égo pour ne pas avoir à prouver quoi que ce soit.

La question de départ était simple. Est-ce que l'on peut adapter une technique de défense si besoin est ? Dans la plupart des écoles, on apprend aux pratiquants à utiliser les techniques enseignées de façon intégrale. La technique s'exécute de cette façon et on ne doit pas remettre cela en cause. Le Maître, lui, ne se gênait pas pour modifier les structures de défense. Je décidai de tenter de ramener le Maître sur les variations dans les arts martiaux.

– Naturellement, il ne faut pas délaisser les bases. Je pense qu'elles sont nécessaires afin de bien comprendre ce que l'on fait.

– Tu as tout à fait raison, me dit-il. Les bases sont la façon dont on joue les notes de musique. Si une note est fausse, c'est toute l'œuvre qui en sera entachée. Beaucoup trop de gens font des variations parce qu'ils sont incapables d'exécuter les bases correctement. Ils fuient leur incompétence en se faisant croire qu'ils sont créatifs. Il ne faut pas confondre le changement et la fuite. Beaucoup de personnes se déroberont plutôt que d'essayer de s'adapter à une situation difficile.

De nouveau, il naviguait entre les arts martiaux et la vie de tous les jours. La réflexion que j'avais en tête à ce moment-là était simple. Comme il venait de le dire, le *budo* c'est la vie. Le Maître enchaîna sur le sujet.

– Trop souvent, nous désirons nous montrer forts et puissants. Il y a des situations où la douceur est préférable à la force brute. Nous devons apprendre à voir ce qui doit être fait au moment présent et non à s'acharner sur ce que l'on voudrait faire.

– Comment sait-on que l'on doit modifier la technique dans un combat ? Qu'est-ce qui nous dit que cette variation sera la bonne ? demanda un ami brésilien.

– Tout ceci vient avec l'expérience, avec les années, avait répondu le Maître. On ne transforme pas les choses pour le plaisir, on le fait lorsque c'est nécessaire. On se doit de garder un fil conducteur avec le passé qui est garant de notre avenir. Si l'adversaire nous attaque d'une manière que nous n'avions jamais vue auparavant, on ne doit pas résister à ce changement, il faut s'adapter. On doit partir de ce que l'on connait déjà et qui a fait ses preuves et s'acclimater à nos besoins du moment présent. L'acceptation est la clé du succès. Si vous hésitez, si vous vous apitoyez sur ce qui arrive, vous en sortirez perdant. Vous devez abandonner l'idée de vouloir tout contrôler dans l'immédiat. Il vous faut prendre du recul afin de ne pas être touché, ensuite vous pourrez appliquer une technique ou sa variation qui vous conduira à la victoire.

En regardant les autres étudiants, je constatai que je ne devais pas être le seul à être confus. Le Maître sembla s'apercevoir que nous étions tous un peu perdus.

– Durant des années, vous vous êtes entraînés à donner un coup de poing puissant. Vous avez endurci vos jointures au point où vous pouvez briser de la brique. Mais votre assaillant sous l'influence de la drogue, ne sent rien. Vous avez l'impression de taper sur un sac de frappes. Si vous n'avez jamais été formé à l'idée de vous adapter, vous continuerez probablement à tenter de cogner votre adversaire jusqu'à ce que l'un de vous deux gagne le combat. Mais si votre sens de l'adaptation est présent, vous vous contenterez de mettre un doigt dans l'œil de votre opposant. Si ça ne va pas, vous vous en prendrez alors à l'autre, puis vous lui tournerez le dos en quittant les lieux. Votre survie sera assurée et il ne pourra plus attaquer par la suite. Que ce soit pour un combat ou dans la vie, on doit apprendre à s'ajuster, à faire des concessions.

– Je ne vois pas quelle concession a été faite ici, dit un autre étudiant. Crever les yeux de votre adversaire, ça fait froid dans le dos.

– Si c'est une question de survie, on doit faire ce qui est nécessaire. Vous ne souhaitez pas mutiler votre attaquant. Vous désirez simplement vivre sans être handicapé, sans avoir de séquelles. Il faut apprendre à pouvoir se tourner dans toutes les directions pour arriver à ce but. Vous devrez alors concéder tout ce que vos principes moraux vous empêchaient d'utiliser auparavant. Vous avez toujours le choix : mourir ou vous adapter.

Chapitre 13
En amont

D'un seul jugement
Tu classeras sans savoir
Ni rien comprendre

À l'époque, mon caractère et ma façon de penser étaient bien différents. J'étais plus jeune, plus imbu de ma personne. Je croyais mériter l'enseignement des meilleurs et pour arriver à cela j'avais fait de nombreux sacrifices. J'avais enfin trouvé le professeur idéal. Je ne m'étais pas imaginé cependant que celui qui avait accepté de me prendre pour disciple ne se contenterait pas de m'apprendre les arts martiaux. À maintes reprises, il s'était attaqué à ma personnalité. J'ai compris beaucoup plus tard que psychologie et *budo* sont intimement liés. Le Maître était revenu bredouille d'une visite chez un antiquaire bien connu. Nous marchions dans le parc de Yoyogi lorsqu'une musique un peu discordante arriva à nos oreilles.

– Viens, on va jeter un coup d'œil.
– À quoi ? demandais-je.
– Aux rockabillys.

J'avais déjà entendu parler d'eux, mais je ne les avais jamais vus en personne. Un groupe de jeunes vêtus de veston de cuir et arborant des coupes de cheveux rétro des années soixante et soixante-dix se dandinaient au son de vieilles chansons américaines plus entraînantes les unes que les autres. Le soleil printanier ne réussissait pas à évaporer les gouttes de transpiration que leurs contorsions engendraient. Un grand nombre de touristes en profitaient pour se joindre à eux et les prendre en photos.

– Wow ! Quelle drôle d'idée ils ont de s'amuser à ça !
– Tu crois sans doute que c'est du temps de perdu ?

Je n'osais avouer le fond de ma pensée.

– Bien... Pour être honnête, j'imagine qu'il y a mieux à faire. Se donner en spectacle, ce n'est pas mon fort. Je trouve que ça fait...
– Qu'est-ce qui te dit qu'il ne pense pas la même chose des arts martiaux ? Tu n'as jamais fait de démonstration en public ? me demanda-t-il.
– Oui bien sûr, mais c'est différent. Les arts martiaux sont tout de même plus intelligents que ça. Ce n'est pas en se trémoussant de la sorte qu'ils vont savoir comment se défendre.
– Parce que tu t'entraînes aux arts martiaux uniquement pour ta sécurité ?

– Non, je le fais également parce que j'aime ça. C'est fascinant de pouvoir pratiquer une discipline où je pourrai apprendre toute ma vie.

– Eux, ils le font parce qu'ils y trouvent du plaisir. Regarde comme ils semblent bien dans leur peau. Ils sont heureux en endossant ces vêtements, lorsqu'ils deviennent ces gens d'une autre époque. Tu les condamnes sans même connaitre leurs motivations. Tu les juges sur leur accoutrement, leurs coiffures et les danses qu'ils exécutent. Tu as le même problème lorsque tu t'entraînes.

– Quoi, quel problème ? Je n'ai pas de problèmes !

– Mais oui, tu juges rapidement et sans comprendre. Tu ne prends pas le temps d'analyser. Tu veux un résultat dans l'immédiat, mais tu ne vois pas la situation dans son ensemble. Tu critiques sans compassion et ce manque d'empathie t'empêche d'être efficace.

Le vieil homme ne se gênait nullement pour m'écraser. Sur le moment, je dois avouer que j'étais frustré. Mais je n'osais répliquer, car je désirais continuer de m'entraîner et d'avoir accès à ses connaissances. Je pris une bonne respiration avant d'ouvrir la bouche. En tournant la tête dans sa direction, je croisai ses yeux qui me fixaient sans sourciller, des yeux qui ne laissaient passer qu'un feu ardent.

– Vous avez peut-être raison. Je suis occasionnellement trop prompt à répondre et à juger.

– Occasionnellement ? dit-il en souriant.

En le regardant sourire, je sentis une partie de mon stress m'abandonner. Je quittais enfin la pente glissante que j'avais prise sans m'en rendre compte. Le Maître s'amusait en voyant tous ces jeunes qui dansaient sur une pièce encore plus entraînante que les précédentes.

– Je suis d'accord avec toi, les arts martiaux sont, disons, plus bénéfiques à long terme. Mais ce n'est pas tout le monde qui aime le *budo*. Regarde la situation d'un autre œil. Ils pourraient, comme une bonne partie de la planète, s'asseoir devant un ordinateur et jouer à un jeu vidéo. Mais au lieu de ça, ils bougent, ils font de l'exercice. Mais là tu vas répondre qu'ils seraient moins bizarres s'ils bottaient un ballon par exemple. Il est parfois difficile de trouver un terrain vacant pour pratiquer ces sports. Un grand nombre de sports nécessitent de bons moyens financiers si tu désires progresser à de plus haut niveau. Alors que se dandiner, comme tu le dis si bien, ne demande que peu d'espace. Et, entre toi et moi, le travail cardio qu'ils accomplissent est des plus exigeants. Et en prime, la musique purifie l'âme. En plus, ils sont plaisants à regarder.

Je me disais qu'il devait parler davantage d'évacuation de stress que de propos ésotérique lié à l'âme. Mais avec lui, on ne savait jamais sur quel pied danser. En y réfléchissant bien, je trouvais moins ridicule de voir ces gens se trémousser sur une chanson d'Elvis. Une question me vint soudain à l'esprit.

– Vous disiez que j'avais le même problème avec les arts martiaux. Que voulez-vous insinuer par là ?

– Tu es encore dans un mode action-réaction. Tu ne vois jamais la situation dans son ensemble. On te donne un coup de poing et tu te contentes de le bloquer sans tenir compte de ce qu'il y a eu avant ou de ce qu'il y aura après. Dans une confrontation, il y a toujours un amont et un aval. Ici avec ces jeunes, l'amont les a conduits à ce qu'ils font par rapport qu'à ce qu'ils ne font pas. Ils ont fait un choix qui les a orientés dans la danse plutôt que vers les arts martiaux. Tu les as jugés sur ce qu'ils faisaient sans tenir compte de leur démarche, de ce qui les a amenés à cette activité. À ton avis, à quel moment débute un combat ?

Je m'apprêtais à répliquer rapidement, car j'étais persuadé que la réponse était simple. Mais avec lui, rien n'était jamais aussi clair qu'il y paraissait.

– Le combat commence au moment où l'adversaire nous agresse. S'il donne un coup de poing, il faut bien se défendre.

– Ce qui semble évident pour la plupart des gens ne l'est pas pour un guerrier. Une confrontation s'amorce bien avant ça. Si c'est une personne qu'il côtoie quotidiennement, le guerrier a déjà probablement noté le changement d'état d'esprit de l'autre. Il va tenter d'amadouer la situation avant même qu'elle ne débute. On en revient constamment à *ishiki*, la prise de conscience, le constat de la réalité de tout ce qui nous entoure.

– Oui, mais si c'est quelqu'un qu'on ne connait pas comme c'est souvent le cas dans les bars, ça sera difficile de prévoir.

– Il y a quand même un amont. Dans un bar, un bon portier sait d'instinct qui causera du trouble dans la soirée. Il gardera un œil sur ces personnes. Son expérience l'a déjà confronté à ce type d'individu. Il devra anticiper l'accrochage ou le petit geste qui déclenchera les hostilités. S'il ne peut éviter que le conflit dégénère, il se positionnera en fonction des attaques possibles de ses clients afin de les maîtriser rapidement sans devoir les mutiler. Mais avant d'en arriver à utiliser des moyens physiques, il tentera de désamorcer la situation par la parole. Il y a toujours un avant, un pendant et un après.

À cette période de ma vie, je savais qu'un combat était un jeu d'échecs. Mais j'étais loin de me douter que l'on pouvait prévoir presque toute la partie. Malheureusement, à ce moment-là, ce que je croyais une base solide d'art martial n'était qu'un frêle échafaudage. Au contact du vieux Maître, je réalisais l'étendue de mon ignorance. Une question de mauvais jugement. Une image me vint en tête.

– Oui, mais si l'on se promène dans une ruelle et que quelqu'un nous agresse par-derrière, il n'y a plus d'amont.

– Il y a toujours un amont. Il y a plus de risque le soir que le jour. Les endroits isolés sont plus dangereux que ceux qui sont fréquentés par une foule. Il y a des quartiers plus touristiques et d'autres qui n'ont rien d'invitant. Toute cette information fait partie de l'amont. Si tu te promènes dans une ruelle, tu devrais avoir conscience de tout ce qui bouge autour de toi.

– Est-ce que ce n'est pas de la paranoïa ?

– Oui si tu ne focalises que sur le danger. Non si inspecter les environs devient une seconde nature qui se fait sans que cela ne puisse nuire à une conversation. Je parie que tu n'as pas remarqué l'un de tes compatriotes qui t'observe depuis plusieurs minutes déjà ?

En me retournant, je vis un jeune homme blond, un Occidental qui me sourit lorsque nos regards se croisèrent.

– Qu'est-ce qu'il veut celui-là ? Je ne suis pas aux hommes.

– Tiens, encore un jugement sans réfléchir, dit le Maître.

Le jeune homme vint dans notre direction. Il était accompagné d'une jeune Japonaise. Il me tendit un feuillet. Il prêchait la parole de Dieu. Je mis rapidement fin à cette situation que je n'appréciais pas particulièrement.

– Je n'ai jamais aimé être sollicité par qui que ce soit.

Je me retournai vers le vieux Maître, il avait disparu. Je ne l'avais quitté des yeux que quelques secondes. Je regardai en direction de la foule sans réussir à l'apercevoir. Puis, en revenant vers le groupe de danseurs, je le vis tenir la main d'une jeune rockeuse qui tournait sur elle-même dans la plus pure tradition des années 50.

Chapitre 14
Le mauvais angle

Angle de vision
Une structure faible
Tout peut s'écrouler

Avant même que je ne devienne *deshi*, le disciple de mon professeur, son enseignement avait remis en question mes années d'entraînement. J'étais dans l'une des classes qu'il donnait à de nombreux étudiants, en majorité des Occidentaux. Nous devions exécuter une technique facile. Notre partenaire nous agrippait au collet à deux mains et nous devions simplement bouger de façon à le déséquilibrer. J'étais certain que ce serait un jeu d'enfant. Au moment où les mains me saisirent vigoureusement, je fis un pas vers l'arrière, tirant ainsi mon agresseur vers l'avant. Je savais que mon *timing* avait été impeccable. Le vieux Maître avait assisté à ma performance. Je le regardai avec fierté, en attente de félicitations, compte tenu de la précision de ma technique.
– Pas bon.
Ce fut les seuls mots qu'il me dit. Il tourna le dos et se dirigea vers d'autres étudiants.
– Comment ça « pas bon » ? Mon adversaire a été déstabilisé vers l'avant, n'est-ce pas le but recherché ?
– Tu l'as tiré, mais tu ne l'as pas déséquilibré. Tu n'as pas utilisé le bon angle pour pouvoir le faire correctement.
– Je l'ai tiré vers l'extrémité du triangle. C'est ce qu'il faut faire, ça, j'en suis certain.
Je connaissais depuis longtemps ce principe de la pointe du triangle. Nous n'avons que deux points d'appui au sol. En amenant le corps d'une personne vers son centre-avant ou arrière, on obtient un triangle. Dans cet axe, on peut obliger un adversaire à redistribuer le poids de son corps. Durant ce laps de temps, on peut effectuer toutes sortes de techniques. Le maître enchaîna.
– Premièrement, tu as trop forcé et deuxièmement, tu n'étais pas dans la bonne direction.
– D'accord, j'avoue que j'ai peut-être utilisé un peu de force. Mais par contre, l'orientation était impeccable. Je l'ai amené vers l'avant, il n'avait pas le choix de faire un pas pour reprendre sa stabilité. Je l'ai entraîné vers sa pointe du triangle.
– Ah ! D'accord, je comprends.
Ces quelques mots ne me rassuraient pas.
– Tu n'en es qu'à ce stade-là des déséquilibres, dit-il à voix basse.

À l'époque, je possédais encore ce côté arrogant si caractéristique de ceux qui sont ceintures noires depuis plusieurs années.

– Que voulez-vous dire ? J'ai fait mes devoirs, ça aurait été difficile d'être plus précis que ça dans ce genre de technique.

Le vieil homme ne parut nullement désarçonné par mes propos.

– Vraiment, alors faisons une petite expérience.

Il demanda à mon ami de prendre une position forte. Ce dernier déplaça sa jambe gauche vers l'avant, plia les genoux afin d'abaisser son centre de gravité et d'être plus stable.

– Peux-tu le tirer et l'amener au sol par un déséquilibre ?

C'est avec assurance que je marchai vers lui en allant agripper son *kimono* de mes deux mains. Je sentis le tissu du vêtement se distendre de son corps, puis une résistance m'obligea à travailler un peu plus fort de mes deux mains. Finalement, mon partenaire n'eut pas d'autre choix que d'avancer sa jambe avant pour compenser. Je m'accrochai encore plus fort à lui et en tournant mon corps, je réussis enfin à lui faire mettre un genou au sol. J'étais fier de mon succès.

– Vous voyez, je n'ai pas eu à trop forcer, dis-je en regardant le professeur droit dans les yeux.

– Tu l'as dit « à trop forcer ». Ton mot « trop » est relié à ta mauvaise gestion de l'angle de ses jambes, me dit-il.

– Ma direction était correcte, j'ai tiré vers sa pointe du triangle, j'en suis certain.

– C'est là qu'était ton erreur. Tu t'es fié à ses pieds, tu n'as pas tenu compte de son genou arrière qui n'était absolument pas aligné avec ses pieds.

Je n'osai pas répondre à cela.

– Je vais refaire l'expérience avec ton ami. Regarde bien.

Mon partenaire se positionna de la même façon. Au lieu de l'agripper à deux mains, le professeur saisit son *kimono* légèrement entre son pouce et son index droit. Il tira délicatement vers un angle légèrement décalé de la pointe du triangle. Immédiatement les épaules de son cobaye se soulevèrent, son bassin changea légèrement de direction, puis en se laissant descendre plus près du sol, mon ami tomba rapidement vers l'avant, sans avoir le temps de pouvoir reprendre son équilibre comme il l'avait fait avec moi. Tout ça s'était fait du bout des doigts.

– Ce que tu as fait était bien, mais tu dois maintenant pouvoir faire mieux. Un corps humain est une structure de haute précision. Tu regardais les jambes comme deux segments droits qui joignaient le tronc au sol. Il faut tenir compte de l'angle des genoux ainsi que de leur flexion. On doit également prendre en considération l'angle du bassin. Et si l'on va un peu plus loin, il faut apprendre à voir l'inclinaison de la ligne d'horizon des épaules. Les épaules et le cou sont d'excellents indicateurs sur le positionnement d'un adversaire en combat. Négliger ça est une erreur grossière que font tous les débutants.

Au fil de mes rencontres avec lui, à maintes reprises j'avais été recalé au stade de néophyte. Même si je n'appréciais pas cette tactique, c'était nécessaire pour dégonfler l'égo gigantesque que je possédais à l'époque. Il demanda à mon ami d'expliquer ce qu'il avait ressenti dans cette technique.

– C'était assez étrange, dit-il. J'avais l'impression de chuter par moi-même. Je ne me suis nullement senti tiré. Je tombais, tout simplement, sans trop savoir pourquoi.

Le professeur reprit son enseignement.

– Les angles sont présents partout dans les arts martiaux. Que ce soit pour nous aider à déséquilibrer un adversaire plus grand ou plus costaud, ou que ce soit simplement pour prendre une distance sécuritaire plus rapidement.

Il demanda à un étudiant de saisir un sabre d'entraînement et de l'attaquer. Au moment où la lame s'abattit sur sa tête, le vieil homme se tassa légèrement vers sa gauche en reculant à peine. Il demanda à son attaquant de vérifier si sa lame pouvait l'atteindre. Il ne devait même pas y avoir un centimètre entre la pointe du *katana* et son corps. Une distance suffisante pour ne pas être touché avait-il expliqué.

– À l'intérieur même de la structure du corps, il y a une multitude d'angles. On peut utiliser ces angles pour affaiblir toute la charpente d'un adversaire. De plus, comme vous venez probablement de le constater, on peut compenser le besoin de vitesse par une gestion adéquate des déplacements.

Sur le coup, je n'y avais pas porté attention. Mais effectivement, il s'était déplacé lentement, sans avoir à se presser. Il me demanda de le frapper. Je pris une posture agressive et j'avançai ma jambe droite en lançant mon poing vers sa figure. Il recula légèrement en quittant ma ligne d'attaque, puis il plaça sa main devant mon poing en l'effleurant à peine.

– Essaie une seconde offensive, me dit-il.

J'enchaînai en donnant un direct de mon autre poing. Mais au lieu de poursuivre sa trajectoire, mon corps fut déporté sur ma gauche, sans que je ne puisse y faire quoi que ce soit. Il était impossible pour moi d'atteindre mon maître.

– Co... comment avez-vous fait ça ?

Je ne comprenais pas pourquoi mon attaque n'avait pu se rendre jusqu'à lui.

– C'est simple, j'ai modifié l'angle de rotation de ton poing, ce qui a affecté toute ta structure.

– Mais je n'ai rien senti.

– Le changement a été trop minime pour que tu le remarques.

Il me refit faire le même exercice, mais cette fois-ci, il montra comment du bout des doigts il avait fait imprimer une légère rotation à mon poignet. Au moment où je donnais le second coup, il n'eut qu'à tirer légèrement mon bras vers sa droite pour amener mon corps dans une autre direction.

– C'est magique, dis-je avec enthousiasme.

– Non c'est mécanique, ou plutôt biomécanique. Lorsque l'on connaît bien le corps humain, on comprend jusqu'à quel point il est malléable et à quel point on peut en modifier des sections pour arriver à le manipuler aisément.

Ces quelques heures d'entraînement avaient été décisives pour moi. Je venais de réaliser que mes connaissances étaient extrêmement loin des siennes. Vers la fin de la classe, au moment où j'essayais de le frapper, il fit en sorte que je me retrouve à genoux au sol, les mains prenant appui sur le *tatami*. À chaque fois que je tentais de regagner ma position, il exerçait une infime pression du bout des doigts sur différents points de mon corps. Chacun de ces contacts brisait mon équilibre de manière spectaculaire. J'étais incapable de me relever. Il ne faisait que changer l'angle d'une de mes hanches ou d'un avant-bras pour créer une nouvelle perte d'équilibre. Chaque fois que je compensais pour reprendre le contrôle de la situation, un appui à un autre endroit de mon corps m'amenait constamment en situation de déséquilibre. Finalement, il cessa de jouer avec moi. Au moment de me relever, mon ami m'interpella.

– C'est évident que tu feignais, il ne pouvait pas te garder au sol avec les légers contacts qu'il te faisait.

J'étais conscient que si l'on m'avait filmé et qu'une personne avait regardé la vidéo dans un contexte différent, j'aurais eu l'air de quelqu'un qui était de connivence avec le professeur. Mais il n'en était rien, j'étais tout simplement incapable de me relever, privé de points d'appui suffisamment solides pour y arriver. Le Maître reprit la parole.

– Dans les arts martiaux comme dans les problèmes que l'on peut rencontrer dans notre vie, on a tendance à rechercher des solutions plus apparentes, plus grosses, en négligeant le souci du détail. On ne doit pas utiliser un rabot là où un fin papier émeri peut faire le travail avec une meilleure finition. Apprendre à voir les angles est une nécessité lorsqu'on désire approfondir le *budo*.

Chapitre 15

Des arguments percutants

Un poing furieux
D'une seule parole
N'a plus de cible

Les arts martiaux nous offrent un univers fascinant. Il y a peu de disciplines qui nous permettent d'évoluer tout au long de notre vie. Dans la plupart des sports, on atteint assez rapidement notre seuil de compétence ou devrais-je dire d'incompétence. La discussion qui suit a eu lieu durant ma seconde année d'entraînement avec le vieux Maître. L'automne jetait ses couleurs depuis quelques semaines déjà. À cette époque, je me considérais comme étant un bon casseur. J'avais brisé de nombreuses planches, des plaques de bétons et même un bloc utilisé pour la construction. Lorsque j'énumérai mes exploits à mon professeur, il se mit à rire.

– Je suis sûr que tu es un combattant redoutable, me dit-il. Toutes les pièces de bois doivent trembler de peur lorsque tu es là.

– Quoi ? Comment ? Vous ne me croyez pas ? J'ai vraiment cassé tout ça.

– Je n'en ai aucun doute, me dit-il en affichant un sourire qui tenait plus de la compassion que de la moquerie.

Rien au monde n'aurait pu ébranler l'estime que j'avais sur ma capacité à donner un coup de poing puissant.

– Je sais, ça paraît prétentieux, mais je suis honnête. J'ai réussi à briser ces briques et ces planches. La plupart des gens ne peuvent pas en faire autant.

Nous marchions sur un chemin de campagne. Le soleil d'automne plombait sur nos têtes.

– Je te crois, c'est seulement que je me demande quelle relation il y a entre tes exploits et les arts martiaux. Vraiment, je ne me l'explique pas.

– Vous... vous ne comprenez pas ? Ce n'est pas sérieux, vous vous moquez de moi.

– Non, c'est simplement que je ne saisis pas le rapport entre ça et le *budo*.

– Si vous pouvez briser aisément du béton, vous pouvez neutraliser un agresseur avec tellement plus d'efficacité.

– Ah ! C'est de ça qu'il est question, dit le vieux Maître hochant la tête. Je vois où tu veux en venir. Tu confonds deux choses qui sont différentes.

– Je ne mélange rien, si l'on peut faire exploser un bloc de béton, alors que croyez-vous qu'il pourrait arriver à un adversaire si on le frappe avec cette même puissance ?

– Pas grand-chose, d'après moi.

Je regardai mon professeur sans comprendre. Comment pouvait-il nier quelque chose d'aussi évident ? Durant un instant, je commençais à penser que les méfaits du temps s'attaquaient à son cerveau. Ça ne pouvait être que ça. Je gardai le silence sans m'apercevoir qu'il avait bifurqué vers une résidence privée. Un magnifique pommier trônait sur le devant de l'habitation. Un couple de personnes âgées s'affairait à travailler dans un grand jardin sur le côté de la coquette maison. Il alla en direction des gens et s'inclina. Il s'adressa à eux en un japonais ancien que je n'arrivais pas à traduire entièrement. Il revint vers moi.

– Ces charmantes personnes acceptent que j'utilise leur arbre afin de te démontrer quelque chose. Suis-moi.

Le pommier semblait aussi âgé que ses propriétaires. Son tronc solide montait bien droit jusqu'aux premières branches à la hauteur de ma tête. De vieilles blessures cicatrisées montraient qu'il avait été taillé régulièrement afin d'en tirer le maximum de fruits.

– Bien, essaye de casser cet arbre d'un coup de poing,

– Quoi ? Vous n'y pensez pas, c'est une blague. Regardez le diamètre du tronc, je ne pourrai jamais y arriver.

– Tu ne m'as pas dit que tu avais déjà réussi à briser plusieurs briques. Ça devrait dépasser le diamètre de cet arbre.

Je me sentais acculé au pied du mur. Pourtant il avait raison, j'avais déjà frappé plusieurs cibles beaucoup plus épaisses que ça. À cette époque, mon orgueil contrôlait encore souvent ma logique.

Bien, d'accord, je vais essayer. Après tout, cela ne peut être pire que ce que j'ai accompli auparavant.

Je me plaçai en position, j'alignai mon poing là où l'arbre était le moins rugueux. Je fis plusieurs expirations profondes et au ralenti, comme pour inscrire la bonne trajectoire à mon subconscient, j'approchai mon poing de son objectif à plusieurs reprises. Puis en lâchant un cri puissant, je frappai contre l'écorce de toutes mes forces. Les feuilles frissonnèrent un peu au contact de mes jointures. Deux ou trois pommes tombèrent sur le sol. Une douleur intense s'empara de ma main. En un instant, l'une de mes jointures se mit à enfler, comprimant les articulations voisines. En me retournant, je vis le couple de personnes âgées qui ricanait en compagnie de mon professeur. J'avais réussi à comprendre quelques mots.

– Il est bien jeune, dit-il aux gens. Mais je crois qu'avec le temps, il finira par apprendre.

Je savais bien que c'était impossible, dis-je en tenant ma main.

Ma mâchoire était crispée. Je regardais mon Maître avec une insistance qui frôlait l'impolitesse japonaise.

– Mais alors, pourquoi l'as-tu fait ?

– J'imaginais, j'espérais que ça pouvait peut-être se faire. J'ai repensé aux piles de briques que je cassais lors de compétitions.

– Oui, mais tes briques sont sèches, sèches et mortes comme les planches que tu brises. Ce pommier, lui, est vivant. Ça fait une énorme différence. On ne peut utiliser les mêmes techniques pour frapper une brique que pour un corps humain ou qu'un arbre comme celui-ci.

Il se dirigea vers le pommier, et sans prendre le temps de s'ajuster, sans donner l'impression de faire un effort, il percuta le fier végétal qui sembla s'ébranler jusque dans ses racines les plus profondes. Une grande partie des fruits se décrocha et roula sur le sol.

– J'ai fait ça parce qu'ils m'ont dit qu'ils voulaient justement ramasser les pommes les plus mûres. De cette façon, ils n'auront pas besoin de monter dans une échelle pour faire la cueillette.

Il s'inclina en saluant les gens qui le remercièrent. Ils se courbèrent à plusieurs reprises jusqu'à ce que nous quittions leur propriété.

– Comment avez-vous fait ? Vous n'avez pas utilisé de force, c'est incroyable !

– C'est simple, je me suis servi de techniques de frappes s'appliquant au corps humain et non au béton.

– Je ne comprends pas, pourquoi est-ce si différent ?

– Quel est le pourcentage d'eau dans une brique, me demanda-t-il ?

– Je ne sais pas, trois ou quatre pour cent d'humidité. Lorsqu'on les casse, il ne faut pas qu'elles soient humides, sinon, ça devient difficile à briser.

– Et quel est le pourcentage d'eau du corps humain ? me demanda le vieux Maître.

– Je pense avoir déjà lu que c'était aux alentours de soixante pour cent.

– Mais alors, tu vois bien qu'on ne peut employer le même type de frappe pour deux matériaux aussi différents.

Je n'avais jamais songé à cet aspect. Il ne me laissa pas cogiter longtemps sur cette révélation.

– Tes coups ne peuvent traverser de bons abdominaux. Oui, ils peuvent faire des bleus, réussir à casser quelques côtes, mais les dégâts demeurent assez superficiels. Avec la technique que j'ai utilisée sur l'arbre, on a recours à une onde de choc fluide.

– Que voulez-vous dire par là ?

– Pense à un caillou que tu tires dans un étang. Au moment de l'impact, il va créer une petite vague qui va se déplacer pour atteindre le rebord de l'eau. Maintenant, imagine une vague plus grosse, un *tsunami*. La force développée peut parvenir à ce qui se trouve au-delà de l'eau. Le liquide n'est en rien altéré. Ces techniques de percussion font le même travail sur un corps humain. Ils traversent les muscles sans les endommager pour affecter directement les organes à l'intérieur.

Je visualisais sans peine un raz de marée qui brisait des maisons comme s'il s'agissait de jouets pour enfant. Le vieux Maître enchaîna.

– Un autre facteur important dont il faut tenir compte c'est la stabilité. Au moment où tu démolis une brique, elle est bien tenue, elle ne reculera pas d'un millimètre. Mais si tu attaques une personne, son corps bougera au moment de l'impact. Une grande partie de l'énergie de ton coup de poing est perdue lorsque le corps réagit en se déplaçant. Le type de percussion que j'ai utilisé s'applique bien sur un adversaire en mouvement.

À partir de cet instant, sous sa tutelle, j'ai révisé complètement ma façon de frapper. J'ai travaillé longtemps à comprendre et à utiliser correctement ces techniques. Je n'ai pas rejeté ce que j'avais déjà acquis avec les briques, j'ai simplement ajouté une corde de plus à mon arc. Plusieurs années plus tard, j'ai rencontré un type qui s'amusait à faire des paris en recevant des coups de poing dans l'estomac. Ses abdominaux donnaient l'impression d'un mur de béton. Le jeu était enfantin. Il déposait cent dollars sur la table, vous en étaliez cent vous aussi et vous aviez le droit de lui administrer une attaque au ventre. S'il reculait, c'est vous qui empochiez les deux cents dollars. Des gens de son entourage m'avaient dit qu'il n'avait jamais perdu ce défi.

– Je relève le pari, dis-je après qu'il m'eut expliqué les règles. Je suis même prêt à mettre mille dollars en jeu, mais j'exige une condition avant que l'on passe à l'acte.

En parlant d'un montant aussi élevé, les yeux de l'homme brillaient. Il devait penser que c'était sa journée de chance.

– Je souhaite qu'avant que l'on fasse le pari, que vous acceptiez que je fasse un essai avec ceci. Ça ne me tente pas de vous envoyer à l'hôpital.

Il me regarda en affichant un petit sourire narquois. Ses cheveux taillés à la façon militaire lui donnaient un air sévère.

– Je veux que vous appuyiez ce bottin téléphonique sur votre ventre pour vous protéger de ma frappe.

Il ne semblait pas du tout me prendre au sérieux. Il devait me trouver prétentieux et puéril. Mais comme le montant était alléchant, il accepta l'essai. L'annuaire que j'avais avec moi devait bien faire dans les six à sept centimètres d'épaisseur. Il plaça la masse de papier contre ses abdominaux. Je m'alignai comme le vieux Maître me l'avait appris et sans donner l'impression de faire un effort quelconque je dépliai mon bras en transférant tout le poids de mon corps au centre du livre qui se creusa sous l'impact.

L'homme recula de plusieurs pas puis s'arqua vers l'avant en se tenant le ventre. Son expression avait changé. Maintenant, il me regardait comme si j'étais le diable en personne.

– Alors, est-ce que vous acceptez toujours de faire ce petit pari avec moi ? demandais-je sans montrer ma joie d'avoir réussi ma démonstration.

– Pas question que j'essaie ça sans annuaire. Je ne sais pas c'est quoi ce type de frappe, mais je veux l'apprendre.

Je savais que ces techniques étaient efficaces, mais avec ce colosse, j'avais trouvé le candidat idéal pour valider ce que m'avait enseigné mon professeur. Nul doute pour moi maintenant qu'il n'y avait pas de rapport entre casser une planche et frapper un corps humain.

Chapitre 16

Le temps

Un grain à la fois
Le temps poursuit sa route
Sans rien devoir

Les souvenirs s'entremêlent dans mon esprit, il y en a tant. L'histoire suivante s'est déroulée durant la deuxième année où le vieux Maître m'a accepté comme disciple. Nous nous entraînions dans un des dojos extérieurs, un endroit isolé, situé au pied d'une petite montagne. J'essayais de le frapper, mais comme toujours, mes poings n'arrivaient pas à atteindre leur cible.

– Je m'avoue vaincu, vous êtes beaucoup trop rapide pour moi, dis-je en abaissant les mains.

En une fraction de seconde, son bras s'allongea, percutant le côté de ma mâchoire.

– Ce n'est pas une question de vitesse, mais de temps.

Au moment où je voulus répondre, je ne pus prononcer aucun mot. Le coup qu'il avait donné avait désarticulé ma mandibule. Affolé, je tentais d'expliquer le problème à mon professeur qui ne s'occupait pas de moi. Il continua de m'adresser la parole comme si de rien n'était.

– La plupart des gens sont dominés par le temps. Il faut apprendre à l'utiliser à son avantage.

Plus j'essayais de parler, plus je paniquais. Mais le maître ne sembla nullement perturbé de me voir la bouche grande ouverte, invitant ainsi tous les insectes du coin à une visite de mon orifice buccal. En désespoir de cause, j'attrapai la manche de son gilet de laine et la tirai à plusieurs reprises pour capter son attention. Il me regarda en riant.

– Quoi ? Tu trouves le temps long ? Viens ici, je vais replacer ça.

Une douleur cisaillante me transperça au moment où un bruit sec claqua.

– Ouch ! Pourquoi m'avez-vous fait ça ?

– Fais quoi ? demanda-t-il en me fixant comme s'il ne comprenait pas ma question. Ah, ça ! Tu parles de ta mâchoire ? C'était juste pour que j'aie le temps de placer quelques mots.

Je savais que son sens de l'humour était parfois un peu étrange, mais là, il dépassait les bornes. Je tâtais mes os pour m'assurer que tout était en ordre. Puis, ses propos sur le temps revinrent à mon esprit.

– Vous parliez du temps, comment peut-on l'utiliser à son avantage ? Le temps c'est le temps. On ne peut le contrôler, il s'écoule sans qu'on ne puisse rien y faire.

— Il se déroule au rythme que toi tu le ressens. Qu'est-ce qui passe le plus vite ? Être deux heures en bonne compagnie avec tes amis ou assister à une conférence ennuyante durant le même laps de temps ?

— Les deux heures où je suis avec mes amis. Mais ce n'est qu'une perception, le temps est le même dans les deux cas.

— C'est ce que je te disais, le temps ne change pas. C'est simplement l'idée que tu t'en fais qui change.

— Mais alors, comment est-ce que ça peut m'être utile dans les arts martiaux ?

— Si plusieurs adversaires t'attaquent, ils ne frapperont pas au même moment. Le contrôle du temps t'amènera à voir dans quel ordre les coups se feront et à partir de là, comment les éviter. On dit souvent que lors d'un combat, il ne faut pas réfléchir, qu'il ne faut pas penser. Moi je te dis le contraire. Si tu es bon dans les arts martiaux, tu peux examiner la scène. Il s'écoule un très long moment entre les premières contractions des muscles et l'instant où le poing rejoint sa cible.

— Ça va à l'encontre de tout ce que j'ai appris. On m'a toujours dit de ne pas penser durant l'action.

Le vieux maître me regarda en soupirant.

— Que veux-tu, il y en a qui ne comprendront jamais le *budo*.

— Mais comment peut-on arriver à cela ?

— Est-ce que ça te tente de faire un exercice initiatique réservé à quelques privilégiés ?

Le mot privilégié était suffisant pour m'amener à accepter n'importe quoi.

— D'accord, viens avec moi, on va regarder ce que l'on peut bien faire de toi.

Sans dire un mot, le maître s'engagea sur un sentier en direction du pied de la montagne. Il progressait d'un pas rapide, sans répondre à aucune de mes questions. Il quitta la facilité du chemin pour se faufiler dans l'un des interstices que laissait la muraille d'arbres. Malgré son âge avancé, par moment je devais courir pour arriver à le suivre. Nous marchions en suivant un petit ruisseau qui avait croisé notre route. J'observais les mille reflets du soleil qui enjolivait le cours d'eau. Ça ne pouvait être qu'une bonne journée pour moi. Entre deux grosses roches, je pouvais voir l'eau jaillir d'une ouverture au pied de la paroi rocheuse. Le maître dut s'agenouiller dans l'eau pour franchir la brèche. J'hésitai un instant, puis je me mis également à quatre pattes pour le suivre. À l'intérieur, une cavité à peine haute d'un mètre et longue de deux mètres s'y trouvait. Au fond de cette galerie, l'eau surgissait d'une sorte d'entonnoir qui paraissait s'enfoncer profondément au sein de la montagne.

— Longe ce conduit sur une distance d'environ dix mètres. Tu ne peux te tromper, à un moment donné, après la courbe, tu ne pourras pas aller plus loin. À moins qu'un tremblement de terre n'ait élargi la brèche, sembla se dire à lui-même le vieux Maître.

– Mais, pourquoi ? Que voulez-vous que j'y fasse une fois rendu ?

– Ça fait partie de l'enseignement, tu dois demeurer là au moins 24 heures. Bien, confie-moi ta montre et ton téléphone.

– Je... je ne les ai pas.

Le peu de lumière qui provenait de l'embouchure de la caverne donnait à ses yeux oblongs un air de démon. Son regard me parut tellement dur que je n'avais aucunement l'idée d'argumenter sa décision. Je devais subir cette initiation.

– Quand tu sauras que ça fera 24 heures, viens me rejoindre, je t'attendrai.

– Je dois passer tout ce temps dans l'eau ? Je vais être malade.

– Mais non, au pire, tu auras une grippette d'enfant, me dit-il en quittant les lieux.

À contrecœur, je commençai à ramper dans l'eau. Plus je m'enfonçais, plus je m'écorchais les bras le long des parois. Le chemin obliqua vers la gauche me coupant des dernières lueurs de la lumière du jour. Jamais je n'aurais cru que parcourir une distance de dix mètres put paraître si long. Une douleur à la tête m'indiqua que je ne pouvais pas aller plus loin. Heureusement pour moi, l'eau n'était pas glacée. Une source thermale quelque part dans la montagne devait tempérer ce ruisseau. La tiédeur apaisait mes nombreuses éraflures.

Bon, me disais-je. Ça va être facile je n'ai qu'à en profiter pour faire de la méditation dans cette obscurité totale. Mes yeux étaient incapables de distinguer quoi que ce soit. Je pris une profonde expiration et je commençai à détendre chaque partie de mon corps. Ça allait plutôt bien pour les jambes jusqu'à ce que je sente un petit animal courir sur mon estomac. Surpris, j'essayai de le chasser rapidement avec ma main. Malheureusement, j'avais écouté les recommandations du vieux Maître et je ne réussissais pas à sortir mon bras. Je criai après le rongeur qui déguerpit à l'instant. Ma seconde tentative de méditation fut dérangée par quelque chose qui rampait sur mon visage. Je commençais à réaliser que ça serait peut-être les plus longues 24 h de ma vie.

Le son de l'eau que j'avais toujours trouvé apaisant me narguait. Il m'indiquait que le temps tout comme cette source, continuait à s'écouler inexorablement. J'avais l'impression que la grotte était complètement envahie de sons étranges, d'une multitude d'êtres vivants que je ne pouvais voir. Par moment, il m'arrivait de paniquer et de vouloir reculer afin de sortir de là. Un grondement sourd parvint à mon oreille. Une légère secousse fit vibrer les parois entre lesquelles j'étais coincé. Un faible tremblement de terre si commun à ce pays me fit remettre en doute la nécessité de cette épreuve. Si tout s'écroulait, jamais on ne me retrouverait. Durant des heures, j'imaginai toute une panoplie de scénarios catastrophiques où, immanquablement, je ressortais perdant.

Selon moi, plusieurs heures avaient dû s'écouler depuis la secousse sismique. J'éprouvais une étrange sensation comme si j'étais dans des vêtements trop amples pour moi. Je réalisai que cette impression ne venait pas de mes vêtements, mais de ma peau. J'avais oublié la raison même qui m'avait amené à être dans une situation aussi irréelle. Malgré ma position inconfortable, j'éprouvais une envie de sommeil qui s'emparait de moi de plus en plus. Il se faisait tard. Je devais être là depuis neuf ou dix heures le matin. Curieusement, je n'avais pas faim. D'ailleurs juste à penser à prendre un centimètre de taille dans un tel endroit était suffisant pour me rendre anorexique. Mes paupières avaient de plus en plus de difficulté à demeurer soulevées. Était-ce du sommeil ou à l'évanouissement ? L'eau était presque de la même température que mon corps. Par moment, j'avais l'impression de faire partie intégrante de la caverne. Des images confuses apparaissaient à mon esprit par intermittence.

Je ne sais pas combien de temps j'avais dormi, mais j'ai ouvert les yeux en me sentant énergisé, comme cela n'était pas arrivé depuis longtemps. Peut-être était-ce l'énergie de l'eau, je ne sais trop. J'avais l'impression d'avoir dormi des heures. À l'extérieur, le matin devait s'être montré le bout du nez depuis un certain moment déjà. L'idée de quitter cet endroit me réjouissait. Avant de m'endormir, j'avais identifié des battements d'ailes de chauve-souris. J'espérais ne pas entrer en contact avec leurs excréments extrêmement toxiques.

Mon évaluation de l'heure m'indiquait qu'il serait bientôt temps que je sorte de ce piège. C'est fou à tout ce que l'on peut réfléchir en une journée. On ne prend jamais assez de temps pour demeurer seul avec soi-même. J'avais aimé l'expérience d'être ainsi isolé, sans que rien de l'extérieur ne puisse me déranger. Mes idées étaient étrangement claires. J'avais la sensation de pouvoir voir derrière les images qui apparaissaient à mon esprit, comme si elles étaient en trois dimensions, comme si elles cachaient quelque chose d'autre. Les bruits parvenaient avec netteté à mes oreilles. J'avais l'impression de pouvoir les entendre avant même qu'ils ne se produisent.

Sortir de l'étroit réduit avait été plus difficile que je ne l'aurais imaginé. Mon corps semblait avoir pris du volume. C'est avec des efforts douloureux que je réussis à reculer jusqu'à la caverne principale. La petite entrée projetait une lumière aveuglante. Je demeurai quelques minutes afin de laisser mes yeux s'y habituer. Puis je rampai de nouveau pour gagner le monde extérieur.

– Tiens, te voilà, me dit une voix familière.

– Vous êtes venu m'attendre pour être sûr que j'allais bien. C'est gentil.

– Mais je ne suis jamais parti, me dit le vieux Maître.

– Quoi ? Vous avez passé la nuit ici ?

J'étais ému en pensant qu'il était demeuré près de moi durant tout ce temps, qu'il veillait sur ma sécurité.

– Tu es resté là combien de temps ? me demanda-t-il.

– Un peu plus de 24 heures. J'ai dû battre un record, dis-je fièrement.

– Ton chiffre est presque bon. Tu n'as qu'à enlever le deux et tu as le temps où tu es demeuré sous terre.

Je n'étais pas certain de bien comprendre.

– Vous voulez dire que je suis demeuré 22 heures ?

– Non, seulement 4 heures. Crois-tu que je serais resté ici à t'attendre si j'avais pensé que tu y serais demeuré toute une journée ?

– Je, j'ai eu l'impression que ça avait été plus long.

– Maintenant, tu vas peut-être comprendre un peu plus ce qu'est le temps.

Plus il m'expliquait et plus je me sentais perdu.

– Pourquoi m'avez-vous fait subir cette épreuve ?

– Cette expérience a plusieurs niveaux. C'est une étape à laquelle le vrai disciple doit se soumettre. Elle permet de vérifier le lien de confiance qui unit le maître et le disciple en plus de faire tomber des barrières mentales qui empêchent certains types de réflexion.

Je repensais aux souvenirs que j'avais eus et à l'impression de pouvoir creuser davantage dans ces visions.

– Je croyais que vous m'aviez fait subir ça en rapport avec la perception du temps.

– C'est exact, mais avant que tu en voies les bénéfices, ça sera un peu plus long. Disons simplement pour l'instant que nous avons planté une petite graine qui croîtra le moment venu. Allez, viens, on s'en retourne.

– Quoi, vous ne m'en dites pas plus ?

– Désolé, j'ai faim. On n'a pas le temps.

Chapitre 17
L'instinct du tueur

Sans un seul remord
Du plus profond de l'âme
L'instinct de survie

Tout le monde connaît l'expression « avoir des cadavres dans son placard ». Je ne pourrais affirmer si le vieux Maître en avait, mais, chose certaine, si cela avait été nécessaire, il n'aurait probablement pas hésité à exécuter quelqu'un. Pourquoi est-ce que j'en suis si convaincu ? Parce que ça faisait partie intégrante de l'art qu'il m'apprenait. Un jour, il m'a dit que si je n'étais pas prêt à tuer, c'était inutile de continuer mon instruction sous sa supervision. Je n'oublierai jamais comment il m'avait donné cet enseignement.

Comme nous le faisions fréquemment, nous nous sommes retrouvés dans un dojo extérieur. Ce matin-là, il me tendit quelque chose. C'était un masque pour dormir comme en emploient souvent les passagers d'avion devant faire un long trajet. Je pris l'objet et en le tenant par l'élastique je le fis tourner sur mon index.

– Ah non, merci, dis-je en me trouvant drôle. Je me suis suffisamment reposé cette nuit.

Le vieux Maître me regarda sans sourire.

– Mets-le, tout de suite, répliqua-t-il sur un ton qui n'admettait pas une seule objection.

À l'instant où je perdis mon champ de vision, je m'imaginais déjà avoir à parer ses coups sans voir quoi que ce soit. Je pris une posture de combat défensive, prêt à reculer au moindre bruit, au plus petit déplacement d'air. Je crois que j'avais regardé trop de films d'art martial. Je demeurai immobile durant ce qui me parût être une éternité, me tournant la tête en direction de chaque craquement d'arbres. Je pense que j'ai même essayé d'esquiver un corbeau qui criait au loin.

– Qu'est-ce que je fais maintenant ? demandais-je au moment où je constatai qu'aucune attaque n'arrivait.

– Viens me retrouver ici, me dit la voix éloignée. Je ne bougerai pas tant que tu ne m'auras pas rejoint.

– J'ai combien de temps pour faire ça ?

Aucune parole ne me parvint. Le vieux Maître ne répondait pas à mes appels.

Je commençai à avancer lentement. Comme il me l'avait appris, une main tenue à une trentaine de centimètres de ma tête me protégeait des obstacles qui auraient pu atteindre mon visage et mes yeux. Mon autre main était à égale distance et avait pour objectif de m'éviter un coup aux parties. Les deux paumes étaient tournées vers moi. La première fois qu'il m'avait enseigné ce déplacement, j'avais trouvé étrange cette manière de placer mes mains. Il m'avait expliqué que si mes mains rencontraient un fil électrique, le choc me repousserait, alors que si mes paumes étaient vers l'avant, mon réflexe serait de refermer mes mains. Bien avant ça, il m'avait habitué à sentir les attaques d'un agresseur avec le dos de la main plutôt qu'avec la paume. Il m'avait dit que chaque contact avec le corps d'un opposant est l'occasion de collecter des informations. En procédant de cette façon, on pouvait davantage sentir l'intention et la biomécanique du corps adverse.

Je progressais en direction de l'endroit où j'avais cru entendre sa voix. À quelques reprises, des branches m'écorchèrent au passage. De temps à autre, je faisais des arrêts inutiles qui ne m'apportaient rien d'un point de vue stratégique.

– Alors, tu arrives où il faut que j'aille te chercher ?

Maintenant, je savais avec exactitude quelle était la direction à prendre. Je progressais avec difficulté. Je présumais qu'il avait fait exprès pour choisir un chemin tortueux, où, à chaque pas, des branches m'agressaient, s'entremêlaient afin de tenter de freiner mon avance. Je commençais à trouver ce petit divertissement particulièrement désagréable. Jouer à cache-cache, ce n'était pas de cette façon que j'entrevoyais mon entraînement. Je ne sais trop comment j'avais fait mon compte, mais je m'étais cogné le tibia contre une pierre. Le sang coulait sur ma jambe. Mais pas question d'arrêter, il ne me l'aurait certainement pas permis.

Naturellement, je progressais avec lenteur. J'avais perdu toute notion du temps. J'avais beau essayer de me concentrer, de tenter d'utiliser diverses techniques de méditation, rien n'y faisait. Il faut croire que le vieux Maître lisait en moi comme dans un livre ouvert.

– Comme ça, tu abandonnes. C'est tout ce que ça te prend pour renoncer ? Bravo, il est redoutable, le guerrier.

Je n'osais ni bouger ni répondre. Je me contentais de subir ces propos désobligeants qui m'irritaient. Plus il parlait et plus j'avais de la difficulté à contenir ma colère. Je pense que le fait de ne rien voir exacerbait l'effet de ses paroles.

– Bon, là tu commences à avoir les émotions adéquates. Maintenant, canalise-les en énergie positive.

Je ne comprenais pas où il souhaitait en venir. Il avait cerné ma colère, mais que voulait-il dire par la transformer en énergie positive ? Sa voix se rapprocha. Il ne devait pas être à plus d'un mètre de moi. Je m'attendais à être frappé à chaque instant. Au moment où je m'apprêtais à enlever mon protège-yeux, il m'ordonna de le garder.

– Est-ce que tu sais ce qu'est l'instinct du tueur ? me demanda-t-il.

– C'est ce que ressent un psychopathe lorsqu'il tue quelqu'un, risquais-je comme réponse.

– Non, le psychopathe ne ressent rien. L'instinct du tueur est ce sentiment qui fait que si les circonstances ne te laissent pas le choix, tu auras le courage d'éliminer ton ennemi pour survivre. Mais pour en tirer le maximum, il faut que tu sois justifié d'en arriver là.

Le fait de ne rien voir faisait davantage résonner la voix de mon professeur. Ces paroles troublantes attisaient l'idée que j'allais bientôt être frappé.

– Tu peux trouver le meilleur art martialiste possédant toutes les connaissances pour se sortir de la plupart des attaques, s'il n'a pas cet instinct, il y a de fortes chances qu'il perde son combat si l'adversaire approche son niveau de compétences.

– C'est de la détermination, dis-je.

– C'est plus que ça. Prendre la vie de quelqu'un est quelque chose de sacré, un acte que la plupart des gens ne sont pas prêts à faire. Une limite difficile à franchir. Ce n'est pas pour rien que beaucoup de soldats reviennent de la guerre avec des symptômes post-traumatiques.

Protégé de toute distraction visuelle, j'avais l'impression que mes idées étaient claires. Mais même dans cet état, je n'arrivais pas à saisir où il voulait en venir. Est-ce que je devais me préparer à me défendre comme si mon dernier souffle de vie était menacé ?

– Imagine que tu fais un combat où l'issue pourrait être fatale. La confrontation a débuté parce que tu tentais de séduire la copine d'un autre gars dans un bar. Tu savais très bien qu'en faisant cela, la situation allait dégénérer. La bagarre a pris une tournure dramatique. Trois de ses amis se sont joints à lui. Une foule de gens vous entourent et tu comprends que tu vas être obligé de frapper au point de risquer de blesser ou même de tuer quelqu'un. Comment te sentirais-tu si ça se déroulait comme ça ?

– Je... je ne sais trop. Tout ça serait arrivé à cause de moi. Je ne suis pas certain de la façon que je réagirais. Mais je pense que la peur me donnerait l'énergie pour passer à travers.

– Effectivement, c'est le cas, mais essaie d'imaginer tes émotions à ce moment-là. La peur engendre le stress et la perte de contrôle. Ce n'est pas ce que recherche un guerrier. Maintenant, voyons un autre scénario. Trois ou quatre adultes sont en train de battre à mort une jeune fille de douze ou treize ans dans une ruelle. Tu arrives là et les agresseurs se retournent contre toi. Est-ce que tu aurais les mêmes émotions ? Est-ce que ça sera la même énergie, la même peur ?

Je commençais à voir où voulait en venir le vieil homme.

– Je crois que je me battrais en étant plus… libéré. J'aurais peur, mais j'aurais l'impression d'être dans mon droit alors que dans l'autre situation, je me serais senti coupable d'en être arrivé là.

Il ne parlait pas, mais je savais qu'il avait aimé ma réponse.

– C'est ce qui différencie le guerrier des voyous et des fous. Cette énergie est une des facettes de l'instinct du tueur. Lorsque le guerrier est dans son droit, cette émotion peut lui donner une puissance étonnante. S'il se bat en croyant qu'il est dans le déshonneur, dans l'erreur ou dans des circonstances indignes, alors cet état d'esprit lui sera refusé. La peur s'installera en lui et, à plusieurs instants dans le combat, le doute et la honte viendront miner son efficacité.

– Je sais que ma façon de réagir serait différente dans les deux cas. Dans le premier, je me défendrais et dans la seconde situation, je porterais secours à quelqu'un.

– Exact, dit le vieux Maître. L'instinct du tueur te permettra d'utiliser les techniques nécessaires pour accéder à la victoire.

Je savais qu'il sous-entendait des choses comme « même si tu es obligé de crever des yeux pour en arriver à survivre ».

– Maintenant, tu commences à comprendre une partie de l'essence du *budo*.

Les yeux fermés m'amenaient à mieux ressentir mes émotions. Je pouvais facilement distinguer les deux émotions générées par ces scénarios. La justification était la clé de cet enseignement. Devoir se battre est parfois inévitable, mais si j'ai à le faire, alors que ce soit pour une cause noble et non seulement pour le plaisir de me prouver quelque chose. Mon esprit travaillait à grande vitesse pour analyser ces nouvelles informations. Je ne sais trop combien de temps j'étais demeuré là debout, perdu dans mes pensées, mais toujours est-il que la voix du Maître me sortit de cet état.

– Viens me rejoindre et use de cet instinct du tueur, me dit sa voix très lointaine.

Je pris plusieurs respirations rapides. J'imaginai le scénario de voyous attaquant une jeune fille. Après quelques essais, je parvins à ressentir les émotions que j'aurais dans une telle situation. J'avais la sensation que mon corps se faisait plus grand, plus gros, que ma colonne s'étirait.

– Je pense que j'ai compris, criais-je inutilement.

Au lieu de progresser lentement, pas à pas comme je l'avais fait les fois précédentes, c'est par de longues enjambées que je m'enfonçais dans la forêt. J'avais l'impression que mes mains et mon corps étaient devenus plus réceptifs. Au plus léger contact, je savais instinctivement comment contourner les difficultés. J'avançais quoiqu'il arrive. À quelques reprises, je tournais sur moi-même comme pour danser avec les obstacles. Mes pieds reprenaient facilement position dès qu'une racine tentait d'entraver ma mission. Je parvenais à percevoir la direction où devait se trouver mon maître. J'étais entièrement déterminé à accomplir cette quête. J'avais réussi à recréer la même énergie qu'au moment où je me voyais défendre la jeune fille dans le second scénario. Une vigueur incroyable m'amenait à ne pas renoncer, à aller toujours plus loin. J'avais l'impression que j'approchais, je sentis qu'il y avait quelque chose de vivant près de moi. C'est alors que le vieux Maître m'adressa la parole.

– C'est bien, tu as su éveiller cet instinct que tous les guerriers connaissent bien. Tu peux maintenant retirer ton protège-yeux, me dit une voix à ma gauche.

Je me tournai en direction du Maître pour enlever le masque. Au moment où le tissu glissa sur mes sourcils, l'obscurité céda la place à une éclatante lumière. Mon mentor avait le soleil dans le dos. C'est une ombre au milieu d'une boule de feu que je voyais. Mais quelque chose se démarquait de cette tache sombre. Deux petits yeux et une langue fourchue étaient à quelques centimètres de mon nez. Mes réflexes me firent reculer d'un pas. Au moment de déposer mon pied sur le sol, je sentis le vide sous ma chaussure. Le vide tirait mon corps par l'arrière. Une brève sensation de chute accompagnée d'un « splash ». Je m'enfonçai sous l'eau. Puis je remontai en recrachant le liquide que j'avais avalé. Mon professeur m'avait positionné dos à un petit promontoire qui se jetait dans un lac. Après m'être secoué la tête et ouvert les yeux, je l'observais qui ricanait. Il tenait un petit serpent inoffensif entre ses mains. Je le vis remettre délicatement le reptile au sol. Un dernier enseignement qui terminait cette leçon du vieux sage.

– L'instinct du tueur est quelque chose que le guerrier possède 24 h sur 24. Tu y as eu accès un certain moment, mais il est loin d'être incorporé à ta vie quotidienne.

– Si j'ai bien saisi, il faut constamment être sur ses gardes ? dis-je en m'agrippant à une racine pour remonter le rejoindre.

– Oui, il faut toujours que tu sois prêt à réagir sans cependant devenir paranoïaque. Est-ce que tu comprends bien ça ?

– Oui bien sûr, dis-je en tordant le bas de mon gilet. Dès à présent, je serai toujours prêt à m'adapter, on ne pourra plus me prendre en défaut.

– Je suis content que tu aies compris ça. Viens, on va arroser ça me dit le vieux Maître en me repoussant à l'eau au moment où je vidais l'eau d'une de mes chaussures dégoulinantes.

Chapitre 18
Le *giri*

Le sens du devoir
Le dépassement de soi
Avec dignité

Cette journée-là, il faisait particulièrement chaud et humide. Le *tsuyu*, la saison des pluies tardait à arriver. Mes vêtements me collaient à la peau. Je croisais un grand nombre de *salaryman*, des employés de bureau japonais. La plupart avaient enlevé leur cravate et gardaient leur veston sur leur bras ou, pour plusieurs, proprement plié dans leur petite mallette qui leur donnait leur allure d'homme d'affaires aguerri.

Le vieux maître voulait que je l'accompagne chez un antiquaire de ses amis qui lui avait déniché une pièce rare. Il m'avait donné rendez-vous au pied d'Hachiko, la célèbre statue du chien qui trônait devant la garde de Shibuya. Une multitude de gens se font photographier au pied de cette icône de la fidélité. Arrivé en avance, je profitais de ce moment pour observer les milliers de personnes qui traversaient l'intersection la plus connue du Japon. Dès que la lumière verte s'illuminait, c'était une marée d'individu qui masquait les larges lignes blanches dessinées sur le bitume.

– C'est toujours impressionnant de voir ce spectacle, me dit mon vieux Maître de sa voix familière.

– Ce qui est incroyable, c'est que tous ces gens se déplacent sans se frapper, sans qu'il n'y ait de tension. Chez nous, je pense qu'on assisterait à des bagarres quotidiennes.

– Pourquoi ? C'est si violent que ça, chez toi ? me demanda mon professeur d'un air intrigué.

– À la quantité de personnes qui traversent cette intersection, il est impossible qu'il n'y en ait pas qui se cogne accidentellement. C'est sûr que dans de nombreux pays, cela se terminerait par une prise de bec. Ici, ça n'arrive jamais ou, du moins, très rarement. Qu'est-ce qui fait que vous êtes si tolérant ?

– Peut-être qu'il reste un peu de ce *giri* que possédaient les samouraïs, dit-il.

– Le *giri*, c'est le sens du devoir et de l'honneur si je ne me trompe pas.

– C'est exact. C'est ce qui donne aux vrais adeptes la volonté d'approfondir les choses. Sans le *giri*, un pratiquant d'art martial se limite dans sa progression.

– Je ne vois pas la nécessité de ça de nos jours. À l'époque, c'était pratique pour garder une certaine discipline dans les rangs des soldats. Aujourd'hui, cela est devenu inutile.

Le vieux Maître me regarda en hochant la tête. Il jeta un coup d'œil autour de lui et alla s'asseoir sur un petit muret près de la statue d'Hachiko.

– Pour beaucoup de gens, le sens du devoir est le lien qui unit une personne à une autre ou à un groupe. C'est une motivation pour accomplir ce qui doit être fait. Défendre son pays pour un soldat, éteindre un incendie pour un pompier, c'est le devoir de ces guerriers moderne. Mais pour le pratiquant d'art martial, c'est plus que ça. Celui qui possède le *giri*, s'assurera que ce qu'il fait, il le fait le mieux possible. Il ne le fera pas pour faire plaisir à d'autres, mais parce que ça fait partie de ce qu'il doit faire.

– Je ne vois toujours pas de rapport avec les arts martiaux modernes.

Le Maître se contenta de sourire avant de m'interroger.

– Si je te donne un but à atteindre et que tu crois y être parvenu, que vas-tu faire ?

– Je vais passer à autre chose afin d'élargir mes connaissances, dis-je avec une certaine gêne.

– C'est précisément ce que font la grande majorité des gens, que ce soit pour les arts martiaux ou pour leur travail. La plupart d'entre eux se contentent de la médiocrité. Ils ne réalisent pas qu'ils pourraient faire mieux

Je coupai la parole à mon professeur.

– La médiocrité ? Je trouve que vous y allez un peu fort.

Il me regarda sans broncher et continua à parler comme si je n'avais rien dit.

– Celui qui est habité par le *giri* sait qu'il y a une différence entre ce qui est et ce qu'il croit être. Le *giri* nous amène à nous surpasser, à ne pas nous satisfaire de ce que l'on a. S'il y a une possibilité de faire mieux, il faut le faire. Dans ce que tu appelles les arts martiaux modernes, trop de gens se contentent de collectionner les techniques. Ils sont persuadés que plus ils possèdent de katas, meilleurs ils sont. Ils sont champions dans une certaine façon de combattre. Ils ne réalisent pas qu'ils sont totalement incompétents en dehors de leur champ d'expertise.

– Est-ce que cette manière de penser relève du sens du devoir ou de l'honneur ?

Nous étions là depuis plusieurs minutes et, à quelques occasions, des gens qui passaient devant nous s'arrêtaient et s'inclinaient pour saluer mon professeur. Il leur retournait la politesse en hochant la tête à chaque fois. J'étais surpris de constater qu'il était aussi connu et respecté.

– C'est là que ça devient intéressant, me dit-il. Qu'est-ce qui différencie le devoir de l'honneur ?

Il me regarda en gardant le silence. Il espérait peut-être que je lui donne une réponse qui ne venait pas. Il enchaîna.

– Le devoir est ce qui doit être fait. L'honneur est dans la manière de le faire.

Des images de samouraïs se faisant *seppuku* surgirent à mon esprit. Je voyais ces guerriers agenouillés, s'ouvrant le ventre à l'aide d'un couteau bien aiguisé. Il continua ses explications.

– Pour la plupart des gens, travailler n'est qu'une façon de se procurer de l'argent afin de survivre et surtout d'assouvir des désirs plutôt que des besoins. La voiture de luxe, les voyages d'agrément ou le dernier téléphone cellulaire à la mode constituent leurs principaux objectifs. Si avec un minimum d'efforts ils peuvent accéder à tout ça, ils sont heureux. C'est le désir et non le *giri*, soit simplement travailler pour recevoir. Celui qui possède le *giri* tentera par tous les moyens d'accomplir sa tâche le mieux possible. Il fera tout pour offrir un service ou un produit de qualité. C'est le sens de l'honneur. C'est ce qui fait que beaucoup de personnes sont prêtes à tout pour que la compagnie qui les a embauchés réussisse. Par honneur, ils ont un devoir envers ceux qui leur ont fait confiance.

– Et dans les arts martiaux ? demandais-je en me doutant bien de la réponse.

– Lorsqu'on enseigne une technique aussi simple qu'un déplacement en triangle, la plupart des gens commencent à discuter après cinq minutes. Ils sont persuadés qu'ils maîtrisent ce mouvement qui paraît si facile à exécuter. Ils ne remettront jamais en question leur compétence en la matière. Celui qui possède le *giri*, essaiera par tous les moyens possibles d'intégrer cette connaissance au plus profond de son âme et de son corps.

Là, je trouvais qu'il y allait un peu fort. Intégrer cela au plus profond de son âme...

– Le sens du devoir et de l'honneur n'est malheureusement pas enseigné dans les dojos. La plupart des étudiants n'auront jamais conscience du *giri*.

– Mais ici au Japon, les gens ont cette morale, n'est-ce pas ?

Le vieux maître tourna la tête vers Hachiko et garda le silence un long moment.

– Oui, je pense qu'il en reste quelque chose. C'est un peu une partie de l'héritage des samouraïs. Lorsqu'il arrive une catastrophe, tout le monde participe à la reconstruction. Ils n'attendent pas que le gouvernement ou que quelqu'un d'autre fasse le travail à leur place. Il n'est pas rare de voir des employés faire des heures supplémentaires sans être rétribués pour cela. Ils le font pour l'entreprise, un peu à la manière dont les samouraïs agissaient avec leur maître.

Je sentais une certaine nostalgie dans la voix du vieux Maître. C'était la première fois, lors de nos conversations, qu'il errait aussi hardiment entre les arts martiaux et la vie moderne. Comme cela était arrivé si souvent, j'avais l'impression qu'il venait de lire dans mes pensées.

– Le *budo*, c'est la vie. Ce que les arts martiaux nous enseignent, nous devons pouvoir le projeter dans notre vie de tous les jours. Les arts martiaux devraient nous inculquer un code d'honneur et de discipline. Dans la réalité, si une certaine... disons déontologie est présente pour bien des pratiquants, l'honneur n'est pas toujours au rendez-vous.

– Que voulez-vous dire ?

– Rien de très philosophique. Simplement que les gens ont tendance à bâcler ce qu'ils font. Malheureusement, ici aussi, les habitants commencent à penser de la sorte.

– Surtout les jeunes, n'est-ce pas ? dis-je en le fixant comme pour obtenir son approbation.

– Exact.

– Qu'est-ce qui a amené ce changement d'attitude ? demandai-je.

– Les temps changent. Il n'y a pas si longtemps, il n'était pas rare de voir trois ou quatre générations habiter la même maison. Les grands-parents s'occupaient des jeunes et transmettaient des valeurs plus traditionnelles. Il y avait un respect que l'on retrouve de moins en moins aujourd'hui. Les campagnes se dépeuplent et dans les grandes villes, les familles sont démembrées. Les gens ne vivent plus, ils survivent. Et c'est sans compter sur Internet qui n'a pas aidé.

Il y avait de plus en plus de nostalgie dans l'air. Visiblement, le vieux Maître était d'une autre époque.

– Allez ! Il est tard. Nous devons nous rendre chez mon ami, me dit mon professeur en se levant.

Le feu de circulation venait de changer au vert. À peine avais-je mis un pied sur la ligne blanche du passage piétonnier qu'une épaule solide me percuta.

– Eh imbécile ! me dit une voix agressive.

– Regarde où tu marches !

En me retournant, je vis que j'avais accroché le seul Occidental qu'il y avait dans les parages.

Chapitre 19
L'espace d'un instant

Le moment présent
Où que l'on se retrouve
Est preuve de vie

L'entraînement en dojo n'est pas le seul chemin pour évoluer dans l'univers du *budo*. Le vrai pratiquant d'art martial sait que sa formation se fait 24 h sur 24. Le *budo* est avant toute chose un état d'esprit. Limiter cela à de simples actions physiques est, aujourd'hui, quelque chose d'impensable pour moi. Mais, je n'aurais certainement pas dit cela il y a quelques années.

Mon professeur m'avait invité à manger dans un restaurant traditionnel. Ce genre d'endroits où les touristes ne songeraient jamais à mettre les pieds. Le soleil chaud ne parvenait pas à chasser l'humidité qui collait nos vêtements à notre peau. Chaque pas qui me rapprochait du restaurant me faisait espérer davantage qu'il y ait de l'air conditionné

– Arrête de te plaindre, me dit le vieux Maître. Il faut apprendre à vivre avec l'instant présent, pas à le subir.

– Oui, mais avouez que c'est tout de même désagréable, cette... lourdeur.

Curieusement, il ne semblait nullement incommodé par la température. Au contraire, il paraissait tout frais, comme s'il venait de sortir de la douche.

– Ça doit être parce que je suis né dans un pays où il fait plus froid, dis-je pour justifier mon mécontentement.

– Ce n'est pas un problème de pays, c'est une question d'attitude.

– Quoi !? Ne me dites pas que c'est mon attitude qui fait que je transpire autant alors que vous, vous semblez dispos comme une rose.

– Non ce n'est pas que ça. Il y a peut-être un petit 10 % de génétique, pour le reste, c'est simplement que tu es capricieux.

– Quoi ? C'est par caprice que je transpire ?

Le vieux Maître me regarda en riant et pointa sa main vers un édifice à droite. Quelques *kanjis* ornaient la façade. Il se dirigea vers le rideau qui cachait une entrée tapie dans l'ombre. La plupart des gens assis à l'intérieur semblaient le connaître. Après avoir laissé ses chaussures à l'entrée, il leur adressa la parole en utilisant du japonais plus ancien. Tout le monde parti à rire en me saluant. Je ne savais pas si je devais me sauver en courant ou rire en leur compagnie.

– Une minuscule dame âgée vint se courber devant mon professeur et nous indiqua une petite table dans un coin.

Habituellement, je me débrouillais assez bien pour lire les menus, mais ici, je me sentais en territoire inconnu. Au moment où je m'apprêtais à lui demander ce qui était écrit, il me dit de le laisser faire, qu'il choisirait pour nous deux. Puis, il se mit à parler comme s'il continuait une conversation déjà commencée.

— Dans le *budo*, il est important de savoir saisir l'instant présent. Si on ne capture pas le moment présent, il ne reviendra plus. Bien sûr, quelque chose de semblable pourra se montrer le bout du nez tôt ou tard, mais ça ne sera jamais la même chose.

Naturellement, j'étais totalement perdu. Il lui arrivait fréquemment de parler ainsi, comme s'il s'agissait d'un dialogue déjà amorcé. J'attendis la suite.

— Chaque instant est un événement en soi. La décision ou son manque peut influencer l'avenir. Il en va de même dans une confrontation comme dans la vie. Chaque attaque requiert une prise de décision. Elle peut venir de l'intellect ou de l'instinct.

Enfin, je commençais à avoir une piste de réflexion. Il parlait de combat et ça, je pouvais comprendre. La vieille dame vint prendre la commande tout en apportant du thé chaud.

— Du thé chaud ? Est-ce que l'on pourrait avoir du thé glacé à la place ? J'ai l'impression que l'air conditionné ne fonctionne pas.

Le Maître me jeta un coup d'œil furtif et enchaîna dès que la serveuse fût éloignée.

— L'instant présent ne peut échapper aux lois de la physique. Mais ton esprit lui, le peut.

— De quelle loi physique parlez-vous ?

Il me répondit comme si ça devait être évident.

— Du temps bien sûr. Lorsque tu vois les jointures de ton adversaire se diriger vers ton visage, tu ne peux arrêter le temps pour que son poing demeure là sans bouger. Cependant, la façon dont tu vas percevoir cette attaque décidera de la vitesse à laquelle tu le verras arriver.

Il cessa de parler pour amener la petite tasse à ses lèvres. Il ferma les yeux en aspirant le liquide légèrement ambré. Il déposa le récipient en gardant les paupières closes.

— Ce que je viens de faire, c'est de l'entraînement. J'ai capturé le moment présent. Je l'ai étiré afin de savourer cet instant.

— Oui, mais j'imagine que c'est un peu moins stressant de boire du thé que de recevoir un coup de poing.

— C'est le même instant présent, la même goutte de temps qui défile. Tout dépend de la perception que tu auras à ce moment. Prends une gorgée, et isole ton esprit de tout en la prenant.

Je portai la tasse à mes lèvres, puis en fermant les yeux je laissai descendre le liquide chaud dans ma bouche. En un instant, j'oubliai où j'étais. Toute mon attention se porta sur le liquide. Sa texture douce qui glissait sur ma langue, l'odeur qui titillait mes narines, le mouvement des muscles de ma gorge pour l'ingurgiter. Tant d'actions pour une simple lampée de thé. Et le plus extraordinaire dans cette expérience, la sensation de liberté et d'être nulle part qui allait en contradiction avec tout ce que pouvait ressentir mon corps. J'avais l'impression de sentir le regard du vieux Maître. Puis je déposai la tasse en ouvrant les yeux.

– Maintenant, tu comprends un peu mieux ce qu'est l'instant présent.

– J'avais déjà fait ça, prendre quelque chose pour le déguster, mais ça n'avait pas fait le même effet.

– Tu ne faisais que déguster, tu n'étais pas prêt à saisir l'instant présent.

– J'avais l'impression que le temps s'était arrêté, que j'aurais pu demeurer des heures dans cet état.

– Capturer le moment présent est un exercice de méditation en soi. Mais, il faut être prêt avant de pouvoir l'apprécier et en tirer des bénéfices.

La dame déposa plusieurs plats sur la petite table. Mes jambes repliées n'affectionnaient pas cette posture si inconfortable pour l'Occidental que j'étais. Je regardais le vieux Maître qui, comme toutes les autres personnes assises au sol, semblait se détendre dans cette position. Une fois la dame partie, il me désigna un plat contenant une gelée bleue.

– Déguste ça, tu m'en redonneras des nouvelles, dit-il.

Plusieurs têtes dans le restaurant s'étaient retournées dans ma direction. Ma première impression était que cela ne goûtait pas grand-chose. Puis un goût désagréable me vint à la bouche. Mon professeur sourit en me regardant grimacer.

– Ne panique pas, profites-en pour faire le même exercice de l'instant présent.

Chapitre 20
Le débutant

Fuir les obstacles
Être dans le moment présent
Faire ce qui doit

Je serais bien ennuyé de me rappeler à quelle époque nous avons eu cette conversation, mais il n'y a pas si longtemps, elle m'est revenue à l'esprit. Un souvenir qui a resurgi de loin sans que je ne sache trop pourquoi. Nous arrivions d'une classe donnée à un groupe d'étudiants. Je raccompagnais le Maître chez lui, histoire de profiter le plus possible de la sagesse de ses propos.

– Aujourd'hui, tu as particulièrement bien performé, me confia-t-il. Je pense qu'avec un peu de persévérance, on pourra bientôt dire que tu n'es plus un novice.

– Quoi ?! Vous me considérez toujours comme un débutant ?

– Hum... Disons un débutant avancé.

Mes épaules s'écrasaient sous le poids de ces mots.

– Lorsque j'enseigne une technique, après quelques minutes à l'exécuter, est-ce que tu la comprends bien ?

– Ça dépend de ce que vous avez montré, mais généralement, je me débrouille assez bien.

– En t'entraînant au dojo avec d'autres étudiants, ne t'arrive-t-il pas fréquemment d'arrêter de faire la technique et de vouloir aider ton partenaire en lui enseignant autre chose que ce que je venais de montrer ?

Quelque chose me disait que c'était une question piège.

– Oui, mais c'est simplement dans le but d'assister mon compagnon. C'est toujours pour une noble cause, dis-je. Lorsque je vois qu'il ne l'a pas correctement, c'est préférable de l'aider non ?

Le vieux Maître se contenta de sourire. J'avalai ma salive. Il enchaîna.

– Généralement, les gens modifient la technique lorsqu'ils n'ont pas la compétence de l'exécuter comme elle doit se faire. En agissant ainsi, on peut passer à côté de principes importants.

En y repensant bien, à au moins deux reprises, j'avais changé ce qu'il nous avait enseigné. Je n'avais pas remarqué que j'avais transformé la technique. Mais ça, j'avais pris soin de ne pas lui dire. Le vieux Maître poursuivit.

– Fuir la difficulté n'est pas le meilleur moyen de progresser. Au contraire, il faut apprendre à affronter ces obstacles. Ce sont elles qui nous font progresser le plus. Il n'est pas rare de voir des étudiants un peu plus avancés passer plus de temps à vouloir corriger les autres que s'entraîner. C'est généralement lié à un problème de besoin d'estime de soi.

Seul le bruit de nos pas sur le trottoir brisait le silence de cette chaude soirée d'été. Un peu plus loin, un homme qui promenait un chien Labrador brun nous croisa. Le Maître se pencha pour flatter l'animal. Il complimentait le propriétaire de la bête sur la beauté et la rareté de cette race au Japon. En reprenant notre marche, le Maître me questionna.

– Lorsque tu t'exerces avec d'autres partenaires, à quel pourcentage est-ce que tu évalues ton attention, ta concentration sur la technique ?

Je partais pour dire cent pour cent, mais ça n'était pas vrai. Quatre-vingt-dix, peut-être, mais en toute honnêteté, je pense que c'était moins que ça. Il arrivait souvent à mon esprit de vagabonder. Moins de cinquante pour cent, non, c'était certainement plus que ça.

– Soixante-cinq ou soixante-dix pour cent, lançais-je timidement.

Je trouvais ses questions plutôt étranges.

– Pourquoi toutes ces questions ?

– Pour savoir dans quelle classe de pratiquants d'art martial tu évolues.

– Quoi ? Il y a des catégories ?

– Tout peut être classé dans l'univers, dit-il.

– Quels sont ces groupes ? demandais-je en m'attendant d'avoir une obscure réponse que je ne comprendrais probablement pas.

– Tout ceci est personnel bien sûr, mais je mets dans une première catégorie celui que j'appelle le collectionneur. C'est l'apanage des débutants. Certains peuvent pratiquer les arts martiaux durant cinquante ans et ils ne quitteront pas ce niveau. Ils réfèrent constamment à ce qu'ils connaissent. Si une technique est similaire à quelque chose qu'ils ont déjà vu, ils ne remarqueront pas ce qui est différent. Pour cette raison, leur esprit s'éloigne rapidement de ce qu'ils doivent faire.

Je savais où il voulait en venir. Dès que je voyais le Maître enseigner quelque chose qui me semblait familier, mon attention se relâchait. Pourquoi me casser la tête à refaire ce que je connaissais déjà ? Mon professeur enchaîna.

– Ce niveau d'apprentissage est lié à l'intellect. On tente de reproduire la technique, comprendre la théorie des déplacements, la mécanique du mouvement. Et, une fois que c'est fait, le pratiquant de ce stade se contentera généralement de ça. Plus il aura de techniques en banque, plus il se croira être bon art martialiste. Le collectionneur dépend de son adversaire pour son entraînement. Il n'a pas la capacité de voir plus loin. Il réagit à ses mouvements sans avoir la compétence de prévoir ce qui suivra.

Je ne me sentais pas confortable en écoutant ses paroles. J'avais l'impression qu'il parlait de moi.

– Et dans la seconde catégorie, qui trouve-t-on ? risquais-je.

– On y découvre l'assimilateur. Celui qui a compris que la technique a beaucoup plus à lui enseigner. Qu'elle n'est pas aussi basique qu'elle n'y paraît à première vue. À ce stade, il réalise que le simple fait de placer un auriculaire différemment modifie le résultat de l'action. Il sait qu'il est loin de maîtriser son art. Il sera davantage concentré lors des classes. Il ne passera pas son temps à aider ses camarades, il cherchera à comprendre et à déceler le détail qu'il n'a pas vu jusqu'à maintenant. Cet état est lié au corps, il sait que sa mécanique a des lacunes. Il a la capacité de travailler en visualisant l'image d'un agresseur. Il peut connaître le résultat de sa technique avant même de l'expérimenter sur son partenaire. Il doit pouvoir l'exécuter correctement et développer sa vision des diverses possibilités. Il ne sera pas satisfait tant que son corps n'aura pas assimilé le tout. Il n'est pas là pour se valoriser face à son coéquipier, il est là pour apprendre.

En y réfléchissant bien, j'arrivais à prévoir les réactions de mes partenaires avant même de faire les enchaînements. Cette pensée me soulageait un peu.

– Et enfin, on retrouve celui que j'appelle le connecteur. À ce niveau, le pratiquant peut entrer dans une transe qui n'est pas mystique, mais qui lui permet de se lier avec le divin. Il a la capacité de modifier la technique sans perdre son essence principale. Cet état est lié à *kokoro*, au cœur, à ses émotions, mais c'est plus que ça. Il ne dépend que de lui-même, il ne se bat contre personne, il ne fait que s'adapter à ce que l'univers lui envoie.

– Vous êtes dans cette catégorie, n'est-ce pas ?

– Je pense pouvoir dire que oui. Mais crois-moi, j'ai dû travailler fort pour arriver à de tels résultats.

– C'est à ce stade que vous pouvez demander de l'aide à vos professeurs décédés ?

– Non, ça, on peut le faire à tous les niveaux, à condition d'être sincère dans sa démarche.

Lorsqu'il parlait de sincérité, j'interprétais cela par de la croyance, de la foi. Il continua ses explications.

– À cette étape, nous devons augmenter notre capacité à nous connecter à l'adversaire, aux choses qui nous entourent et aux émotions qui flottent dans l'air. Lorsqu'on est en symbiose avec tout ça, on ne se défend plus, on se contente de se trouver au bon endroit en exécutant le geste approprié.

Nous venions d'entrer dans une petite ruelle où un nombre impressionnant de distributrices nous offraient des breuvages plus exotiques les uns que les autres. Je mis de la monnaie dans l'une d'elles

et au moment où je m'apprêtais à appuyer sur le bouton d'une marque de cola bien connue, le vieux Maître m'adressa la parole.
— Tu es certain que c'est le bon geste ?

Chapitre 21
Maître en devenir

Naître dans le temps
Apprendre ce qu'est la vie
Connaître la fin

Récemment, lors d'une classe avec un groupe d'étudiants, quelqu'un demanda à mon professeur s'il avait toujours été un maître d'art martial. Le vieil homme sourit en entendant cette question. Ce matin-là, il paraissait particulièrement de bonne humeur.

– Personne ne nait maître, se contenta-t-il de dire, d'un air amusé.

Alors qu'il s'apprêtait à aller prendre un sabre, je ne pus m'empêcher de revenir sur le sujet.

– Comment sait-on que l'on est un maître d'art martial ? demandais-je candidement.

Il s'arrêta, mit les mains sur ses hanches, puis se tourna dans notre direction. Il nous fit asseoir au sol. Lentement, il vint se joindre à nous. Le dos bien droit, les jambes repliées, sa posture ne reflétait pas son âge réel.

– La question est de savoir qu'est-ce qu'un maître d'art martial ? Est-ce que je suis un maître ? Je ne le sais pas, ce n'est pas un titre que l'on peut s'attribuer.

– Et bien, nous on vous le donne ce titre de Maître, dis-je sans hésitation.

– Ce n'est pas aussi facile que ça. Il doit y avoir des critères qui séparent le maître d'un professeur de haut niveau. Un maître devrait être différent d'un professeur. Ce dernier montre ce qu'il a appris. Il possède un savoir codifié qui se transmet de génération en génération. Le maître doit pouvoir faire évoluer le style de l'école qu'il enseigne, il doit avoir le pouvoir d'amener ses élèves à progresser au-delà de la simple technique.

– Que peut-il y avoir de plus que la technique ? demanda une étudiante que je ne connaissais pas.

– L'essence même du *budo*, répondit le vieil homme. Dans les arts martiaux comme dans la vie, il existe différentes étapes qui, une fois franchies, font de nous de meilleures personnes. Lorsque le chemin se présente à nous, il faut avoir la capacité de le voir et le courage de l'emprunter.

– Vous mélangez des personnes ordinaires et des combattants. Pourquoi ? demandais-je ? Un maître est tellement loin au-dessus de la plupart des gens.

– Parce qu'avant tout, un maître est un humain comme les autres. Quelqu'un pourrait être un maître et ne pratiquer aucun art martial.

Il garda le silence un instant. J'aurais eu une multitude de questions à lui poser, mais je savais qu'il cherchait un moyen simple de nous faire comprendre son point de vue.

– Reprenons tout ça à la base. Pour être un art martialiste équilibré, il y a trois facettes à développer. Tout d'abord, vous devez vous assurer d'avoir un corps performant. Dans la plupart des écoles, on vous fera faire un nombre impressionnant de pompes, de redressements et de divers exercices. On vous poussera à l'extrême afin de mieux performer.

En l'écoutant parler, je me remémorais tout l'entraînement physique que j'avais subi au cours de ma carrière.

– En second lieu, dit le professeur, on tentera de développer votre vitesse. Pour faire bonne figure en compétition, vous devez être rapide. Puis, tertio, on vous enseignera de la technique. Comment faire une attaque, comment bloquer un coup de poing, des clés de contrôle, bref, tout ce qui concerne le combat corps à corps. Pour bien visualiser ces trois aspects, imaginez un triangle dont chaque côté serait l'un de ses aspects. Au début, tous les arts martiaux sont axés sur ces trois bases, un corps physique performant, de la vitesse et une bonne technique.

J'observais la réaction de mes compagnons à ces propos. La plupart hochaient la tête en se reconnaissant dans ce mode d'apprentissage. J'avais déjà discuté de tout ça avec lui. Mais en revoyant cela maintenant, je comprenais davantage toute la portée de cet enseignement.

– Ce triangle est celui de l'étudiant. C'est celui du débutant. Malheureusement, certains pratiquants demeureront novices toute leur vie. La réalité est qu'à partir d'environ trente-cinq ans, le corps est moins performant, la vitesse diminuera et compte tenu d'impératifs familiaux ou professionnels, on aura moins de temps à consacrer à la technique. Dans beaucoup d'écoles, la compétence se résume à une accumulation de connaissances faisant appel à la mémoire. En vieillissant, la mémoire à tendance à nous oublier dit le maître en riant.

Je me reconnaissais parfaitement dans ce canevas. Vers l'âge de quarante ans, je pratiquais encore d'autres arts martiaux en parallèle. Je trouvais cela plus difficile de faire du combat sportif avec mes jeunes étudiants dans la vingtaine. Le corps suivait moins bien.

– C'est la même chose pour la vie de tous les jours, n'est-ce pas ?

Je posais la question davantage pour les autres étudiants. Je connaissais déjà la réponse.

– Exact. À votre travail vous devez être en forme pour exceller, vous devez agir rapidement pour être rentable et vous devez faire les tâches comme elles se doivent. Ici, on retrouve la technique.

J'imaginais des fonctionnaires courbaturés, fatigués, des gens qui avaient mal au dos tellement ils étaient assis longtemps. Je les voyais peinant à se concentrer, accumulant du travail parce que ce premier triangle était déficient. Le maître ne me laissa pas le temps d'approfondir ma réflexion.

– Pour contrebalancer le vieillissement, on doit monter d'un cran. Les tentatives de prendre de la vitesse se soldant par un échec, on compensera par le *timing*. En bougeant au bon moment, on a moins besoin d'être rapide. Le manque de performance physique sera pallié par ce que l'on pourrait appeler le *feeling*, ou l'instinct. Se fier à sa petite voix intérieure. Le combat ne passe plus par l'intellect, mais par l'expérience, par l'intuition, une intuition qui repose sur la réalité de l'espace, des connaissances et des capacités du moment.

– Dans la vie de tous les jours, comment cela pourrait-il se traduire ? demandai-je sans être tout à fait convaincu de la pertinence de mon intervention.

– Le *timing* c'est faire les bonnes choses au bon moment. Dans la vie, il faut apprendre à prévoir afin de remplacer le manque de vitesse. On doit éviter les démarches inutiles et aller directement à l'essentiel. La compétence permet d'arriver à ce résultat.

Le vieux Maître me regarda comme s'il attendait mon approbation, puis il enchaîna.

– La capacité physique se détériorant avec l'âge, on doit compenser par la précision. Si les coups de poing deviennent moins puissants et plus lents, on doit diminuer la surface de frappe pour récupérer notre potentiel d'impact. On doit atteindre les bons endroits plutôt que de cogner sur des zones plus élargies. Un seul *koppo ken* bien placé à la tempe et le plus musclé des adversaires risque de se retrouver à la morgue.

Un étudiant leva la main.

– Dans la vie, comment peut-on adapter ça ? demanda-t-il d'une voix à peine audible.

– Il faut apprendre à économiser notre énergie. Ne pas se morfondre avec les problèmes, aller directement aux solutions. La plupart du temps, les gens perdent tellement d'énergie en essayant de trouver la bonne façon de les régler. Ils la connaissent, mais comme elle leur fait peur, ils tentent de reporter ça, ou de chercher comment faire autrement pour finalement revenir à la solution première. Les gens procrastinent et plus le temps passe, plus ils sont angoissés. Il faut apprendre à ne plus gaspiller cette énergie.

En cet instant, je revoyais le professeur se défendre contre diverses attaques. Il n'était plus rapide, mais il réussissait toujours à tout contrer. Il se déplaçait le strict minimum, au bon endroit dans le bon moment. Son énergie était économisée au maximum.

– Pour ce qui est de la technique, c'est plus difficile. On doit accepter de se laisser guider par son instinct. Ne confondez pas faire n'importe quoi, n'importe comment sous le coup d'une impulsion. Ça peut paraître étrange, mais le *feeling* qu'on développe est presque quelque chose de mathématique. On fait ce qui doit être fait et non ce que l'on a étudié.

Je trouvais paradoxaux ces derniers mots. J'attendais la suite avec impatience.

– Avec les années et un entraînement adéquat, on parvient à exécuter les bons automatismes au bon moment, même avec des attaques que l'on n'a jamais apprises. Le *feeling* c'est aussi de pouvoir improviser en utilisant des paramètres logiques. À ce stade, on n'essaie pas de faire quelque chose, notre réponse se fait d'elle-même.

Un étudiant intervint.

– *Sensei*, la technique est quelque chose qui s'apprend. Une fois qu'on l'a acquise que peut-on en tirer de plus ?

– Dans les arts martiaux, lorsqu'on assimile une technique, elle devient un outil spécialisé. La manœuvre se fait dans un contexte particulier. C'est une riposte programmée à une attaque spécifique. La méthode utilisée sera différente si c'est une agression au poing direct que si c'est une charge au couteau. Chaque offensive possède une réponse appropriée. Cette standardisation réfère à la mémoire pour être efficace. Si l'on vous attaque d'une façon que vous n'avez jamais apprise, le fait de chercher dans vos souvenirs la manière d'y répondre vous fera perdre un temps précieux. L'instinct ne passe pas par là, il se développe par l'expérience, la compréhension et l'assimilation des bases.

Ça m'intriguait de voir comment il pouvait transposer cela dans la vie quotidienne. Comme il avait fait le parallèle pour les autres niveaux, j'attendais impatiemment ce qu'il pouvait dire sur le sujet.

– Lorsque vous sortez de l'université et que vous arrivez sur le marché du travail, il y a peu de chance que vous puissiez appliquer vos connaissances telles que vous les avez apprises. Le programme d'étude a été créé des mois, voire des années auparavant. Les normes, les technologies ont changé ou évolué dans la vie réelle. Si vous ne vous fiez qu'à ce que vous avez appris sans vous adapter, vous êtes condamné à stagner longtemps à la même position.

Je voyais les minutes filer rapidement, je désirais avoir le temps de creuser encore plus la question de ce qui différencie le Maître du professeur.

– Est-ce que l'on peut approfondir davantage le principe de s'en remettre à son intuition ? demandai-je.

– Oui, dit-il. C'est là que débute l'étape de la maîtrise. On doit apprendre à se connecter à son adversaire et à ce qui nous entoure.

J'avais déjà discuté de cela avec lui auparavant. Mais je ne me lassais jamais de parler de ce sujet. Chaque fois, je retenais quelque chose de nouveau.

– Ce lien nous permet de connaître ce que va faire l'opposant. C'est un jeu d'échecs où l'on sait d'avance quels seront ses déplacements.

Je pris la parole pour raconter aux étudiants qu'un jour où l'on s'exerçait au *bo*, ce bâton long de presque deux mètres, un Occidental s'énervait durant la classe. Le Maître qui parlait à un vieil ami japonais était de dos à lui. L'homme tenta de contourner son partenaire d'entraînement et balaya l'air avec le bâton. Il perdit le contrôle de son arme qui se dirigea derrière la tête du Maître. Il l'aurait frappé très violemment. Sans se retourner, le Maître s'était incliné rapidement pour éviter l'impact. Il jeta un bref coup d'œil au fautif et se replaça pour reprendre la conversation avec son ami.

– C'est un bon exemple de connexion, n'est-ce pas ?

Le vieil homme acquiesça.

– Oui, ça explique assez bien.

Je comprenais la différence entre le professeur de haut niveau et le Maître. Il continua en parlant des autres aspects.

– On a vu que le manque de vitesse était compensé par le *timing*. À cela on rajoutera le contrôle du temps. Bien sûr, on ne parle pas de voyages dans le temps. Ici, on doit développer sa faculté de vision au ralenti. Il faut apprendre à voir les mouvements se dérouler lentement. De cette façon, il devient plus facile de réagir adéquatement. Les coureurs automobiles connaissent bien ce phénomène. Dans un combat, si vous êtes stressé, vous aurez l'impression que toute l'action se fera en accéléré. Ce n'est qu'une façon de percevoir et d'analyser l'information. Avec un entraînement spécifique, on peut modifier notre méthode de récolter l'information et à un stade plus avancé, on peut amener une personne avec nous afin qu'elle perçoive, elle aussi, l'action se déroulant lentement.

Le temps s'écoulait rapidement. Je savais qu'il mettrait bientôt fin à la classe. Je le questionnai sur le dernier aspect.

– En dernier lieu, on se rappelle que le manque de capacité de notre corps était compensé par la précision. En ce qui concerne la maîtrise, on ajoutera le contrôle de l'énergie. Ici, c'est plus psychologique qu'ésotérique. On peut arriver à influencer un adversaire au point où il doutera de lui. À ce stade, on capture le mental de l'attaquant, on sème la confusion dans son esprit. On peut également bouger de manière à ce qu'il se dépense au point de ne plus pouvoir être efficace. Naturellement, à tout ceci, on peut rajouter l'utilisation des *kyushos*. Certains de ces points de pression coupent l'action motrice des muscles. L'adversaire ne peut plus se servir de cette partie de son corps. Cela se fait assez bien, ça ne demande qu'un peu d'entraînement. L'aspect psychologique est plus difficile.

Le vieux Maître jeta un coup d'œil à l'horloge. La classe était terminée. Il offrit une dernière recommandation.

– Souvenez-vous d'une chose. Peu importe le niveau où vous êtes rendu, il y a deux secrets à ne jamais oublier pour progresser.

Je devais subir une distorsion du temps, il ne parlait pas assez vite à mon goût, j'avais hâte d'entendre ces révélations.

– Le premier est la constance. Ne jamais arrêter de vous entraîner. Si vous ne pouvez pas le faire sur une base régulière, sortez dans un parc, ou tassez les meubles et faites quelques exercices pour garder votre esprit et votre corps alertes. Et en second lieu, *ishiki*, soyez conscient de ce que vous faites. N'apprenez pas comme des robots. Posez-vous des questions et ne vous gênez pas pour en poser.

Ishiki, ce petit mot qui désigne la conscience. Plus je progressais dans les arts martiaux, et plus je comprenais son importance. Après la fin de la classe, j'expliquai au vieux Maître comment ce mot était important pour moi.

– C'est excellent, dit-il. Ainsi tu es conscient que le *tatami* a besoin d'un bon coup d'aspirateur.

Chapitre 22
Lire entre les lignes

Le poil du pinceau
Exprime davantage
Qu'un tranchant mortel

Nous visitions une exposition de calligraphie dans l'un des quartiers populeux de Tokyo. Je me débrouillais assez bien pour parler le japonais, mais sur le plan de l'écriture, j'étais un illettré. Bien sûr, je connaissais les *katakana* et les *hiragana*, ces alphabets phonétiques simples créés pour les enfants ou pour adapter des mots étrangers. Mais ma capacité à lire cette langue s'arrêtait là.

Plusieurs grandes salles s'ornaient de dizaine de *kakemonos*, des rouleaux parchemins accrochés aux murs, au travers desquels quelques peintures, des *emakimonos*, réussissaient à s'infiltrer, brisant l'harmonie des écrits. Ces immenses pièces me donnaient l'impression de plonger dans un univers hors du temps. Je suivais mon professeur qui se promenait de calligraphie en calligraphie.

– C'est incroyable la somme de talent que l'on peut trouver ici, me dit-il.

– Est-ce parce que les caractères sont bien dessinés que vous pensez ça ?

– Oui, entre autres, mais se limiter à la beauté du trait du pinceau serait un peu simpliste. C'est beaucoup plus que ça, c'est dans la poésie des mots choisis, dans la manière dont ils sont agencés et coordonnés au coup de pinceau. Chaque œuvre est un poème, une histoire, une réflexion qui reflète l'âme humaine.

J'aimais regarder les formes des *kanjis* couchés sur le papier. Mais l'objet de mon admiration se limitait davantage à l'apparence esthétique qu'à l'aspect poétique. La concentration de mon professeur qui admirait l'une de ces œuvres démontrait que sa compréhension de ces écrits différait totalement de la mienne.

– Vois comment le travail de la brosse est fluide.

– On dirait de l'eau qui coule.

Le vieil homme se tourna vers moi, les yeux agrandis par l'étonnement.

– Tu me surprends agréablement, dit-il. Ce poème fait un parallèle avec la vie qui défile tel un long fleuve paisible. Les mots en parlent, mais le coup de pinceau le raconte également drôlement bien. L'auteur a su donner à chacun de ses traits l'illusion de l'eau qui vagabonde au rythme du sablier.

Une dame âgée s'approcha de nous. Elle était vêtue d'un kimono traditionnel orné de grues aux ailes délicates. Elle s'adressa à mon mentor qui s'inclina respectueusement pour la saluer. Je les suivais en tentant de déchiffrer quelques mots d'un vieux dialecte qui n'était plus utilisé de nos jours. Ils discutèrent plusieurs minutes devant l'une des calligraphies. Elle lui montra différents *kanji* tout en lui expliquant son choix des caractères. Un homme vint interrompre la conversation, on la demandait à l'entrée.

– C'est un poème basé sur son premier et unique amour, me confia mon professeur.

– Qu'est-ce que ça dit?

Cela m'intriguait de voir comment on pouvait raconter quelque chose d'aussi personnel avec si peu de caractère.

De par ton chemin
Deux vies ont longtemps marché
Sur l'éternité

– Mais c'est un *haïku*, dis-je un peu surpris. Je ne croyais pas en voir ici.

– Eh oui, me dit-il. Il est superbe. Tu es au Japon, des *haïkus*, il y en a partout. Il y en a même de gravés sur des pierres à plusieurs endroits.

– Vous racontiez que c'était une histoire d'amour. Je ne vois pas d'histoire d'amour dans ce poème.

– Vraiment, il faut que tu apprennes à lire entre les lignes. «De par ton chemin» en dit suffisamment. Les chances que leurs destinées se croisent étaient minimes. Son mari aurait pu mourir à la guerre avant de l'épouser. Le simple fait de manquer un train aurait pu empêcher leur rencontre.

– D'accord, mais deux vies ont longtemps marché, j'imagine que ça fait allusion aux années qu'ils ont passé ensemble.

– Oui, mais ce n'est pas aussi... candide. Si tu regardes les traits de ces *kanjis*, tu vois qu'ils perdent un peu de leur fluidité, qu'ils deviennent irréguliers sur le mot longtemps. Leur existence n'a pas toujours été rose. Ils ont probablement connu de nombreux obstacles qu'ils ont réussi à surmonter.

– Vous pouvez dire cela en regardant les traits de pinceaux?

– Les traits sont vivants. Ils inspirent du rythme, de la vitesse, de la fluidité. En dessinant des lignes plus chevrotantes, l'artiste exprime les difficultés qu'ils ont rencontrées.

Je n'avais jamais imaginé que l'on pouvait donner autant d'information par le biais de la forme des *kanjis*. L'écriture occidentale ne permet pas de transmettre des informations par la forme des lettres.

– La ligne finale signifie qu'ils seront toujours unis.

– Oui, c'est ça. Mais si tu remarques le coup de pinceau du dernier *kanji*, il s'amincit pour disparaître complètement et reprendre un peu plus loin, comme si les poils avaient manqué d'encre. C'est là qu'est décédé son amoureux.

– J'imagine qu'il faut être un expert en calligraphie pour percevoir tout ça.

– Non, on doit simplement ouvrir son cœur, me dit-il sans quitter l'œuvre du regard.

– Est-ce que toutes les calligraphies qu'il y a ici cachent autant d'émotions au sein de l'écriture ?

– Non, cette dame est vraiment exceptionnelle. C'est une grande artiste, je l'admire énormément.

Notre visite s'est poursuivie durant plusieurs heures. Certains des parchemins, qui atteignaient parfois deux mètres de haut, étaient ornés de petits *kanjis* qui les recouvraient entièrement. D'autres n'affichaient que deux ou trois caractères dessinés de manières tellement stylisées que j'aurais été incapable de les retrouver dans un dictionnaire. Pourtant, cela n'empêchait pas mon guide de les lire aisément. Je savais qu'il possédait un haut niveau d'instruction, mais visiblement, c'était un érudit. Devant l'une des calligraphies, de jeunes Japonais essayaient de comprendre le sens des *kanjis* sans y parvenir. Mon Maître leur fit la lecture comme s'il avait simplement lu le journal du matin.

Nous arrivions devant une calligraphie qui m'intéressait particulièrement. Un trait de pinceau avait fait naître la forme d'un *katana*. Différents *kanjis* entouraient la lame couchée sur le papier parchemin.

– Je constate que celle-ci a attiré ton attention.

– C'est bien ce que je pense ? demandais-je en chuchotant comme si le travail de l'artiste réclamait le silence.

– Oui. C'est un poème sur le *katana*.

– Mais alors ?

– Mais alors quoi ? me dit mon professeur qui s'amusait à me faire languir.

– Qu'est-ce que ça raconte ?

Il ria et se concentra sur l'œuvre comme s'il cherchait la meilleur interprétation possible pour ma petite compréhension d'Occidental.

– Même lorsque la lune est pleine, son croissant la traverse toujours.

– Quel rapport y a-t-il avec le *katana* ? Je ne vois pas de point commun.

– L'auteur a un peu joué sur les mots. Tu sais qu'au sabre un *tsuki* est une attaque piquée de la pointe de l'arme. Mais le *kanji* qu'il a utilisé ici désigne la lune. Les deux mots ont la même phonétique. On ne peut que pointer notre regard en direction de la lune.

J'aurais dû m'attendre à quelque chose d'aussi poétique. J'étais perdu, mais heureusement pour moi, il n'avait pas terminé ses explications.

– Dans le creux de la paume, il y a une forme de croissant où l'on appuie le bout de la poignée du sabre. Cette partie de la main se nomme *mika* que l'on traduit par croissant de lune.

– Je comprends, on a besoin du croissant de lune pour qu'elle devienne pleine.

– C'est exact. Le dessein du *katana* attribue une signification à l'écriture. Pour celui qui ne connaît pas le sabre, cette calligraphie sera vide de sens. Je me demande qui a bien pu la faire. Il doit sûrement être âgé. Il a dû être un maître d'armes à une certaine époque. Ce n'est pas logique, la signature est un nouveau nom utilisé de nos jours. Je serais bien incapable de dire s'il s'agit d'un homme ou d'une femme. Étrange.

Mon maître tourna brusquement le dos et alla rencontrer l'un des responsables de l'exposition qui lui désigna une jeune fille aux cheveux bleus. Vêtue d'un *hakama* pourpre et d'une veste de *kimono* blanche, elle contrastait totalement avec l'ensemble des gens présents sur les lieux. Je le vis discuter de longues minutes avec elle. Puis, il revint vers moi. J'en profitai pour le taquiner un peu.

– C'est à ça que ça ressemble, un vieux sage maître d'armes au Japon ?

– Très drôle. C'est la petite-fille d'un spécialiste du sabre. Son grand-père lui a très souvent parlé de la philosophie du sabre. Elle ne sait pas utiliser un sabre, mais elle était proche de son grand-père et il lui avait récité ce poème dans divers contextes.

– Je ne vois pas très bien dans quel contexte on peut utiliser cette expression.

– Lorsqu'il y a un but à atteindre, on doit commencer par se contenter d'une petite partie de cet objectif.

J'avais oublié la richesse du langage japonais, qu'il jouait fréquemment sur plusieurs niveaux. C'est une culture où l'écriture a amené les gens à penser en image et non à aligner des mots de façon linéaire pour exprimer des idées. Mon maître enchaîna :

– En résumé, on peut dire que nos actes décrivent notre état d'âme.

Je ne voyais aucunement le rapport entre la calligraphe et ces mots. Cela me prit des années pour réussir à saisir cela, du moins, si j'ai bien compris.

– Que voulez-vous dire par nos actes décrivent notre état d'âme ?

Le vieil homme me regarda d'un air complaisant.

– Si tu le demandes, c'est simplement que tu n'es pas prêt à le comprendre. Même lorsque la lune est pleine, son croissant la traverse toujours. Ne t'inquiète pas, un jour tu comprendras. Tu es encore dans ton premier quartier de lune.

Chapitre 23

Aucun sens

Il y en a cinq
Dont un qui est négligé
Et le favori

Une formation est une formation. Certaines se ressemblent et d'autres laissent des traces indélébiles. Cela faisait déjà plusieurs années que je m'entraînais avec le Maître. Nous étions à la fin de l'automne. Il faisait exceptionnellement froid cette journée-là. Il m'avait donné rendez-vous très tôt à la gare. Nous devions nous rendre dans la région de Gunma. Il désirait se promener en forêt. Je commençais à bien le connaître. J'avais mis dans mon sac à dos des vêtements de rechange au cas où il nous aurait été impossible de revenir par le dernier train.

J'aurais dû m'y attendre, il profita de l'occasion pour aller visiter un ami qui habitait un charmant petit village campagnard. Après avoir pris un autobus qui nous déposa près d'une étroite route isolée, nous dûmes marcher plusieurs kilomètres. En arrivant à la maison de son compagnon de longue date, je vis des *daikons* suspendus sur des pôles de bois. Les deux hommes s'inclinèrent à maintes reprises. Ils parlaient rapidement, utilisant de vieilles expressions japonaises que je ne parvenais pas à traduire. Après les présentations, le thé chaud fut fort bien accueilli. Servi par son épouse, une femme âgée qui se tenait bien droite, le liquide apaisant aida à faire oublier les courbatures du voyage. La dame devait bien connaître mon professeur. En l'apercevant, elle alla se blottir contre lui, se laissant enlacer. C'était la première fois que je voyais un tel geste d'intimité chez des gens de cet âge. Ce couple devait être très proche de mon Maître pour accepter autant de proximité.

Nous passâmes le reste de la journée à visiter les cultures de cet homme qui devait avoisiner les quatre-vingt-dix ans. Le Maître m'avait raconté qu'il s'était même évadé d'un camp de prisonniers en Russie durant la Seconde Guerre, mondiale. J'étais impressionné à l'idée que quelqu'un d'aussi âgé pouvait abattre encore autant de travail. Il cultivait toujours ses terres lui-même. Son épouse, un peu plus jeune de quelques années, faisait partie de cercles d'artisanat. L'une des pièces de la maison regorgeait de ses œuvres. J'eus droit à un cadeau, un superbe singe qu'elle avait fabriqué à la main. Elle avait vu le sourire que j'avais fait en regardant cette petite création au visage espiègle. Le reste de la soirée, que je craignais être ennuyeuse, s'était révélé très agréable. J'aimais bien les histoires que racontait le couple au passé riche en expériences.

Lorsque mon professeur me dit que nous passerions la nuit ici, je lui demandai pourquoi il ne m'avait pas prévenu que nous ne revenions pas la journée même.

– Apprendre à s'adapter fait partie des arts martiaux. Tu n'es plus un enfant pour qu'on soit obligé de te tenir par la main. J'imagine que tu as prévu des vêtements de rechange, non ?

– Oui, j'ai ce qu'il faut.

– Tu vois, tu n'es plus un enfant, on n'a pas besoin de tout te dire.

Une petite chaufferette au kérosène aidait à tempérer la fraîcheur de la nuit. Dès les premières lueurs du jour, le Maître cogna à ma porte en me disant que le petit déjeuner était servi. Une table remplie de légumes et de fruits nous accueillit. Après avoir pris un copieux repas, nous empruntâmes deux vélos à notre hôte qui nous attendait appuyé contre sa moto. Nous nous dirigeâmes vers une montagne à quelques kilomètres de là. Une petite route menait à un temple niché à son sommet. Bordé de statues, le chemin ne cessait de monter. Il serpentait à travers des arbres gigantesques. Plusieurs personnes se tenant par la main s'amusaient à entourer l'un des plus gros. L'effort demandé pour parvenir en haut en valait la peine. Un magnifique bâtiment appuyé à un énorme piton rocheux nous saluait de ses fresques. Un moine *yamabushi* s'inclina en croisant notre route. Mon Maître échangea quelques mots avec lui et les deux hommes se mirent à rire. Je n'arrivais pas à comprendre ce qu'ils disaient, mais le regard que me lançait le prêtre ne laissait aucun doute.

– Viens, nous allons laisser les bicyclettes là-bas. Ne t'inquiète pas, personne ne les volera.

Après avoir gravi un escalier de pierre et être passés sous une énorme roche appuyée contre un monticule rocheux, nous nous faufilâmes dans la forêt. Après avoir difficilement franchi les premiers mètres, un sentier s'offrit à nous. L'entrée du chemin semblait volontairement dissimulée.

– Ce sentier est une voie sacrée. Nous allons marcher en silence durant quelques kilomètres. Profites-en pour t'entraîner, me dit mon professeur.

Je trouvais que marcher en silence n'était pas tout à fait le type d'entraînement idéal pour devenir bon en combat. Mais puisque c'était ce qu'il voulait, je ne pouvais que m'y conformer.

La fraîcheur matinale nous apportait un air d'une rare pureté. Brisant la quiétude de l'endroit, des chants d'oiseaux nous accompagnaient. J'avais l'impression qu'une énergie intense se dégageait du sol. Les arbres nous offraient leur sérénité. Les quelques ruisseaux que nous croisions nous approvisionnaient en eau. Éloignée de toute civilisation, la nature avait ici gardé tous ses droits. Un bout de chemin sur le bord d'une falaise me rendit un peu mal à l'aise.

Ce n'était visiblement pas le cas de mon professeur qui progressait d'un pas alerte, se déplaçant d'une roche à l'autre lorsque le sol devenait irrégulier. Par la suite, nous côtoyâmes une sorte de marécage où les insectes étaient légion. Je ne parvenais pas à chasser suffisamment vite tous les moustiques qui m'assaillaient. Ils semblaient épargner le vieux Maître.

– Cesse de te gratter, me dit-il, ça va être pire.

Après deux ou trois heures de marche, nous arrivâmes à une petite statue que le temps avait érodée en de multiples endroits. Mon Maître joignit ses paumes en parlant à voix basse, puis il claqua des mains à deux reprises en inclinant la tête.

– Alors, tu as fait un bon entraînement ? me demanda mon compagnon de route.

– Oui, sûrement. Une balade en montagne c'est toujours agréable.

– Si je comprends bien, tu ne t'es pas beaucoup exercé ?

– À faire quoi ? Nous avons suivi un superbe sentier. Qu'est-ce que j'aurais pu faire d'autre à part chasser les moustiques quand nous sommes entrés près du marécage ?

– Je ne parlais pas de t'entraîner physiquement, mais de développer tes sens. Quel est le bruit qui t'a le plus intrigué durant notre marche ?

– Les oiseaux, il y en a beaucoup par ici.

– Tu n'as pas remarqué un grognement lorsqu'on est passé près du second ruisseau ?

– Non, rien qui ressemblait à ça.

– Tu n'as pas vu l'ours qui se tenait à deux mètres de nous ?

En y réfléchissant bien, je repensai à un son étrange que j'avais entendu. Mais je n'y avais pas fait attention.

– Maintenant que vous en parlez, peut-être. Mais je ne suis pas sûr.

– Et lorsque l'on est passé sur le sentier au-dessus de la falaise, est-ce que tu as constaté que la paroi était chaude ? Il y a plusieurs sources thermales dans la région.

Naturellement, je n'avais rien remarqué de tout cela.

– Et la délicieuse odeur d'un parfum fleuri aux...

– Non, je n'ai pas senti ça, dis-je sans lui laisser le temps de continuer. Je comprends maintenant ce que vous vouliez dire par profiter de l'occasion de m'entraîner.

– Il faut que tu développes tous tes sens. Comment crois-tu que les *ninjas* pouvaient survivre aussi facilement lorsqu'ils se dissimulaient dans les montagnes ?

– Je pensais surtout à être silencieux. Avouez que je n'ai pas fait beaucoup de bruit en marchant.

– C'est sûrement pour ça que plusieurs corbeaux s'enfuyaient à notre arrivée.

Je préférai ne pas répondre.

– Il faut que tu apprennes à bien écouter et à mieux voir. Tu dois remarquer les odeurs qui s'offrent à toi. Ton corps entre constamment en contact avec le sol, avec des pierres, des racines. Sois conscient de tout. Notre civilisation moderne n'est pas appropriée pour développer nos sens. Moins notre cerveau capte d'informations et plus on est heureux. Les endroits publics ne sont pas toujours propres. On ne veut pas voir ce qui nous entoure, de peur de se sentir coupable d'autant de laideur. Dans la plupart des pays, si quelqu'un demande de l'aide, la majorité des gens feront semblant de ne pas l'entendre et détourneront le regard. Il ne faut pas laisser nos sens s'atrophier.

– Mais comment faire pour y arriver ?

– Travaille-les séparément. La première semaine, dès que tu t'éveilleras, concentre-toi sur les bruits qui te parviennent. D'abord ceux qui sont proches, puis les plus distants, essaie de les localiser et de les identifier. Tout le reste de la journée porte ton attention sur les sons. Si des gens discutent dans le train, démêle les conversations. Tu as sans doute déjà été dans des endroits bruyants tels un bar ou une discothèque ?

– Bien sûr.

– Même si tu as de la difficulté à comprendre ton voisin immédiat, si quelqu'un dit ton nom et qu'il est beaucoup plus loin, ton cerveau filtrera les parasites pour t'informer que l'on parle de toi. On peut arriver avec un peu de pratique à augmenter notre capacité auditive de façon significative. Ça peut être utile si quelqu'un t'attaque par-derrière.

– Et je refais cet exercice avec tous les sens ?

– Oui, la deuxième semaine tu peux travailler le goûter. Porte ta langue sur tes couvertures pour en reconnaître la texture. Goutte tes doigts.

– Burk ! Je déteste mettre du tissu à ma bouche. J'ai déjà essayé étant enfant et j'ai horreur de ça.

– Cesse de te plaindre, c'est de l'entraînement. Analyse ce que tu manges, savoure-le et identifie les différents goûts. Si tu ne sais pas ce que ça goûte, invente ton propre système de classement. Un jour, ça pourrait t'empêcher d'être empoisonné par des victuailles trop vieilles ou qu'on aurait délibérément piégées. La plupart des gens sont habitués à une nourriture qui n'a plus vraiment de saveur ou une saveur salée ou sucrée. Et c'est sans compter ceux qui ne prennent plus le temps de déguster parce qu'ils sont trop pressés. Savais-tu que les *ninjas* ne mangeaient pas certains aliments lors de missions pour que leur présence ne soit pas décelée par certaines odeurs facilement reconnaissables ou plus fortes ? Le parfum de notre peau peut nous trahir si l'on ne fait pas attention.

– Vous prétendez que, suivant ce que l'on avale, notre transpiration corporelle peut changer ?

– Oui. Si quelqu'un a le nez fin, il pourra te détecter à ton odeur.

Je ne savais trop quoi répondre. Mais en y pensant bien, c'était logique. Nous sommes ce que nous mangeons.

– Pour être honnête, la nourriture n'est que du combustible pour moi. J'en ai besoin pour fonctionner, alors le goût est plus ou moins important. Mais avec ce que vous venez de me dire, je vais probablement réviser ma position.

– Un guerrier qui ne contrôle pas tous ses sens est condamné à perdre son combat tôt ou tard.

Que pouvais-je rajouter de plus ? Le Maître continua son enseignement.

– Ensuite, tu pourras travailler ton acuité visuelle. Comment te déplaces-tu la nuit ? Est-ce que le soleil t'incommode ? Peux-tu développer davantage ta vision périphérique ? As-tu déjà pris conscience de la façon que tu regardes un adversaire durant l'action ? Tu dois pouvoir faire ressortir les points faibles de ta vision. En situation de stress, de quelle manière se fait sentir l'effet tunnel sur toi ?

Je savais qu'il parlait du phénomène qui fait que la tension réduit notre champ de vision. Par exemple, c'est ce qui fait que dans une poursuite policière à voiture, les conducteurs focalisent sur ce qui est droit devant eux. Ils ne voient plus les véhicules qui arrivent sur le côté.

– Ensuite, tu pourras faire le même exercice avec le toucher. Apprendre à reconnaître les différentes textures. Évaluer la température du bout des doigts, sentir les vibrations du sol lorsque quelqu'un marche. Et, avec un peu d'entraînement, percevoir les fluctuations de l'air sur tes paumes. C'est très pratique pour bloquer une attaque que tes yeux n'auraient pas remarquée.

– Et pour les insectes, j'ai vu que vous n'aviez aucun moustique sur vous. Comment avez-vous fait ?

– Ça, c'est plus difficile. Ils sont vivants, il faut que tu parviennes à ce qu'ils te prennent pour l'un des leurs. Tu dois réussir à t'identifier à eux.

Une foule de questions agressaient mon esprit. Comment pouvait-on se faire passer pour l'un d'eux ? C'était incroyable ce que le Maître pouvait arriver à faire avec son mental.

– Enseignez-moi cela, je veux apprendre comment leur amener à croire que je suis l'un des leurs.

– Je pense que tu n'es pas prêt pour ça, lança le vieil homme en souriant. En attendant, je te conseille plutôt de te servir de ça.

Il me tendit un petit flacon en me disant que c'était du chasse-moustique, une recette maison. Je m'étais bien fait avoir. Il n'avait aucune technique de méditation pour se protéger des insectes. Il avait utilisé un produit pour éloigner les bestioles. J'ouvris la bouteille et l'approcha de mon nez. Je trouvais un peu curieux que le produit ne sente rien. J'en versai sur mon poignet, un liquide transparent coula du goulot. J'hésitai un instant, puis je mis une goutte sur ma langue.

– De l'eau... Ce n'est que de l'eau...

– Les moustiques aussi ont besoin d'eau. Me dit le vieux Maître en me regardant le plus sérieusement du monde.

Chapitre 24
L'art de bouger

Dans un mouvement
La nature d'un pas lent
Guide ton kami

Lorsque l'on fait des arts martiaux et qu'on arrive à échapper à presque toutes les attaques, on se dit que l'on bouge bien. Que nos habiletés sont à leur zénith. L'adversaire ne réussit à nous atteindre qu'une fois sur cinq. On se fie à l'endurance de notre corps pour compenser ce que l'on ne peut esquiver. En accédant à un tel résultat, on ne remet pas en doute notre capacité à bien nous déplacer. Pourtant, on devrait faire un examen de conscience sur le sujet.

Cette journée-là, il pleuvait à torrents. Le vent trimbalait les gouttes de pluie jusque sous les parapluies. Rien ne pouvait être fait pour les éviter. Mes pantalons dégouttaient encore lorsque j'entrai dans le dojo. Heureusement pour moi, la bâche qui recouvrait mon sac à dos était complètement étanche. C'est avec empressement que j'enfilai la culotte de mon kimono. Le Maître arriva quelques minutes plus tard.

– Est-ce que tout le monde a été surpris par cette saute d'humeur du *tsuyu*, demanda-t-il.

Tous levèrent la main. Généralement durant le *tsuyu*, la saison des pluies, le ciel laissait s'échapper l'eau avec parcimonie. Il pleuvait souvent, presque tous les jours, mais plus rarement un déluge accompagné de vent violent comme il y en avait eu dans la journée. Je trouvais amusant que le vieil homme parle des sautes d'humeur de dame nature comme si elle vivait dans notre univers. Le Maître dévisagea tout le monde et sourit.

– Bien, dans ce cas, remettez tous vos pantalons mouillés.
– Vous plaisantez, dis-je, ça sera désagréable.

Il n'eut pas besoin de rajouter un seul mot pour que je comprenne qu'il était sérieux. Je savais que garder le silence était la meilleure chose à faire. Son regard oblong suffisait à ce que je trouve mon pantalon détrempé plus confortable. Cet entraînement eut lieu avant que je n'aie eu le courage de lui demander de me prendre comme disciple. Aujourd'hui, rien ne m'étonne plus de lui. Il nous fit exécuter un nombre incroyable d'exercices sollicitant de nos jambes des mouvements fluides. Si les premiers déplacements se révélèrent pénibles, les derniers ne se montraient pas aussi rébarbatifs. Au contraire, je ne pourrais pas dire si c'est parce que la chaleur de mon corps les avait asséchés, mais une étrange impression de liberté me permettait d'esquiver comme je ne l'avais jamais fait auparavant.

– Il faut être maître de nos mouvements, peu importe les circonstances, dit le vieil homme. Vous ne déciderez pas à quel moment vous serez assailli. Il se peut que vous ayez plusieurs couches de vêtements si c'est l'hiver et peu si l'on vous attaque sur la plage. Vous devez pouvoir esquiver sans prendre le temps de vous étirer et de réchauffer vos muscles. Il faut éviter l'agression sans se blesser. C'est là que ça commence à être de l'art, ça s'appelle du *taihenjutsu*.

Le maître nous fit faire des mouvements de base, dont un où l'on avançait d'un pas sur le côté. C'était un peu comme si l'on tournait autour d'une tuile carrée. J'avais nommé cette action un déplacement en triangle. Certains de mes amis se contentaient de reculer. Le Maître prit un *bokken* d'entraînement et frappa l'un des étudiants qui fuyaient plutôt que de se coller sur l'agresseur. Chaque fois, il se tassait trop loin de lui pour pouvoir le contenir. Le Maître lui remit le sabre et lui demanda de l'attaquer. En avançant ainsi, il se trouva à la hauteur des poignets de son opposant. À partir de là, il lui suffit de coincer les deux bras adverses pour obtenir le contrôle de l'arme et de l'assaillant.

– Bouger est un jeu d'échecs. Il faut se placer au bon endroit pour amener l'ennemi à utiliser la pièce que l'on veut.

– Je pense que c'est surtout une question de vitesse, dis-je. Lorsque je faisais de la compétition, peu de personnes arrivaient à me toucher.

– C'est peut-être parce que ces gens ne comprenaient pas ce qu'est le *budo*, dit le vieil homme.

– Non, je vous assure. Je suis rapide. Je peux esquiver n'importe quelle attaque.

– D'accord, me dit le Maître. Si tu parviens à éviter deux de mes tentatives sur cinq, je te considérerai comme quelqu'un de niveau supérieur.

À cette époque, je me croyais meilleur que tout le monde. Le Maître se mit en position de combat. Dans mon esprit, le défi serait facile. Comment une personne aussi âgée pouvait-elle m'atteindre ? Je n'avais qu'à surveiller ses épaules, dès qu'elles bougeraient, je n'aurais qu'à m'écarter de la trajectoire. J'étais prêt, j'attendais juste de le voir tressauter. Puis soudain, son corps se retrouva presque collé sur moi. Une douleur au ventre me fit plier en deux. Il me restait encore quatre chances.

– Qu'est-ce qui se passe ? Tu m'as sous-estimé, dit le Maître. La prochaine fois, ça sera plus difficile pour moi de te toucher.

Je partageais le même avis. Il m'avait eu par surprise. Le Maître se positionna de nouveau, prêt à bondir sur moi. Sauf que maintenant j'étais paré. Il essayait de m'inquiéter en se donnant un air agressif. Mais ça ne suffirait pas à m'impressionner. Je l'attendais, puis soudain, il relâcha toute sa tension et sourit. Je pris quelques secondes avant de pouvoir me relever. La douleur ne voulait pas quitter mes abdominaux endoloris.

– Quoi ? Ne me dis pas qu'un simple sourire t'a déconcentré. Cette fois-ci, ça sera plus difficile, voire même impossible pour moi que je t'atteigne. À moins que...

Comment ? Pourquoi ? Ses dernières paroles m'inquiétaient. Non, ce n'était que des mots pour m'impressionner. Je n'aurai qu'à me jeter de côté pour éviter l'agression.

– Je suis prêt, vous ne m'aurez pas ce coup-ci, dis-je.

Le vieil homme se plaça devant moi, il demeura sur sa position durant plusieurs minutes. Qu'est-ce qu'il attendait, pourquoi n'attaquait-il pas ? S'il espérait m'avoir à l'usure, c'était peine perdue. Je fixais ses yeux pour lui prouver qu'il ne m'intimidait pas. Puis il se mit à bouger lentement, oisivement, presque paresseusement. Il avança vers moi et mon corps était incapable de réagir. Aucun de mes muscles ne répondait plus. Son poing s'approcha de mon nez, centimètre par centimètre. Puis, je sentis la pression de ses jointures écraser mes narines. Durant un instant, j'étais certain que mon nez serait brisé. Mais avant même que ne se produise le premier craquement, son poing s'arrêta. Il m'avait épargné. Il claqua des doigts en me disant de reprendre le contrôle de mon corps. Aussitôt, je reculai. En regardant les autres étudiants, je compris que je ne devais pas être le seul à avoir été impressionné par cette démonstration.

– Vous avez utilisé de l'hypnose, n'est-ce pas ?

– Oui, du *saiminjutsu*. Est-ce qu'on continue les attaques ?

Je ne souhaitais surtout pas me faire frapper de nouveau. La douleur du dernier coup au ventre me rappelait à la sagesse. Je décidai d'abdiquer.

– Non, j'ai compris. La vitesse seule n'est pas suffisante pour tout éviter. Mais comment peut-on être certain que l'on se trouve à la bonne place au bon moment ? demandais-je.

– Avec l'expérience, on en vient à dénicher l'endroit approprié. Un emplacement où il devient plus difficile ou qui exige un peu plus de temps pour l'adversaire s'il désire vous atteindre. Dans cette position, vous devez pouvoir contre-attaquer facilement s'il vous cogne. Idéalement, on doit chercher à contrôler sa structure.

J'en étais à mes débuts avec lui, je ne comprenais pas ce qu'il voulait dire par là.

– Donne-moi un coup de poing, dit-il.

Je m'empressai de prendre son visage pour cible. Malgré ma vitesse, il esquiva aisément le coup. J'avais eu l'impression qu'il s'était déplacé lentement. Il fit le même déplacement en triangle que nous avions vu au début de la classe. Puis il mit une main derrière mon coude et me garda en déséquilibre en étirant mon bras. Je ne pouvais contrer son action efficacement. De plus, durant tout ce temps, le côté de ma tête offrait une cible complètement ouverte. Je n'aurais pas résisté longtemps dans un combat réel. Il m'avait privé de mes appuis, mon corps ne pouvait se stabiliser suffisamment rapidement pour répliquer. Maintenant, je comprenais ce qu'il voulait dire lorsqu'il parlait de contrôle de la structure.

– Combien y a-t-il de sortes de déplacements ? demanda un étudiant.

– Il y en a autant que nous en avons besoin, répondit le Maître.

– Vous voulez dire qu'on peut bouger n'importe comment ? lançais-je.

– Peu importe le mouvement si ça vous apporte l'avantage stratégique. Si ça ne vous met pas en péril et que ça vous donne une longueur d'avance sur l'opposant, on peut dire que ça fait le travail. Il ne faut pas que vos déplacements passent uniquement par l'intellect. Il faut que ce soit naturel. Naturel et logique, s'empressa-t-il de rajouter.

Un étudiant demanda la parole.

– Dans un autre art martial que je pratiquais, on parlait beaucoup de *tai sabaki*, l'art de se déplacer. Est-ce que tous les mouvements sont *tai sabaki* ?

– Oui et non, dit le Maître.

Je me doutais bien que la réponse ne pouvait être simple. Il enchaîna.

– Le premier *kanji*, *tai*, est celui du corps. Le second, *sabaki*, qui est souvent interprété par mouvement, se traduirait plutôt par manipulation ou maniement, en l'occurrence, celui du corps. Naturellement, on sous-entend pour prévenir une attaque. Dans ce sens-là, toutes les actions que l'on peut faire pour éviter de recevoir un coup sont *tai sabaki*. Certains arts martiaux ont codifié un certain nombre de façons de bouger pour les intégrer dans une structure d'enseignement plus rigide.

– Ça semble trop simple, dis-je.

Le vieil homme me regarda en souriant.

– Mais...

J'avais raison, ça ne pouvait pas être aussi facile que ça.

– Dans les arts martiaux plus anciens, le mot *sabaki* peut se traduire par quelque chose d'amplifié. Par des déplacements exagérés. On s'habitue à effectuer de grands mouvements pour ensuite les réduire dans la réalité.

Ça expliquait pourquoi je trouvais certaines positions illogiques. Dans un contexte où l'on exagère les déplacements pour apprendre au corps comment bien bouger, la pertinence de cette didactique se justifiait.

– Avez-vous d'autres questions sur le sujet ? demanda le Maître.

J'hésitai un peu, puis je me risquai à lui en soumettre une.

– Mais la vitesse, est-ce qu'on en a besoin si l'on veut être efficace ? J'ai toujours la sensation que vous vous déplaciez lentement et pourtant vous n'êtes jamais là pour recevoir l'attaque.

– Il y a une chose qu'il faut comprendre lorsqu'on fait des arts martiaux.

Je m'attendais à un secret qui ne se révèle que rarement dans le *budo*.

– Quoi donc ? dis-je.

– La vitesse n'est qu'une illusion.

Chapitre 25
La force de l'eau

Humeur troublante
Eau calme ou déchaînée
Vague profonde

Je n'avais pas encore pris le temps de visiter la mer. Je décidai de profiter d'une journée de congé pour aller m'y balader. Je contactai le vieux Maître pour lui offrir de m'accompagner. À ma grande surprise, il accepta. Je n'avais pas imaginé que cette promenade se transformerait en une séance d'apprentissage aussi bénéfique pour moi. Nous marchions sur l'une des innombrables plages de l'archipel. Je trouvais le Maître un peu songeur, mais je m'étais dit que ça devait être la beauté de l'océan qui le mettait dans cet état.

– C'est si paisible, tellement calme.
– Oui, c'est ce qu'elle désire nous faire croire, répliqua-t-il. Elle nous berce d'illusions afin de mieux nous tromper.
– Que voulez-vous dire par là ?
– Elle, répondit-il, en pointant l'horizon du doigt.
– Pourquoi dites-vous ça ? Ce n'est que la mer. C'est elle qui a protégé le Japon des étrangers durant des millénaires. Elle l'a nourri depuis si longtemps.
– Oui, mais elle a ses sautes d'humeur. Elle peut nous cajoler au point que l'on oublie tout, mais elle peut également se montrer dévastatrice.
– Ce que vous êtes pessimiste aujourd'hui ! dis-je. Vous êtes trop négatif.
– Mais non, je ne suis pas négatif, je suis simplement réaliste. Il faut l'apprécier tout en se méfiant de son tempérament.

Le Maître se mit à rire.

– Elle a besoin d'un psy, elle est bipolaire.

Des enfants qui jouaient au ballon sur la plage hurlèrent en chœur « ki o tsukete ». Sans regarder de côté, le Maître se pencha, laissant passer le ballon jusqu'à mon front. Il le saisit sur le rebond et le retourna en direction des jeunes. Les enfants avaient simplement crié pour nous prévenir. Un court instant de silence fut suivi d'une multitude de *sumimasen* qui retentirent à nos oreilles.

– Vous l'avez fait exprès ?
– De quoi ?
– De laisser le ballon me percuter.

Je le vis sourire. Comme il en avait l'habitude, il continua à parler de la mer comme si rien ne s'était passé.

– L'eau est un élément puissant. Dans les arts martiaux, si quelqu'un nous frappe, elle nous amènera à absorber l'attaque en reculant puis, comme le ressac de la vague qui vient se briser sur le rivage, on revient sur l'agresseur qui accorde toujours une fraction de seconde entre deux offensives.

Je connaissais bien ce principe d'absorber les coups de l'adversaire. Cette façon de faire était basée sur l'instinct de la peur, une pulsion de survie qui nous pousse à battre en retraite devant un danger. En nous repliant ainsi, l'agresseur en nous attaquant, laissait des ouvertures, des portes que l'on pouvait exploiter. Nous avions souvent discuté de ce sujet. Je ne sais trop pourquoi il tenait à me réexpliquer ce principe.

– La beauté de l'eau, continua-t-il, c'est qu'elle nous enseigne à nager en société.

Je trouvais son parallèle un peu étrange. Mais enfin, il était comme ça et j'avais appris à accepter ces étranges discussions. Une fois de plus, je ne comprenais pas où il souhaitait en venir.

– Que voulez-vous dire par nager en société ? J'imagine que vous parlez de relations interpersonnelles.

– Oui, c'est ça. Comme l'océan qui peut parfois être d'un calme total, l'eau nous enseigne à laisser s'exprimer les gens, à les écouter sans argumenter. Plus quelqu'un tente de nous convaincre, de nous vendre ses idées et plus l'eau s'infiltre. Un bon avocat sait utiliser cette stratégie.

À ma mimique, le Maître avait compris que j'étais perdu.

– On a deux yeux pour regarder, deux narines pour capturer les odeurs, dix doigts sensibles pour différencier les formes et les textures, deux oreilles pour entendre, mais on n'a seulement qu'une bouche pour communiquer. Nous sommes faits pour recueillir de l'information, mais au lieu de ça, la plupart des gens ne cessent de parler sans écouter, sans voir et sans ressentir ce qu'il y a autour d'eux.

Tout cela ne m'aidait pas vraiment à comprendre où cette conversation nous mènerait.

– Lorsqu'un *tsunami* frappe, l'eau envahit tous les recoins où la vague s'infiltre. Elle brise tout ce qui est sur son passage, mais elle cause également énormément de ravage au moment où elle bat en retraite. Elle entraîne avec elle une grande partie de ce qui se trouve sur son chemin. L'être humain est comme cette vague. Par ses paroles, il peut détruire ce qu'il attaque de front pour ensuite continuer à faire du dommage même lorsqu'il se retire.

Il y avait quelques jours, un de ses amis politiciens avait été calomnié par un concurrent. Ce dernier avait lancé des accusations de corruption et même de fraude. Mais dès le lendemain, il s'était rétracté et excusé en disant que ses sources d'informations n'étaient pas aussi fiables qu'il le croyait. Tout ça ressemblait étrangement au scénario que mon professeur venait d'expliquer. Le lien me paraissait évident.

– Vous faites allusion à votre ami politicien, n'est-ce pas ?

– C'est exact. C'est une personne bien, quelqu'un qui travaille fort pour sa communauté. Quelqu'un qui fait passer sa collectivité bien avant ses propres intérêts.

– Même si son adversaire a fait amende honorable, il en restera toujours des séquelles. C'est ce que vous pensez ?

– Oui, comme la vague qui laisse des traces longtemps après son passage, la calomnie grave une empreinte indélébile.

– Vous parliez d'un avocat qui peut utiliser cette stratégie, que vouliez-vous dire ?

– S'il est habile, il s'amusera à faire parler la personne qui est devant lui. Il détournera ses propos pour les lui jeter ensuite à la figure. Comme l'être humain aime montrer qu'il connaît tout, il tombera facilement dans le piège, puis l'avocat l'encouragera à en dire le plus possible. Ensuite, il retournera ses paroles contre lui en mélangeant certains bouts de phrases. Le but n'est pas de dire la vérité, mais de déstabiliser celui qu'il interroge.

– C'est différent de ce que l'on fait dans les arts martiaux.

Le Maître me regarda en me présentant la paume de sa main me forçant à reculer un peu pour éviter la poussée.

– Non, au contraire, c'est tout à fait pareil. Lorsque quelqu'un t'agresse et que tu recules plusieurs fois dans diverses directions, il doit changer et utiliser diverses stratégies pour t'atteindre. Chaque mouvement augmente les risques pour l'adversaire que ça se retourne contre lui.

Le Maître garda le silence. Nous avions marché jusqu'à un petit promontoire rocheux sur le bout de la plage. Il alla s'asseoir sur l'une des pierres. Le soleil avait commencé à s'incliner dans un salut solennel avant de quitter la scène. Ses reflets dorés offraient un spectacle magnifique. Je repensais à cette discussion que je venais d'avoir avec le Maître à propos de l'eau. Une conversation étrange, décousue, mais qui me laissait songeur. Je n'ai jamais oublié cet instant magique, ce silence et ce calme que m'avait apporté cette visite à la mer. Mais après un certain temps, je me dis qu'un silence était quelque chose que l'on pouvait briser. Au moment où je commençais à questionner le Maître sur un autre sujet, il se contenta de me dire...

– Tu as combien de bouches déjà ?

Chapitre 26

Kiaijutsu

Le kiai vise
Le mental capitule
Le cœur est sauvé

Nous revenions de nous entraîner dans l'un des dojos extérieurs. Nous déambulions dans les petites ruelles menant à la station de train lorsqu'un camion klaxonna de toutes ses forces. Le chauffeur ne semblait pas heureux de s'être fait couper la route par une jeune fille qui n'avait pas fait son arrêt. Il faut dire qu'elle lissait ses cils en même temps qu'elle conduisait.

– C'est bon, dis-je. Elle sait que tu es là, cesse de klaxonner.
– Il ne klaxonne pas, dit le Maître, il fait un *kiai* préventif.

Mon professeur faisait allusion à cette projection d'énergie qui peut se faire de différentes façons. Dans les arts martiaux, on entend souvent les *karatékas* crier abondamment lors de démonstrations de cassage ou simplement pour distraire un adversaire dans un combat.

– Un *kiai* préventif... Vous voulez rire de moi. Bon, ça y est, il arrête enfin son vacarme. Je ne vois pas ce qui est préventif là-dedans. Il ne songe pas aux dommages collatéraux, à mes pauvres tympans.
– Je pense que la charmante jeune fille va se souvenir longtemps de ce petit incident. La couleur de sa peau a complètement changé lorsque le camionneur l'a avertie. C'est sans doute terminé pour elle, le maquillage au volant.
– Parlant *kiai*, hier soir j'étais sur le Web et j'ai lu un conte martial. Il était dit qu'un Maître de *taichi* a un jour fait tomber un oiseau sur le sol à l'aide d'un *kiai*. Qu'en pensez-vous ? Croyez-vous que ça soit vrai ?
– Si c'est sur Internet, c'est que ça doit être vrai.

Je le regardai en me demandant s'il était vraiment sérieux. Après tout, il ne possédait même pas d'ordinateur. Peut-être qu'il était sincère, mais quelque chose au fond de moi en doutait. Il ne me laissa pas le temps de cogiter davantage.

– Qu'est-ce que tu connais du *kiai jutsu* ?

À cette époque nous n'avions pas abordé le sujet fréquemment. Finalement, je pouvais remercier l'imprudente qui n'avait pas fait son arrêt.

– Pour être honnête, pas grand-chose. C'est le cri que l'on pousse en compétition sportive pour distraire un adversaire. Ah oui ! Je m'en servais également lorsque je faisais du cassage durant des démonstrations. J'avais la sensation que ça m'apportait plus de force.

– Et le vacarme impressionnait les spectateurs, me dit le Maître en souriant.

– Euh ! Oui, c'est vrai. Mais je ne le faisais pas pour ça.

– Naturellement. Que signifie le mot *kiai* ? Est-ce que tu peux me l'expliquer ?

– C'est facile, on peut traduire cela par quelque chose comme « lier l'énergie ».

– C'est exact. Mais peux-tu être un peu plus précis ?

– On unit notre corps et notre volonté durant un court instant.

– Et le *kime*, tu sais ce que c'est ? demanda le Maître.

– Ça, c'est la concentration de l'énergie à l'impact. C'est un peu comme le claquage du fouet à la fin.

– Tu n'as pas tort. On l'appelle parfois l'énergie pénétrante, mais en réalité, il s'agit davantage du temps de prise de décision. Au moment jugé opportun, on libère toute notre énergie en une seule fraction de seconde. C'est un instant où sont parfaitement synchronisées notre volonté, notre capacité physique et nos émotions. En une fraction de seconde, ces trois énergies explosent en un même point.

– Oui, mais en ce qui concerne ce conte sur les arts martiaux, pour l'oiseau...

Il ne s'occupa pas de moi. Il continua d'avancer sans arrêter ses explications.

– Mais limiter le *kiai jutsu* à seulement ça est un peu simpliste. C'est de loin plus intéressant que cela. Un *kiai* est un transfert d'énergie. Le son est une onde d'énergie. Il n'y a pas que le son qui puisse transporter le *ki*.

J'essayai d'imaginer comment on peut utiliser cet art autrement qu'avec la voix, mais je ne voyais pas comment y arriver. Une fois plus, il me donna l'impression de pouvoir lire en moi, de posséder l'étrange pouvoir de pénétrer mon esprit.

– Rappelle-toi toutes les fois où je t'ai déstabilisé en concentrant mon intention dans mon regard.

– Les yeux... Les yeux. On peut projeter un *kiai* par le regard, dis-je tout emballé.

– Un combat débute par l'observation. Un sabreur compétent va jauger son opposant sans se laisser charmer par lui.

– Sans se laisser charmer, que voulez-vous dire par là ?

– Les yeux sont le miroir de l'âme. Si tu maîtrises bien l'art de percer ton adversaire, tu as déjà un avantage énorme sur lui. La plupart des gens se trahissent par leur regard. En projetant son *kiai*, le vrai guerrier sait qu'il a choisi le bon moment. Sa conviction ne laisse aucune chance à son assaillant. Sa précision et sa stabilité sont à son apogée. Ce *kiai* aura pour effet de créer une faille dans la défense de son ennemi.

Je comprenais très bien ce qu'il disait même si je savais que je ne possédais pas la capacité de mettre cette technique en pratique. Il enchaîna rapidement.

– On peut également faire un *kiai* avec le corps. L'image que l'on projette doit être forte. Notre corps vient occuper l'espace de l'autre. Il est important de projeter une grande énergie à partir du centre *hara*. En agissant ainsi, on accède à la partie animale de l'adversaire. Là où naissent le doute et la peur.

Le souvenir du Maître qui s'emparait de l'espace devant moi me revint à l'esprit. Sans savoir pourquoi, la seule idée que j'avais en tête à ces moments-là était de m'enfuir. Je ne pouvais ébaucher aucune stratégie d'attaque lorsqu'il agissait ainsi. Mon unique option consistait à tenter de colmater les brèches que ma fuite occasionnait. Une question me vint à l'esprit.

– Un *kiai* ne dure qu'une fraction de seconde, n'est-ce pas ?

– C'est faux. Il peut prendre plusieurs secondes. Je ne parle pas ici de crier jusqu'à ce qu'on ait plus de souffle. Je parle d'occuper les pensées de l'adversaire suffisamment longtemps pour qu'il ne puisse espérer gagner.

– Est-ce que l'on peut s'habituer à résister à un *kiai* ?

– Oui si tu as affaire à un combattant qui ne fait que du bruit. Mais si tu te frottes à un vrai maître, tes chances de ne pas perdre ta concentration sont minimes. Pour y arriver, il faut que tu maîtrises le vide. Que tes émotions et ton intellect soient totalement déconnectés. Et ça, crois-moi, ce n'est pas à la portée de tout le monde.

– Quel est le meilleur temps pour faire un *kiai* ? demandais-je.

– Seul le *kiai* le sait. On ne décide pas du moment, c'est lui qui nous choisit. Mais si tu tiens à vraiment tout diriger, on peut dire qu'à l'instant où ton adversaire s'apprête à abattre son sabre, c'est un bon moment.

– Parce que lui-même est concentré sur son action.

Le Maître me regarda et me sourit. Je savais que ma réponse l'avait satisfait. Il continua son enseignement.

– Il y a plusieurs sortes de *kiai*. On peut frapper le corps de l'attaquant en onde de choc. Mais ça, je pense que tu connais bien cette façon de faire, vous utilisez cela dans les systèmes de points de pression policiers en Occident. Vient ensuite un double *kiai*, où dans la même attaque, une seconde vague va empêcher l'autre de riposter dans l'immédiat. Personnellement, j'aime bien les *kiai* qui visent à perturber le mental. Certaines de ces actions sont si puissantes que l'adversaire se retrouve totalement incapable de réagir. Ses jambes deviennent toutes molles, ses mains se mettent à trembler, sa respiration s'accélère sans qu'il ne puisse la contrôler. C'est un *kiai* qui ouvre les portes de l'enfer.

Des piaillements de panique parvinrent à mes oreilles. Ils venaient du haut d'un arbre devant une maison qui frôlait le délabrement. Un chat avançait pas à pas sur une branche. Sa cible était un nid haut perché. Je ne pouvais voir de quels oiseaux il s'agissait, mais les gazouillements ne laissaient aucun doute sur la menace qui rodait autour du nid.

– Eh! Déguerpi, criais-je en claquant des mains.

Je pris une branche et la tirai en direction du félin qui ne paraissait nullement impressionné par ma mise en garde. Le danger était à quelques centimètres du nid. Les premières griffes s'apprêtaient à faire intrusion dans le nid. Un son sourd se fit entendre derrière moi. On aurait dit un grognement, très court, très sec. Le chat se figea et vacilla. Il chuta. Immédiatement, un son plus aigu sortit l'animal de sa torpeur. Il se retourna et retomba sur ses pattes avant de s'enfuir à toute vitesse.

– C'est... c'est vous qui avez fait ça, n'est-ce pas ?

– Si tu racontes cela sur Internet, personne ne va te croire.

Chapitre 27
Les bases

En un seul moment
Être un avec l'esprit
Le cœur pur éclot

Nous étions quelques-uns à échanger avec le Maître après la classe. Assis sur les tatamis, il semblait particulièrement enclin à discuter de tout et de rien cette journée-là. L'un de nous demanda pourquoi l'on devait pratiquer les bases toute notre vie.

– Parce que tout se retrouve dans ces principes, avait-il répondu. Prenez soin cependant de ne pas confondre les *katas* d'une école et les bases.

– Que voulez-vous dire par là ? ai-je demandé.

– Il n'est pas rare de voir des professeurs exiger que leurs étudiants connaissent par cœur toutes les techniques qui font partie d'une école. Les bases ne sont pas les *katas*, elles en sont l'essence.

– Mais pourquoi sont-elles aussi importantes ? questionna une élève aux longs cheveux noirs.

– Parce qu'elles nous dévoilent ce qui est fondamental, dit le Maître. Elles nous apprennent comment se déplacer, comment synchroniser nos mouvements et dans quelle direction on devrait orienter notre stratégie de défense. Elles ne nous enseignent pas ce que nous devrions faire, mais nous indiquent le chemin pour y parvenir.

– Oui, mais une fois qu'on a assimilé comment bouger, le reste n'est que de la répétition robotisée, dit-elle.

– Notre corps a tendance à modifier sa façon de bouger en fonction de son humeur du moment. Ce que l'on pourrait appeler de faux plis se produit constamment. Les bases sont là pour nous ramener dans le bon chemin.

– Oui, mais on les utilisera rarement comme elles sont enseignées pour se défendre dans la rue en situation réelle. Alors, qu'est-ce qu'elles peuvent nous apporter de plus ? demanda-telle.

– C'est un peu comme des mathématiques de base. Si tu ne sais pas additionner, soustraire, multiplier ou diviser, comment peux-tu espérer évaluer la surface d'une structure ? On a besoin de calculs exacts pour bien construire. Les bases nous donnent des outils et il nous appartient de les faire progresser bien au-delà de ce que l'on a appris. Mais si les bases sont toutes croches, il ne faut pas être surpris si la structure du bâtiment que l'on a érigé est inadéquate. L'édifice pourra s'écrouler à la moindre secousse sismique.

J'aimais bien lorsque le vieux Maître nous apportait des exemples concrets comme il le faisait. Il avait un don pour ramener les arts martiaux à une réalité de tous les jours.

– Vous aviez déjà dit que nous devions adapter notre art martial. Que chaque pratiquant devait évoluer en fonction de sa stature, de sa force physique, de ses émotions et même de son sexe, car nous les femmes avons un centre de gravité plus bas. Est-ce que le fait de revenir à une base plus rigide ne nuira pas au développement de notre propre personnalité martiale ?

– Non, dit le vieil homme. Que vous soyez sculpteur ou menuisier, vous aurez besoin de savoir faire un trait de scie droit. Là où ça fera une différence, c'est de la façon dont vous utiliserez ce trait. De plus, la transmission des connaissances ne doit pas être altérée de génération en génération. Imaginez si chaque personne modifiait les bases à son image. Qu'est-ce qui resterait de la technique après quelques centaines d'années ?

– Est-il possible que ça puisse l'améliorer ? demanda un des étudiants.

– J'en doute fortement. Ces principes ont traversé les époques de conflits du Japon. Elles ont permis à de nombreux guerriers de survivre. Dans beaucoup d'arts martiaux, des gens s'octroient le privilège de changer cela. La plupart du temps, ce sont des personnes qui n'ont jamais eu à défendre leur vie en situation réelle. Si vous voulez faire quelque chose pour laisser votre marque, inventez-vous un art martial bien à vous. Mais ne mutilez pas ce qui existe depuis des siècles. Qui sommes-nous pour avoir la prétention d'être meilleurs que les créateurs de ces vieux styles ?

Le ton du Maître s'accélérait. Visiblement, il n'appréciait pas ceux qui se permettaient de modifier des techniques ancestrales. Il prit une pause et enchaîna sur un ton plus modéré.

– Lorsque l'on croit que l'on maîtrise bien les fondations d'un art martial, on peut accéder à un stade supérieur de ces mêmes bases. On peut les exécuter à différents niveaux. Par exemple, on peut explorer les principes de débordement.

Quelques années auparavant, il nous avait fait travailler ces techniques qui consistent à amener l'adversaire à un point tel que la stabilité de sa structure était compromise. Si vous donnez un coup de poing, il y a une distance où vous devez vous arrêter. Quelques millimètres de plus et vous devenez en situation chancelante. Il continua ses explications sur le sujet.

– En obligeant votre assaillant à dépasser ses limites, on équilibre les forces entre quelqu'un ayant une forte stature et un autre qui n'a que très peu de capacités physiques.

– Oui, mais si la personne est souple et qu'on n'arrive pas à la déstabiliser, demanda-t-elle ?

– C'est pour ça que certaines bases nous enseignent diverses manières de frapper. Si une saisie n'est pas suffisante, on va se servir des poings, des pieds, des coudes, des genoux et même des doigts. Mais même ces attaques ont besoin de bases solides pour être efficaces. Si vous connaissez des ceintures noires de différents styles qui ont perdu leur combat dans la rue, il y a de fortes chances qu'elles vous disent, si elles sont honnêtes, qu'elles avaient l'impression que leurs coups n'affectaient pas leurs adversaires.

Je repensai à ces paroles et effectivement j'avais déjà discuté avec des copains qui avaient vécu cette sensation d'incapacité à neutraliser un opposant avec leurs poings. Le Maître poursuivit ses explications.

– Sans qu'il y paraisse, ces bases à l'allure souvent puérile nous apprennent un tas de choses. Dès que l'on prend le temps de bien les faire, on s'aperçoit assez rapidement que les angles occupent une place importante dans notre système de défense. Un bon angle nous donne une meilleure gestion des distances, surtout lors d'agressions au sabre ou avec un bâton.

L'enseignement du Maître comportait beaucoup de travail sur les angles. Contre une attaque au sabre, on ne doit pas demeurer dans la distance que l'arme peut balayer. Mais on ne doit pas trop s'en éloigner également. Les angles nous permettent d'avoir ce compromis entre la sécurité et la distance afin de prendre le contrôle.

– Est-ce que l'on doit pratiquer ça rapidement ? demanda l'un des étudiants.

– Si tu peux les faire correctement, oui. Mais ce n'est pas le cas de la plupart des gens. Il vaut mieux aller lentement afin que le corps se moule dans les bases. Il faut être conscient de chacune de nos articulations. Un genou dans une direction différente d'un coup de poing et l'on vient de perdre vingt pour cent de puissance. Certaines bases sont reliées à diverses façons de bouger. Il est facile de tourner le bassin à la manière du vent sur une technique terre. Mais si les bases ne sont pas bien assimilées, cela fera un piètre combattant.

En disant cela, il me fixait dans les yeux. Il parlait justement de l'un des problèmes que j'avais eu de la difficulté à corriger. J'avais pratiqué des arts martiaux axés sur le vent avant de le rencontrer. Une partie de mes prestations s'inspiraient de ce passé martial. Le vieil homme reprit ses explications.

– C'est évident que sur un champ de bataille, les bases ne s'utiliseront pas exactement de la façon dont elles sont enseignées. On les adaptera aux besoins du moment. Mais si l'on ne peut découper une planche convenablement, il y a de fortes chances que le bateau prenne l'eau, dit-il en riant. Lorsqu'on les maîtrise suffisamment, on doit les modeler à la situation. Les bases servent à toutes sortes d'utilisations. On doit regarder de quelle façon on peut les ajuster au combat à mains nues contre des armes. Une clé de poignet de base peut s'appliquer pour contrôler quelqu'un qui nous attaque au sabre. La clé ne sera pas identique, la direction où l'on bougera sera totalement différente, mais la fluidité dans le déplacement, la stabilité dans la démarche, tout ce que l'on a acquis avec ces bases feront en sorte que l'on soit victorieux.

Durant un instant, j'eus l'impression que le Maître était devenu soucieux. Il nous regarda l'un après l'autre avant de continuer.

– Naturellement, si vous faites ces exercices à débarras, si le cœur n'y est pas, n'espérez pas que l'esprit des anciens vous aide dans votre combat. Seul un cœur pur peut accéder à un état supérieur. Vous pouvez tromper vos professeurs ou vous mentir à vous-même, mais vous ne pourrez pas berner les *kamis*.

Il avait hésité à nous parler de ce niveau spirituel. Je comprenais maintenant pourquoi il semblait soucieux. À cette époque, moi-même je ne saisissais pas trop bien ces propos concernant *kokoro*, un cœur pur. Dire que l'esprit des anciens ne nous aiderait pas, cela dépassait quelque peu ma vision des arts martiaux. Ce ne fut que beaucoup plus tard que j'assimilai l'importance de cet enseignement. Il sembla hésiter, puis il continua sur le sujet.

– Dans un combat, lorsque tout est désespéré, on peut se brancher à l'esprit des *kamis* si le cœur est prêt pour cela. Attention, souvenez-vous des paroles d'un des plus grands sabreurs du Japon, Musashi Myamoto : « Respectez les dieux, mais en cas de problèmes ne vous fiez pas à eux. »

– Ce n'est pas contradictoire ce que vous venez de dire ? dis-je.

– Se connecter ne veut pas dire qu'on s'attende à ce que les *kamis* fassent tout le boulot à notre place. Ils sont une source d'inspiration. Ils vous guideront dans vos mouvements. Beaucoup de gens qui s'intéressent à la culture asiatique ou indienne recherchent le *satori*. La quête de l'éveil peut se faire par le biais de la méditation et elle peut s'accomplir également par le travail du corps. Pratiquer les bases dans l'état d'esprit approprié est une forme de méditation très puissante.

– C'est pour cela que vous ne nous faites jamais faire de séances de méditation ? demanda un étudiant.

– Si vous avez le bon esprit et que votre cœur est pur, vous en faites à chaque entraînement. Il s'agit de solliciter l'esprit des anciens pour vous aider dans votre quête.

Quelques années plus tard, je commençais à comprendre cet étrange lien que nous pouvions avoir avec ces aïeux. Un jour, j'étudiais avec un autre professeur japonais de haut niveau. Il ne semblait pas du tout en forme. Il était visiblement fatigué et stressé. Il ne paraissait nullement satisfait des techniques qu'il nous montrait. Je l'observai au moment où il alla regarder la photo d'un vieux Maître décédé. Il lui fit une courte prière et, à partir de cet instant, ce n'était plus du tout le même professeur qui se trouvait devant moi. Son enseignement était à des années-lumière de celui qu'il nous faisait faire au début de la classe. J'utilisai par la suite à plusieurs reprises cette demande d'aide aux *kamis*. Dans des moments où j'étais fatigué, où mes idées s'entremêlaient, je me servais alors de ces principes de connexion. J'eus souvent la surprise d'enseigner des choses performantes, des techniques que je n'avais jamais vues auparavant.

Chapitre 28
Du pain et des jeux

Amuse-toi bien
Un vin rouge à la main
Tel est ton futur

Nous passions devant un *Seizaria*, un restaurant-minute à l'italienne très populaire au Japon. Dans ces établissements, le ratio de cuisiniers est d'un pour cent clients. Le chef est un spécialiste du micro-onde. Le rapport qualité-prix attire une nombreuse clientèle, surtout des jeunes sachant qu'ils seront servis en un temps record.

– Arrêtons grignoter quelque chose, me dit mon professeur. J'ai une petite fringale.

– Quoi ? Vous, dans un restaurant comme celui-là ? Je croyais que vous détestiez la nourriture industrielle ?

– De temps à autre, il faut bien habituer notre estomac à manger n'importe quelle sorte de bouffe. Si un cataclysme survient et que l'on est malade parce qu'on est trop sensible à plusieurs aliments, il y a de grandes chances que l'on ne puisse survivre. On doit endurcir notre estomac et ainsi parer à toute éventualité.

Je n'avais jamais songé à cela. Il est vrai qu'en cas de situation d'urgence, une diarrhée n'était pas une bonne chose. Une jeune fille d'à peine seize ans nous conduisit dans la section non-fumeurs. Dans ce type de restauration, il n'était pas rare de voir des adolescents y travailler très tard le soir. Le Maître prit le menu et en tourna rapidement les pages. Puis sans me demander si j'étais prêt à commander, il appuya sur le bouton afin d'appeler la serveuse.

– Eh ! Mais je n'ai même pas regardé le menu.

– Pas besoin, dit-il. Je suis sûr que tu le connais par cœur.

Il n'avait pas tort, je savais que je mangerais une pizza salami. Il choisit une *doria* aux fruits de mer, un plat de riz avec sauce béchamel et un peu de fromage gratiné qui recouvrait quelques crevettes ici et là. Comme à bien des endroits, ils offraient le *dorinkubar* pour un prix dérisoire. On pouvait y prendre du café, du thé, des jus et des boissons gazeuses à volonté. Je ne me gênais pas pour ce qui était du café. Le Maître regarda autour de lui. À travers une clientèle jeune se disséminaient quelques ainés et quelques *sararimans*, des travailleurs en veston et cravate. Il n'y avait pas une table où au moins une personne tenait un cellulaire à la main.

– *Panem et circenses*, dit le vieil homme.

– Quoi ? Ce n'est pas du japonais ça.

– Non, c'est du latin. Cela veut dire du pain et des jeux.

– Comment cela, du pain et des jeux ?

– C'est une vieille expression romaine qui dit que si tu nourris ton peuple et que tu lui donnes suffisamment de choses intéressantes à faire ou à regarder, il ne s'occupera pas de la manière dont tu le dirigeras. S'il est bien gras et qu'il s'amuse, que peut-il demander de plus ? C'est une excellente façon de prévenir des soulèvements et des révolutions.

– C'est parce que les gens utilisent leur cellulaire que vous dites cela ?

– En partie. La plupart des personnes ne se préoccupent pas de savoir qui les gouverne et comment ils dépensent leur argent. Bien sûr, ils vont critiquer un certain temps, mais dès que le nouveau jeu vidéo ou la dernière série télé arrivera, le changement de sujet se fera instantanément. Les priorités ne sont pas les mêmes pour tout le monde.

– Heureusement que les gens qui font des arts martiaux ne pensent pas comme ça.

Le vieil homme me regarda en haussant un sourcil.

– Tu crois vraiment ce que tu racontes ? me dit-il. Pour la majeure partie des pratiquants, le *budo* est un loisir et non une philosophie de vie.

Son ton était amer, je pouvais sentir un certain regret dans sa voix.

– Mais est-ce si mauvais que les gens s'amusent, qu'ils ne se préoccupent pas de politique ?

– En agissant ainsi, ils se privent de conscience. Ils ne voient plus ce qui gère leur quotidien. Ils sont dans un mode latent où ils laissent le temps s'écouler jusqu'à leur mort.

Je ne m'attendais vraiment pas à une philosophie de ce genre avec lui.

– Oui, mais ce fut toujours ainsi, non ? À votre époque les gens lisaient des livres, est-ce que ce n'était pas le même phénomène qui se produisait ?

– Un livre, un vrai livre, apporte des outils de réflexion. Il en résulte souvent une prise de conscience, une philosophie de vie. Les livres nous enseignent à être plus près de nos émotions. Passer au travers demande du temps, exige des moments calmes pour pouvoir les apprécier. Parcourir un bouquin, c'est faire un effort. Dans un livre, on revient aisément en arrière pour revoir un passage dont on a pas bien saisi le sens. La plupart des personnes ne prendront pas la peine de revenir en arrière sur une vidéo. Les gens sont trop pressés, ils sont comme des militaires qui se dépêchent de bouger pour aller attendre ailleurs. De nos jours, les reportages dans les journaux doivent être brefs sinon les gens ne les liront pas jusqu'à la fin. Il y a un désintérêt pour tout. L'être humain en est rendu à fuir, à vouloir se réfugier dans un endroit intemporel où il sera à l'abri de tout problème.

Je me sentais un peu mal. Je venais de réaliser que je faisais partie des gens qui préféraient des articles plus courts, donc un peu moins bien documentés. Je me contentais d'approfondir la nouvelle de façon superficielle.

– Les Romains avaient compris qu'il ne faut pas laisser le peuple trop réfléchir. S'il a faim ou qu'il n'a pas de centre d'intérêt, il devient la proie facile pour des politiciens véreux ou des religions invasives qui désirent prendre en charge ces esprits laissés à eux-mêmes.

La jeune serveuse arriva avec nos plats. Une volute de fumée montait de sa *doria*. Je pris le couteau et découpai ma pizza en une multitude de petites pointes. Puis j'allai au comptoir des breuvages et je revins avec un café et une tasse de thé pour mon Maître. Il continua la conversation comme si elle n'avait jamais été interrompue.

– Les gens lisent les gros titres, une catastrophe à tel endroit, la navette spatiale a explosé, cent personnes sont mortes lors d'un attentat. Vingt minutes plus tard, la plupart sont retournés à leurs passe-temps favoris s'ils n'ont pas les pensées occupées par leur travail.

– Mais il faut bien travailler si l'on veut manger.

Je ne voyais pas ce qu'il pourrait bien répondre à cela. Je le sous-estimais.

– L'indice de pauvreté dans les pays riches s'est accentué. La classe moyenne diminue. Les gens se sont habitués à un train de vie supérieur et ils devront apprendre à s'adapter. La plupart d'entre eux ont perdu le sens des valeurs, de la lutte pour la survie. Combien se tourneront vers le suicide dès qu'ils perdront le petit confort qu'ils ont acquis ?

Je n'étais plus certain d'avoir le goût d'avaler ma pointe de pizza.

– Ce qui est intéressant dans tout ça, dit-il, c'est que les gens qui n'ont jamais rien eu ne penseraient pas à s'enlever la vie. Leur bonheur ne se calcule pas à leurs possessions, mais plutôt aux relations qu'ils ont avec les membres de leur famille et de leur entourage. Eux seront prêts à combattre pour leur bonheur.

– Lorsque j'étais en voyage au Mexique, je suis allé dans des villages pauvres, où l'habitation familiale consistait en une cabane d'une seule pièce. Une pauvreté extrême, mais une richesse incroyable. En regardant la joie qu'avait une mère à discuter avec ses enfants, j'ai compris que la notion du bonheur n'était pas la même partout.

– C'est pour cela que le pain et les jeux sont importants. Occuper le peuple est le meilleur moyen d'assurer la tranquillité des dirigeants. Ils peuvent faire passer des lois sans que personne ne le remarque.

– Qu'est-ce que l'on peut faire ? Interdire l'utilisation des jeux vidéo ?

– Il n'y a pas grand-chose que l'on puisse faire. Il faut attendre.

– Attendre quoi ?

– Avec un peu de chance, les prochaines générations ne voudront pas adopter le mode de vie de leurs parents. Alors, peut-être y aura-t-il un espoir pour le futur.

– Mais si ça demeure identique et même, si ça devient pire, que se passera-t-il ?

– Ça sera une minorité de personnes qui dirigeront le monde. Les grosses compagnies et quelques hommes politiques puissants pourront tirer les ficelles assez facilement. Mais ça, c'est de la science-fiction, ça ne pourrait pas arriver, dit le Maître en plongeant sa cuillère dans sa *doria* qu'il avait laissé refroidir.

Chapitre 29
Le rythme

Le cœur du rythme
L'énergie d'un seul instant
L'âme confuse

– Que vous le vouliez ou non, les rythmes dirigent votre vie. Dès l'instant précis où vous ouvrez les yeux le matin, vous êtes déjà victime d'un tempo qui guidera vos actes tout au courant de la journée.

J'avais à peine mis les pieds dans le dojo que le vieux Maître parla de l'importance du rythme. Non seulement en combat, mais également dans la vie de tous les jours.

– Que ce soit parce que vous êtes pressé ou en retard, ou simplement que vous n'avez strictement rien à faire, votre corps, votre esprit et vos émotions vont suivre la cadence dictée par votre agenda ou par le stress du moment.

Je n'avais jamais envisagé mon lever du lit sous cet angle. Est-ce qu'il disait que nous ne contrôlions pas notre vie ? Ce matin-là, nous étions une quinzaine d'étudiants dans le dojo pour suivre la dernière classe de l'année. Quelques jours auparavant, comme le voulait la coutume, nous avions nettoyé tout le bâtiment de fond en comble. Tout ce que pouvait contenir l'édifice avait été étalé sur des toiles à l'extérieur. Chaque objet avait été lavé individuellement. Les murs avaient été mis à nu. Même les lampes fluorescentes très hautes juchées furent démontées et frottées une à une. Au Japon, on fait le grand ménage à la fin de l'année dans le but d'entreprendre le Nouvel An du bon pied. Je pense que j'avais donné l'idée au Maître d'axer la classe sur le rythme en lui disant, après avoir fini le travail, que nous avions fait un bon nettoyage grâce à une allure très rapide où personne ne flânait, où chacun se trouvait une nouvelle tâche dès qu'il en terminait une. Le vieil homme poursuivit sa réflexion.

– Toute notre vie, nous sommes soumis à différentes cadences. Comme au combat, ce tempo peut varier en une fraction de seconde. Nous devons apprendre à nous adapter à ces changements brusques sans perdre de vue nos objectifs. Il faut acquérir le rythme qui est nécessaire au moment où l'on en a besoin. Comme le disait Myamoto Musashi : « Lorsque l'on possède complètement une théorie alors il faut s'en détacher. La voie de la tactique est une voie libre. » On doit pouvoir demeurer libre, peu importe l'action qui nous est imposée. Plusieurs personnes deviennent confuses lors d'un tel changement de rythme.

J'eus la mauvaise idée de vouloir faire un commentaire sur le sujet.

– Je connais bien les changements de rythme. Lors de compétitions sportives, je m'en servais régulièrement. On bouge lentement puis on avance rapide comme l'éclair. Le problème est que l'on s'habitue en peu de temps à cela et il devient facile de ne plus se laisser confondre par cette variation de vitesse.

Le Maître me regarda sans rien dire. J'eus l'impression que j'aurais fait mieux de me taire. Je m'attendais au pire.

– Bien, place-toi en position de combat et essaie de t'adapter. Si tu ne me bloques pas, je te frappe.

Il se positionna à une distance suffisamment rapprochée pour pouvoir me toucher de l'une de ses mains. Il prit une posture agressive à la façon d'un boxeur. J'étais préparé à ce que, fidèle à son habitude, il se tienne presque immobile. Mais au lieu de cela, j'eus l'impression que son corps se mouvait en un rythme endiablé. J'étais persuadé qu'il tenterait d'accroître sa cadence, mais cela paraissait impossible qu'il puisse l'augmenter tellement il bougeait déjà rapidement. Je pouvais le bloquer facilement dans ce mode de combat. Je me trouvais dans mon ancien élément, la compétition sportive. Je m'attendais à une détente explosive de l'un de ses bras. Mais au lieu de cela, son corps donna l'impression de ralentir, ses épaules se relâchèrent, il semblait abdiquer. Avant que je ne puisse réaliser ce qui se passait, je reçus une forte tape sur la tête. S'il avait voulu frapper mon nez, ça aurait facile pour lui de le faire à ce moment-là. J'avais regardé son bras se déplier sans que je ne puisse réagir suffisamment vite pour l'empêcher de m'atteindre.

– Je vais te refaire la même chose, voyons si tu peux t'adapter.

Le résultat fut le même. Mon crâne était devenu un instrument de percussion. Chacune de mes tentatives pour contrer ses attaques se soldait par un échec humiliant.

– Je ne comprends pas. J'ai l'impression que j'ai toujours un long temps de retard sur vous. J'ai compris, vous m'avez hypnotisé.

– Je n'ai pas eu besoin de ça, dit-il en souriant. Ton cerveau est capable de s'accorder à un changement de rythme qui accélère. Mais lorsqu'il doit s'ajuster face à un ralentissement, il a plus de difficulté à se synchroniser. L'adrénaline prend un certain temps à s'évacuer. Le corps est prêt à réagir rapidement alors qu'il peine à contrer des gestes lents. Tu t'étais fait à l'idée que je t'attaquerais en augmentant ma vitesse et tu es demeuré prisonnier de cette pensée. Il faut que ton esprit reste libre, qu'il s'adapte, qu'il n'essaie pas d'anticiper.

– Mais vous aviez déjà dit qu'un combat est un jeu d'échecs où l'on doit positionner nos pions en fonctions des coups à venir.

– Il y a une différence entre savoir ce qui va se passer et présumer de ce qui va arriver. L'être humain est naturellement synchronisateur. Il tente généralement de s'harmoniser à l'action autour duquel il gravite. Si quelqu'un monte le ton, tes biorythmes vont s'accélérer. Au contraire, si la personne que tu côtoies est calme, probablement que tu te relaxeras.

Une musique émanant de l'arrière du dojo coupa la parole du Maître. Il fit quelques pas et pointa un doigt en direction d'un cellulaire qui laissa échapper une sonnerie plutôt endiablée. Le propriétaire se déplaça afin de fermer le dérangeant appareil en tentant de s'excuser. Le Maître récupéra la maladresse de cet étudiant.

– Vous venez d'entendre un bel aperçu du rythme. La musique est le meilleur exemple de sa puissance. Le type de mélodie que vous écoutez est un bon indice de la cadence à laquelle se synchronise votre personnalité.

Là, j'étais à nouveau perdu. Je ne comprenais pas ce qu'il voulait insinuer. Cette phrase me semblait dénuée de toute logique.

– Probablement qu'une personne plus encline à l'agressivité aura tendance à écouter de la musique rock plutôt que de la musique classique. Qu'elle soit triste, joyeuse, soutenue, la mélodie que nous entendons aura une influence sur nos fonctions glandulaires. Si ce que vous écoutez est toujours rapide, ne laissant aucune place à la moindre oasis de calme, vous serez disposé à être plus prompt et à réagir en prenant moins le temps de réfléchir.

Maintenant, je comprenais ce qu'il voulait dire. Et en repensant à mes années un peu plus *rock and roll*, je revoyais quelques bribes du comportement impulsif que je possédais à l'époque. Je n'avais jamais fait le lien avec mon lecteur mp3. Était-il possible en effet que cela ait pu avoir une influence sur moi ? Mon rythme de vie était comme la musique que j'écoutais.

– En combat comme en négociation avec d'autres personnes, il faut apprendre à désynchroniser notre mental de notre corps. Même si vous bougez rapidement, vous devez être capable d'être paisible, relaxe. Si vous donnez l'impression d'être calme, de ne pas être là, votre esprit doit avoir la capacité de pouvoir fonctionner à toute vitesse.

Le Maître continua sur le même sujet un long moment avant que nous ne nous mettions à pratiquer l'exercice qu'il avait fait avec moi. Il termina en expliquant que le changement de rythme vise à perturber le cœur de l'adversaire. Je compris plusieurs années plus tard qu'en parlant ici du cœur, il sous-entendait de déstabiliser la volonté et la détermination de notre opposant. Durant plusieurs minutes, je tentai de reproduire la technique qu'il avait démontrée, mais il n'y avait rien à faire, je n'y parvenais pas.

– Est-il possible que certaines personnes soient naturellement immunisées contre ce changement de rythme ? Je n'arrive pas à refaire ce que vous avez réussi, dis-je. Il parvient à me contrer à chaque fois.

Le Maître fit signe à mon partenaire d'aller vers lui. Dès la première tentative, mon coéquipier reçut une tape sur la tête.

– Le problème vient de toi, dit le Maître. Tu bouges vite, puis tu arrêtes brusquement. Il faut que tu ralentisses rapidement sans t'immobiliser d'un seul coup. Tes mouvements ne sont pas naturels. Or, le plus gros du problème naît du fait que ton intellect n'est pas synchronisé avec le reste. Ton visage exprime la même chose, peu importe le tempo que tu utilises. Ton adversaire voit un corps, mais il perçoit aussi des émotions, des intentions. Ton esprit ne suit pas ton corps.

Après plusieurs essais, je compris ce qu'il voulait dire. À partir de là, toutes mes tentatives sur différents étudiants aboutirent à une victoire. Le maître accorda une pause.

– Tout est rythmé dans l'univers. L'électricité, les marées, la lune ou votre patron, tout est soumis à ce phénomène. Si vous réussissez à décrypter le tempo de ce qui vous entoure, vous gagnez un peu plus de contrôle sur votre vie. Que ce soit pour négocier un contrat pour des multinationales ou simplement pour argumenter avec vos enfants, la connaissance et la maîtrise du rythme vous faciliteront la vie.

Mon professeur possédait ce talent de semer de petites graines qui, même si elles prenaient parfois du temps à germer, donnaient de magnifiques fleurs qui nous accompagneraient tout au long de notre vie. Ce ne fut qu'au bout de plusieurs années que je compris tout ce que le rythme impliquait. Le plus beau est que, régulièrement, je découvre de nouvelles fonctions qu'il nous impose. Le Maître avait terminé la classe avec quelques mots qui s'étaient avérées être un déclencheur pour moi.

– Bien utilisé, le changement de rythme amène l'opposant à un moment de confusion. En agissant de la sorte, on l'entraîne en dehors de son propre rythme.

Une question m'était venue à l'esprit.

– Est-ce que dans la vie de tous les jours, on doit toujours être conscient du rythme ?

– Il ne faut pas tomber dans l'excès. Pensez simplement que soit l'on subit un rythme soit que c'est nous qui donnons la cadence.

Chapitre 30
Manque d'équilibre

Le pas chancelant
L'esprit déséquilibré
L'harmonie s'enfuit

– Si ça continue, il va falloir te procurer une marchette.

Je repris mon équilibre et j'enchaînai d'un coup de pied circulaire en direction de la tête du vieil homme. C'est à peine s'il la recula pour laisser passer mon pied. Au moment où je m'apprêtais à déposer mon pied au sol, il appuya légèrement sur mon épaule. En me poussant dans un angle bien précis. Je me sentis déporté vers ma gauche, m'éloignant de lui. Prendre de la distance n'était pas un problème, mais lui tourner le dos...

Au moment où je rouvris les yeux, je vis un oiseau passer entre les branches espacées de la clairière.

– Co... comment avez-vous fait ça ?

– Te faire tomber ou t'endormir ? me demanda mon professeur en souriant.

Mes pensées étaient encore un peu confuses.

– Euh ! Les deux.

– Pour l'évanouissement, ç'a été facile, j'ai juste eu à frapper un peu fort un de tes plexus, que tu as rendus particulièrement vulnérables en te tenant sur un seul pied. Ah oui, c'est vrai ! Tu te trouvais sur une jambe parce que j'ai retourné ton faible sens de l'équilibre contre toi.

C'était la première fois que l'on abordait ce sujet. Comme tout le monde qui pratique les arts martiaux depuis longtemps, je croyais que je maîtrisais bien mes déplacements. Mais en un instant, il venait de semer des doutes dans mon esprit concernant ma stabilité.

– Vous pensez que je ne maîtrise pas bien mon corps ?

– Pas seulement ton corps, il faut trouver le juste milieu autant dans ta tête que dans tes déplacements. Tu y mets tellement de puissance, qu'il en devient facile pour moi de te contrer.

Le vieil homme se rapprocha de moi.

– Saisis-moi en *uchi komi*, m'ordonna-t-il.

Ma main droite l'empoigna au collet pendant que ma gauche se déposa à hauteur de son biceps droit. Cette façon de se tenir, si chère au *judoka*, venait de l'époque des samouraïs. La main droite agrippait l'une des courroies qui retenaient le plastron de l'armure tandis que l'autre main empêchait l'adversaire de dégainer son sabre.

– Maintenant, essaie de me déséquilibrer, me dit mon mentor.

J'avais beau forcer, feinter, tirer, pousser et même soulever, il n'y avait rien à faire pour le déstabiliser. Le pire dans tout ça, j'avais la sensation qu'il ne forçait aucunement, se contentant de bouger légèrement tout en changeant l'angle de ses bras. Après tous ces efforts inutiles, je relâchai mon étreinte.

– J'ai compris. Par où on commence ?

Le vieil homme me regardait en hochant la tête. Il donnait l'impression de ne pas savoir par où débuter. Peut-être étais-je un cas trop désespéré.

– Qu'est-ce que l'équilibre pour toi ? me demanda-t-il.

– C'est de pouvoir contrôler son corps sans être déporté d'un côté ou d'un autre.

– Tu as raison, et de ce côté tu n'es pas trop mal.

Mon égo accueillait le compliment avec joie.

– Tu n'es pas mauvais lorsque tu agis seul. Je suis sûr que tu peux marcher aisément sur une poutre. Mais dans les arts martiaux, l'équilibre, c'est quelque chose qui se fait à deux.

Je ne voyais vraiment pas comment on pouvait faire cela à deux. Il ne me laissa pas le temps de méditer sur le sujet.

– Un combat est quelque chose que l'on ne fait pas seul. On doit apprendre à utiliser son adversaire à tous points de vue, même pour se stabiliser. On va faire un exercice simple. Tu vas marcher les yeux fermés autour de ce gros arbre, je veux que tu remarques chaque oscillation, chaque petit déséquilibre que ton corps subira.

Je m'exécutai sans poser de question. Après trois passages autour de l'arbre, il m'arrêta.

– Je n'avais jamais réalisé qu'en me concentrant sur ces déséquilibres, on pouvait les ressentir autant.

– Cet exercice t'a probablement permis de mieux sentir ces micros déséquilibres qu'un adversaire expérimenté peut utiliser.

– C'est ce que vous avez fait avec moi tout à l'heure, n'est-ce pas ?

– Oui, mais maintenant, tu vas refaire le même exercice en t'aidant avec ceci.

Il me tendit une branche, que dis-je, une brindille d'environ vingt centimètres. Je repris la lente marche en l'appuyant sur l'arbre. Le changement était extraordinaire. Comment une brindille aussi frêle pouvait-elle réussir à me stabiliser de la sorte ?

– C'est incroyable. Comment est-ce que...

Il ne me laissa pas le temps de poser ma question.

– L'équilibre est quelque chose de fragile, mais également quelque chose de facile à manipuler. Ce n'est qu'une question de *timing*. Avant même que ton corps ne soit emporté par un de ces minuscules débalancements, il compensait en s'appuyant sur ce qui te servait de béquille.

– Ça n'a pas de sens, la brindille ne peut supporter le poids de mon corps.

– Elle n'a pas à le faire, elle n'a qu'à lui indiquer qu'il y a une perte d'équilibre. Elle amplifie ton acuité tout en t'aidant à reprendre le contrôle. C'est ce que je faisais avec toi tout à l'heure lorsque tu m'agrippais. Tu remplaçais la brindille.

– Oui, mais lorsque je vous attaquais à coups de pied, je ne vous déséquilibrais pas.

– C'est exact. C'est ici qu'*ishiki* entre en scène. Lorsque l'on s'entraîne avec la petite branche ou qu'on utilise un partenaire pour se stabiliser, petit à petit on commence à prendre conscience de ces faiblesses non seulement sur nous-mêmes, mais également sur un adversaire.

Ça paraissait trop simple, il devait y avoir autre chose.

– Mais... rajoutai-je ?

– Mais ça demande de développer une bonne connaissance biomécanique du corps humain pour être optimale. Agrippe-moi.

Comme je l'avais fait auparavant, je le saisis de nouveau en *uchi komi*.

– Je vais briser ta posture, essaie de résister et de comprendre ce que j'aurai fait.

En l'espace d'une fraction de seconde, je me retrouvai à tomber à ma gauche, sans que je ne puisse y faire quoi que ce soit.

– Comment avez-vous fait ? J'ai l'impression que vous n'avez rien fait.

Il se rapprocha de moi et, de nouveau, il me saisit à la façon d'un *judoka*.

– Il faut comprendre comment fonctionne le corps humain. Que se passe-t-il si je soulève ton bras droit ?

Je suis déporté légèrement sur ma gauche, mais je suis toujours stable.

– Bien, mais si en même temps, je dépose ma main droite sur ton épaule et que je la déplace un peu vers l'arrière.

C'est à peine s'il poussa mon épaule de quelques millimètres.

– Je me retrouve arqué sur mes lombaires. C'est ce que vous m'avez fait, n'est-ce pas ?

– Oui, mais en situation de combat, c'est trop rapide pour que tu réalises ce qui se passe. C'est pour ça qu'il faut utiliser notre brindille pour nous stabiliser. Essaie de me projeter comme tu veux, me dit-il en m'agrippant fortement.

J'avais beau tenter de me rapprocher de lui afin de me coller à lui pour le faire tomber, je n'arrivais pas à me positionner convenablement. Non seulement je ne parvenais pas à le contrôler, mais j'avais l'impression qu'il me manipulait comme une marionnette.

– Où est la brindille ?

Je ne comprenais pas comment il me maintenait à distance.

– Comment pouvez-vous réagir si rapidement à mes mouvements ? Moi-même je ne sais pas ce que je vais faire d'un instant à l'autre.

– C'est simple, j'augmente mon équilibre en me servant de toi. Observe mon bras droit comment je le positionne.

Au lieu de tenir son coude droit devant lui, comme on saisit habituellement, sa main droite m'agrippait en gardant la paume vers le bas. Son coude, parallèle au sol, pointait vers l'extérieur. Je venais de comprendre que son bras agissait comme un levier. Il n'avait pas besoin de voir que je tentais une projection. Dès que je m'approchais de lui, son bras tendu le faisait automatiquement reculer, rendant impossible une prise classique. Il me fit faire ainsi plusieurs exercices qui m'amenèrent progressivement à mieux sentir non seulement mes propres déséquilibres, mais aussi les siens.

– Tout à l'heure, vous parliez du juste milieu autant dans ma tête que dans mon corps. Que vouliez-vous dire par là ?

– Si tu aspires trop à gagner un combat, probablement que tu vas avoir recours à une énergie plus forte que nécessaire pour arriver à ton but. Le coup de pied circulaire que tu as utilisé contre moi était tellement puissant que tu n'avais d'autre choix que de sacrifier ton équilibre. Trop vouloir n'est pas mieux que pas assez. Lorsque l'on désire trop fort, cela frôle l'obsession qui, elle, mène à une perte de contrôle. Il faut apprendre à trouver le juste milieu.

J'avais déjà lu quelque chose à ce sujet en me renseignant sur le bouddhisme. Cet entraînement avec mon professeur fut le premier d'une longue série concernant le travail sur l'équilibre. Aujourd'hui encore, lorsque je marche le long d'un mur, je m'amuse à voir comment le simple contact du bout d'un ongle sur sa surface peut changer ma façon de me déplacer.

Chapitre 31
Bugeï

Sans une réflexion
Le lion a réagi
Question de survie

Comme cela m'arrivait à l'occasion, j'accompagnais mon professeur lors de ses balades avec ses chiens. La nuit arrachait au jour ses derniers rayons de soleil. La chaleur torride de l'été ne semblait pas du tout affecter ses animaux de compagnies qui se promenaient d'un pas rapide. La conversation avait dérivé sur les différentes catégories de pratiquants d'art martial. Bien sûr, nous en avions discuté à plusieurs reprises, mais chaque échange sur le sujet m'apportait de nouvelles bribes de compréhension.

– Tu m'as déjà dit que lorsque tu participais à une compétition avec tes étudiants, vous reveniez toujours avec un nombre impressionnant de trophées.

– C'est exact. Mais mes élèves travaillaient fort pour arriver à ce résultat.

– D'après toi, qu'est-ce qui rendait ton équipe aussi performante?

À l'époque, je ne m'étais jamais arrêté à analyser nos victoires de cette façon. Je me contentais de récolter les honneurs. Mais en y réfléchissant bien, un point en particulier ressortait.

– Je crois qu'une partie de notre succès reposait sur l'entraînement que je leur faisais suivre.

– Qu'est-ce qui les rendait si bons? me demanda le vieil homme.

– Les automatismes. J'obligeais mes étudiants à répéter constamment les enchaînements les plus appropriés. Je leur enseignais également des façons de battre en retraite pour mieux réattaquer. L'adversaire était sûr qu'il venait de prendre le dessus, mais à la dernière seconde, nous exploitions les portes qu'il laissait ouvertes parce qu'il devenait trop confiant.

– Donc, tu penses que le secret de la victoire reposait sur les automatismes?

– Oui! C'est certain.

– Je te crois. L'un des meilleurs moyens d'optimiser la vitesse d'un combattant est d'économiser du temps sur l'élaboration de la riposte.

– Que voulez-vous dire?

– C'est simple. Lorsqu'un poing arrive en direction de ta figure, l'œil le perçoit. L'image est transmise par le nerf optique et se rend jusqu'à ton cerveau où les impulsions électriques sont transformées en informations. La réponse à cette analyse est quelque chose comme:

« Oh non, il y a un poing qui s'en vient dans ma figure, il faut que je fasse quelque chose. » Après avoir constaté le danger, le cerveau établit une stratégie. Tout ce mécanisme prend du temps. Ensuite, en passant par les nerfs à la vitesse de cent mètres à la seconde, le cerveau envoie les ordres aux muscles de réagir. C'est seulement une fois que tout ce processus est achevé que le bras va se lever pour tenter de bloquer l'assaut. Inutile de dire que le défenseur est en retard sur l'agresseur.

Je n'avais jamais vu une attaque au poing sous cet angle. Je me demandais bien où cela nous mènerait, jusqu'au moment où j'eus un déclic.

– C'est là que les automatismes entrent en ligne de compte.
– C'est exact, me dit-il. Ils permettent de sauver du temps sur l'élaboration d'une stratégie pour se protéger. En évitant d'avoir à choisir diverses options, le corps réagit plus rapidement.

Je réalisais soudainement que si j'avais insisté encore plus, nous aurions pu performer davantage. Mon professeur enchaîna.

– Ces automatismes qui sont si bénéfiques peuvent devenir dangereux lorsqu'ils sont utilisés pour des sports de combat.
– Ce que j'enseignais était tout de même un art martial.
– Si tu le dis.

Ces quelques mots étaient frustrants. Il venait de sous-entendre que je ne pratiquais pas un art martial, mais un sport de combat.

– Quelle différence y a-t-il entre les deux ? Je n'en vois pas, les deux sont faits pour se battre.

À cette époque, cette réponse ne pouvait être que la vérité dans ma petite cervelle de débutant.

– Il y en a une énorme, me dit mon professeur. Dans le *budo* traditionnel où il n'y a pas de compétition, le but ultime est la survie. C'est ce que l'on appelle un *bugeï*, c'est ce que je te transmets.
– C'est ce que j'enseignais à mes étudiants, de survivre à une attaque.
– Ah oui ! Est-ce que tu leur montrais comment crever des yeux ou briser un genou ?
– Mais si, j'en parlais… un peu.

En passant sous un lampadaire, je pus voir le regard du vieux Maître qui me fixait du coin de l'œil.

– Et est-ce que tu pratiquais les automatismes de planter les ongles dans les yeux ou de détruire une articulation ? me demanda-t-il le plus sérieusement du monde.
– Bien sûr que non, je ne suis pas fou.
– C'est pour ça que tu enseignais un sport de combat. Imagine une compétition où l'un des deux participants n'ayant plus d'autres options, sans y réfléchir, enfoncerait ses doigts dans les yeux de son adversaire. Ces conditionnements liés à la survie ont tous été enlevés

des sports de combat pour éviter de tels accidents. C'est une bonne chose, sinon ça deviendrait un carnage.

Je comprenais où il voulait en venir. En y repensant bien, la plupart des techniques que je montrais à l'époque étaient politiquement correctes. Si je le compare avec ce qu'il m'enseignait, mon ancien art martial était un jeu d'affrontement. Le vieil homme traversa soudainement la chaussée pour se rendre aux distributrices sur le coin de la rue. Il sermonna un jeune qui tentait de soutirer une bouteille d'alcool d'une des machines. J'avais déjà remarqué auparavant des adultes remettre dans le droit chemin des enfants qui n'étaient pas les leurs. L'adolescent regardait le sol pendant que le Maître lui parlait. Il ne haussait pas le ton, mais je devinais que chacune de ses paroles devait porter fruit. Le jeune s'inclina à plusieurs reprises puis s'en alla.

– Ça fait partie de mon art martial, protéger les gens, parfois contre eux-mêmes.

– Pourquoi lui avez-vous fait la morale? Il n'aurait pas pu rien acheter, il lui aurait fallu une carte d'identité prouvant qu'il est majeur.

– On ne sait jamais, c'est de la technologie, et la technologie c'est loin d'être toujours fiable, me dit celui qui ne possédait pas de PC.

– C'est pourquoi vous n'aimez pas les ordinateurs, demandais-je.

– Je n'ai rien contre, ça peut être utile parfois. Mais trop de personnes arrêtent de vivre et de penser par eux-mêmes devant ces machines. C'est trop vite, trop irréfléchi. Auparavant lorsque quelqu'un rédigeait une lettre, il prenait le temps de peser les mots, de choisir le bon, le plus approprié pour charmer, expliquer ou sermonner. Aujourd'hui, les gens ont perdu le sens de la valeur des mots, ils écrivent sans trop réaliser le poids de ces écrits. Combien de personnes envoient un courriel sous l'impulsion des émotions du moment et le regrettent par la suite? Coucher ses pensées sur le papier n'est plus une voie.

Je profitai de ses dernières paroles afin de ramener la conversation sur les arts martiaux.

– Une voie comme le *do* de Aikïdo, de kendo et d'autres arts martiaux?

– C'est exact. Là aussi, il y a eu une épuration des techniques comme dans les sports de combat.

– Que voulez-vous dire? Il n'y a pas de risque de mauvais automatismes, car il n'y a pas de compétition dans plusieurs des arts martiaux en *do*.

– Oui, mais le *do* signifie la voie, la voie spirituelle. Beaucoup de ces arts misent sur une certaine codification gestuelle afin de créer un état méditatif. Il est difficile de se recueillir lorsque la violence est l'agent d'ignition de la technique.

Je n'avais jamais envisagé ces arts martiaux sous cet angle. Mais en y réfléchissant bien, c'était tout à fait logique. Il continua ses explications.

– Ces arts utilisent l'un des chemins qui peuvent mener au *satori*.

Je savais que ce mot japonais pouvait se traduire approximativement par illumination, une compréhension de l'univers.

– Pour y arriver, l'étudiant doit exécuter de nombreuses répétitions en prenant grand soin de recréer les mêmes gestes. C'est une méditation par le corps et l'esprit. Mais le mantra est surtout fait par le corps. Une fois la chorégraphie bien assimilée, le mental trouve le chemin de la quiétude.

– Mais alors pourquoi est-ce que vous ne m'obligez pas à refaire les mouvements de la même manière avec la même exactitude ?

– Parce qu'aucune agression n'est totalement identique. Chacune d'entre elles est différente. Si le pied de l'assaillant n'est pas dans le même angle, la réponse ne pourra être la même. Chaque circonstance est unique et le but n'est pas de reproduire une situation, mais d'apprendre à t'adapter à chacune d'entre elles.

J'avais déjà, à cette époque, réalisé que si l'attaque différait le moindrement, je devais m'ajuster à ce que mon adversaire me donnait. Le vieil homme continua.

– Dans un bugeï, ce n'est pas nous qui décidons de la technique à utiliser. C'est elle qui choisit pour nous. On doit réagir selon la situation. Établir à l'avance la stratégie à effectuer, c'est s'exposer à perdre le combat. Si tout ne se déroule pas comme on l'avait prévu, on peut être déstabilisé, c'est pourquoi je t'enseigne à réagir plutôt que de tenter de prédire. On peut anticiper des contextes, mais la façon exacte dont l'adversaire attaquera, ça, c'est plus difficile. Bien sûr, on peut l'amener à donner le coup de poing ou de pied de la manière que l'on veut, mais il y aura toujours quelques petites variantes dont il faudra se méfier.

Tout ça paraissait si simple, dit de cette façon. Mais dans le *budo*, et surtout avec mon professeur, j'ai appris que rien n'est aussi évident qu'il n'y paraît. Une question me vint à l'esprit.

– Mais dans tout ça, qu'est-ce qui est le mieux ?

– Il n'y a pas de mieux. Il n'y a que ce qu'il faut pour combler les attentes des pratiquants. Si quelqu'un est heureux en s'exerçant dans les sports de combat et bien tant mieux. Peu importe ce que l'on choisisse, il faut que ça corresponde aux besoins du moment.

– Du moment... Les arts martiaux c'est l'affaire de toute une vie, c'est beaucoup plus qu'un simple instant.

– Tu parles dans une seule vie ou dans plusieurs ? me demanda celui qui me servait de guide.

Je ne désirais pas aller dans cette direction. Il poursuivit ses explications sans insister sur les vies antérieures.

– Nous ne sommes plus en temps de guerre. La plupart des gens ne se sentent pas menacés. Pour eux, que ce soit des arts en *do* ou des sports de combat, l'important est de combler ce petit quelque chose qui manque à leur quotidien. Pour ceux qui désirent se défendre contre des attaques réelles, ils continueront à chercher jusqu'à ce qu'ils trouvent le bon art martial.

– Oui, mais il y a tellement de professeurs qui vendent leur style avec l'idée qu'ils sont les meilleurs, que leurs étudiants peuvent faire face à toutes les situations.

– Tu ne peux pas sauver l'humanité. C'est là que le jugement du pratiquant doit entrer en ligne de compte. C'est pour cette raison qu'un art martialiste doit se poser les bonnes questions et qu'il ne doit pas se gêner pour interroger son instructeur. Si ce dernier remet l'explication à plus tard, qu'il hésite ou qu'il ignore la demande, alors l'étudiant devrait se questionner sérieusement sur ses compétences. Et s'il a une réponse, il devra apprendre à en juger la pertinence. Dans le vrai *budo*, il n'y a rien d'inutile. Chaque mouvement, chaque technique, chaque angle peuvent être justifiés dans une logique de combat.

– Je me souviens de l'un de mes premiers professeurs qui me disaient que je comprendrais plus tard. Aujourd'hui, je sais qu'il ne pouvait me donner de réponse parce que ce qu'il nous montrait était visuellement spectaculaire, mais que d'un point de vue stratégique, c'était complètement absurde. À l'époque, je n'avais pas la compétence de le voir, mais maintenant, c'est différent. Le plus triste, c'est qu'il enseigne toujours à un grand nombre de personnes.

– Qui demeure avec lui jusqu'au moment où ils réalisent que ce n'est pas bon et que ça peut même être dangereux.

– Oui, c'est exact. Qu'est-ce qu'on peut faire pour éviter cela à ces gens ?

– Tu ne peux rien y faire. Nous sommes la somme de nos expériences, bonnes ou mauvaises. Tu as eu plusieurs professeurs avant moi. Tu les as tous délaissés à un moment ou à un autre. Qu'est-ce qui te dit qu'un jour tu ne t'apercevras pas que ce que j'enseigne est totalement erroné ?

Même si je ne pouvais bien voir son visage, je devinais que le vieil homme s'amusait à mes dépens.

– Ça n'arrivera pas, dis-je avec assurance.

– Ah oui ! Qu'est-ce qui te garantit cela ? Tu es bien sûr de toi.

– Vous n'avez jamais hésité à répondre à mes questions. Maintenant, je n'apprends plus de techniques, je maîtrise des principes, la mécanique fondamentale.

Chapitre 32
Chapeau

Une occasion
L'étincelle du moment
Un instant furtif

Il m'arrivait fréquemment de converser ou plutôt je devrais dire de philosopher avec mon professeur. Le plus souvent, ces moments d'échange avaient lieu lorsque nous mangions ensemble. J'adorais ces instants même si, parfois, il réussissait à me pousser à bout, à mettre en évidence mes défauts et mes traits de caractère dont je ne suis pas très fier. Je crois qu'il appréciait discuter avec moi ou du moins répondre à mes questions qui, je dois l'avouer, n'étaient pas toujours très pertinentes.

Cette journée-là, avant de se rendre au *sobaya*, un restaurant de nouilles, mon professeur entra dans un magasin qui offrait sept ou huit étages de vêtements pour tous les goûts.

– Qu'est-ce qu'on fait ici ? J'ignorais que vous aimiez faire les boutiques.

– Je pense que je vais m'acheter un nouveau chapeau.

– Mais je ne vous ai jamais vu avec un chapeau.

– Ce n'est pas une raison pour ne pas vouloir m'en procurer un, même si je ne sais pas quand je vais m'en servir. On ne sait jamais, ça pourrait s'avérer utile un beau jour.

Je suivais mon professeur qui déposait le pied sur le palier de l'escalier roulant.

– C'est un peu comme le *budo*, dit-il en riant. Une fois qu'on a mis le pied sur la première marche, il est difficile de revenir en arrière, on n'a qu'à se laisser porter. Le tout est de savoir où l'on va.

C'est ce que j'appréciais avec lui. Je ne savais jamais à quoi m'attendre. Comparer l'escalier mécanique à la progression du *budo*, il n'y avait que lui pour amorcer pareil sujet.

– Je pense que c'est très différent. Dans les arts martiaux, il faut faire des efforts pour s'améliorer, alors qu'ici on n'a qu'à se laisser porter.

– Oui, mais pour arriver ici, il y a eu une énorme conjoncture d'événements, enchaîna-t-il.

– Je ne vois pas lesquelles. Vous avez besoin d'un chapeau, nous sommes passés devant l'édifice et vous avez profité de cette occasion. Ce n'était pas un concours de circonstances, c'était le résultat d'un souhait.

– Je n'ai jamais dit que j'avais besoin d'un couvre-chef. J'ai dit que je pensais m'acheter un chapeau. Ce n'est pas une nécessité, mais une idée comme ça.

Nous étions au troisième étage lorsqu'il quitta l'escalier mécanique pour se diriger vers le rayon des chemises pour homme. Je ne savais plus s'il discutait sans but ou s'il cherchait à m'aiguillonner sur une piste. Je désirais en avoir le cœur net.

– Pourquoi avez-vous comparé l'escalier roulant au *budo* ?

– Je n'avais pas d'idée en particulier. Je disais ça simplement comme ça.

C'était bien la première fois qu'il parlait pour parler. Mais j'avais le sentiment que je faisais fausse route.

– Courir les magasins, c'est un peu comme faire des arts martiaux.

Je ne voyais pas le rapport entre les deux, mais je le laissai continuer, je sentais que ça allait devenir intéressant.

– Dans les deux situations, il faut être libre pour en profiter au maximum.

Je ne sais pas si je l'ai déjà dit, mais il m'arrivait parfois d'être un peu confus en écoutant ses explications. Là, c'était le cas.

– Libre ! Mais de quoi ? Personne ne vous empêche de faire des arts martiaux ou d'acheter quoi que ce soit.

– Si tu n'as pas suffisamment d'argent ou si ton épouse te trouve une autre occupation que de venir m'aider à choisir un chapeau, est-ce que ce n'est pas un manque de liberté ?

– Il est difficile de se procurer quelque chose lorsqu'on n'a pas un sou en poche, j'en sais quelque chose. Pour ce qui est de la conjointe ou du conjoint, je considère normal de lui accorder du temps. Je ne vois pas le rapport entre les deux.

– C'est tout un concours de circonstances qui nous amène ici à faire des emplettes ou à s'entraîner aux arts martiaux. Si tu n'as pas la liberté de choisir le moment adéquat, cet instant ne reviendra pas. Qu'est-ce qui me dit que le chapeau qui aurait dû être mien n'a pas été vendu il y a quelques minutes parce que je t'ai attendu pendant que tu étais aux toilettes ? Peut-être que lorsque tu allais rendre visite à ta belle-mère, la classe d'art martial que tu as manquée touchait à ce dont tu avais le plus besoin pour progresser. Que c'était le petit déclic essentiel qui arrive de temps à autre.

– Oui, mais ces techniques seront toujours là. Je devrais sûrement pouvoir les revoir plus tard.

– La technique oui, mais le *feeling* du moment qui accompagnait cet enseignement, lui, est unique, il ne reviendra plus. La technique n'est qu'un enchaînement robotisé de mouvements, sans les émotions qui lui donnent vie, elle n'est pas grand-chose.

Je décidai de ramener la conversation au fait de faire des emplettes.

– D'accord. Mais une fois qu'on est devant le rayon qui nous intéresse, si on a l'argent, on n'a qu'à payer et partir avec l'article qui nous fait envie. Ça ne demande pas d'effort autant que le budo.

– Je suis bien d'accord avec toi, mais il est si facile d'acheter un produit de mauvaise qualité. Observe cette chemise, elle ressemble à s'y méprendre à celle que tu vois là-bas. Pourtant il y a un énorme écart entre le prix de ces deux vêtements.

Il prit la plus dispendieuse et l'amena près de l'autre.

– Compare les deux.

À l'œil, je ne remarquais pas de différence. Pour moi, mis à part quelques nuances dans le dessein du tissu, elles me semblaient identiques.

– C'est comme pour le *budo*, dit-il. La plupart des gens ont de la difficulté à voir la différence entre le bas de gamme et le matériel de qualité.

Il ouvrit la chemise bon marché.

– Regarde la grossièreté des coutures. Comme le *budo*, si tout n'est pas lié correctement, tu t'exposes à des faiblesses.

– Ce ne sont que de petits bouts de fil qu'on ne peut apercevoir une fois qu'on l'a sur le dos. On n'a qu'à les tailler, ça ne paraîtra pas.

– Malheureusement, c'est ce que font beaucoup trop de professeurs d'arts martiaux. Ils ne réalisent pas la différence et n'hésitent pas à couper ce qui dépasse sans se demander pourquoi il y en a tant.

Je venais de trouver un point où je pouvais argumenter.

– Quel est le rapport entre la liberté et ces chemises ? Je ne vois pas la relation avec les circonstances dont vous parliez tout à l'heure.

– Celle de qualité exige plus d'effort. Pour l'acquérir, son futur propriétaire a dû travailler plus fort à l'école, se forcer pour avoir un meilleur emploi. Il a probablement, dans bien des cas, dû étudier et se priver d'aller fêter avec ses amis. Il a fait un choix librement. Il ne s'est pas laissé influencer. Ensuite, il a dû chercher le travail qui lui convenait le mieux. Il en a peut-être écarté plusieurs avant de trouver le bon. Puis, petit à petit, son salaire augmentant, il a développé son affinité à voir la différence entre une chemise bon marché et celle de qualité qui saura le démarquer. Il y a eu tout un concours de circonstances qui l'ont mené à ce raffinement, dit-il en tenant la chemise la plus dispendieuse entre ses mains.

Wow ! S'il y avait un discours que je ne m'attendais pas à entendre de sa part, c'était bien celui-là. Je me dépêchai d'enchaîner et de défendre la classe ouvrière dont je faisais partie.

– Peut-être que cette personne a eu une famille plus riche qui l'a motivé davantage dans sa vie. Peut-être qu'il n'a pas eu à travailler tout en étudiant. Peut-être qu'avec la carte de crédit de ses parents, il n'a jamais eu de problèmes à mettre de l'essence dans sa voiture.

Plus je parlais et plus je sentais la pression monter à mon visage. Le vieux Maître me regardait en arborant un large sourire. Il m'avait manipulé.

– Vous... vous m'avez fait marcher, n'est-ce pas ?

Il semblait particulièrement fier de s'être amusé à mes dépens.

– Le *budo* ne s'achète pas, il se mérite. Tu peux te payer une chemise de qualité sans savoir pourquoi elle est mieux. On peut s'offrir des techniques, mais on ne peut acheter le *budo*. Je t'assure que l'une des conditions essentielles pour bien progresser est la liberté. Le *budo* c'est instinctif, lorsque l'on ressent le besoin d'en faire, il faut y aller. Cela signifie que notre esprit est réceptif au moment présent.

– Le choix de pouvoir s'entraîner lorsque l'on en a envie, la possibilité d'assister au maximum de classes que l'on veut, dis-je tout en décompressant lentement.

– La liberté dont je parle se joue à plusieurs niveaux. C'est également celle de penser.

– Nous sommes toujours libres de penser à ce que je sache.

– Non, tu te trompes. Beaucoup de gens qui souhaitent suivre la voie du *budo* ont souvent pratiqué plusieurs arts martiaux. Dans la plupart des cas, il réfère continuellement à leurs acquisitions passées. Ils sont entravés par un savoir qu'ils possèdent depuis un bon bout de temps. Ils n'apprennent plus, ils ne font que tenter de valider ce qu'ils connaissent déjà, même si dans bien des cas le matériel laisse à désirer.

Le vieux Maître avait remis les chemises en place et s'était dirigé vers l'escalier mécanique.

– On ne doit pas se contenter de demeurer prisonnier d'un palier. Il faut faire des efforts pour aller plus loin, plus haut.

– Vous parliez de liberté, mais la vie moderne ne peut plus nous permettre d'accorder autant de temps aux arts martiaux que les anciens pouvaient le faire.

– Parce que tu crois qu'ils n'avaient pas d'obligations, de famille à nourrir ? S'entraîner après avoir passé dix heures à travailler au champ, ce n'est pas ce que j'appelle la liberté totale.

– Mais dans ce cas, qu'est-ce qui nous empêche de devenir aussi bons qu'eux ?

– Mis à part le fait qu'ils avaient à utiliser leurs techniques sur un champ de bataille en situation réelle ?

– J'ai bossé dans le domaine de la sécurité, j'ai eu souvent à me servir de mes techniques.

– Donc, en théorie, rien ne s'oppose à ce que tu atteignes de hauts niveaux. Mais n'oublie jamais que tu dois écouter ton instinct. La constance et la liberté sont essentielles afin de bien progresser. Si tu ressens le besoin de t'entraîner, alors fais-le, n'attend pas.

Nous venions d'arriver devant le rayon des chapeaux. Le vieux Maître jeta un rapide coup d'œil et il retourna en direction de la sortie.

– Mais... Vous ne prenez pas le temps d'examiner les chapeaux, vous êtes venu ici pour ça. C'est à peine si vous les avez regardés.

– Finalement, mon instinct me dit que ce n'est pas le moment pour moi d'en acheter un. J'aime bien avoir la tête libre.

Chapitre 33

Mystique

Dans un mirage
Le regard peut se perdre
Une illusion

Je regardais une vidéo qu'avait partagée l'un de mes amis sur Internet. On y voyait un enseignant occidental qui démontrait une technique toute simple. Dans sa façon de faire, il y avait quelque chose de particulier qui se démarquait, mais j'étais incapable de mettre le doigt dessus. Il y avait un brin de mystère dans son exécution. J'avoue que cela piquait ma curiosité. Je devais montrer cette vidéo à mon professeur.

– Je n'arrive pas à comprendre pourquoi cela me fait cet effet. La forme est basique, rien qui ne devrait me surprendre, pourtant, il y a quelque chose qui m'intrigue dans tout ça.

J'avais apporté ma tablette. Le vieux Maître examina la vidéo, puis sourit.

– Lorsqu'on regarde une prestation de la sorte, il y a deux aspects à prendre en considération, dit-il. Il y a le contenant ainsi que ce qu'il renferme. D'abord, il y a la technique. Elle peut être bonne, excellente ou au contraire complètement absurde. C'est le contenu. Une fois qu'il est enlevé, il ne reste que le contenant.

Je pensais que c'était une manière un peu simpliste de parler de celui qui exécute la technique, mais vu de cette façon, c'était logique.

– Qu'est-ce qui fait que tu trouves cette personne particulière ? me demanda-t-il.

– Tout ! Il donne une impression de puissance, sa façon de s'exprimer est… je n'irais pas jusqu'à dire fascinante, mais intrigante. Et même sa démarche a quelque chose de particulier.

Le vieux Maître hocha la tête en fronçant les sourcils.

– Tu es certain que sa technique est bonne ?

Il venait de jeter un doute dans mon esprit. Je regardai la prestation à quelques reprises. Mon professeur attendait patiemment depuis plusieurs minutes lorsqu'il me demanda de repasser l'une des séquences de la vidéo.

– Ne remarques-tu pas quelque chose d'étrange dans l'attaque de son partenaire ?

– Non, je ne vois pas, dis-je. J'étais un peu inquiet de ne pas déceler de faille dans la technique s'il y en avait une.

– Observe bien, me dit-il. Son partenaire ne rend pas son poing jusqu'au bout, il bifurque très légèrement juste avant d'atteindre la figure de l'homme. S'il avait continué, ça ne serait vraiment pas aussi joli à regarder.

Une technique aussi jolie. Ça faisait un peu drôle à entendre.

– C'est vrai ! Comment est-ce que je n'ai pas remarqué ça ?

– Tout simplement parce que c'est masqué.

– Masqué ? Mais non, on voit très bien le bras changer de trajectoire. Ce que je ne comprends pas, comment n'ai-je pas vu ça avant ?

– Il existe une multitude de façons de camoufler des choses. Comment qualifierais-tu cet homme ?

J'hésitais à le traiter de Maître après ce que je venais de réaliser. J'essayais de trouver divers qualificatifs lorsqu'un mot surgit à mon esprit.

– Mystique, je dirais qu'il est mystique.

Mon professeur semblait satisfait de ma trouvaille.

– Tu as raison, c'est la meilleure caractéristique que l'on puisse lui octroyer. Tout est présent pour produire une impression de mystère, une sensation que beaucoup d'adeptes des arts martiaux recherchent. Pourtant, il n'y a rien de magique dans le *budo*. Mais il n'est pas rare de voir des professeurs se donner une allure, un peu... occulte.

En entendant ces paroles, je pris conscience de certains détails que je n'avais pas remarqués et qui me sautaient maintenant aux yeux.

– Une volute de fumée en arrière-plan, ils font brûler de l'encens.

– Ça ajoute à l'image de la spiritualité, me dit le Maître. Même si l'on ne le réalise pas sur le coup, notre subconscient enregistre ce genre de mise en scène. Mais il y a plus. Observe de quelle manière ses étudiants le regardent. Ils sont complètement envoûtés par le personnage.

– C'est vrai, ils donnent l'impression de l'admirer.

– Le regard admiratif qu'ils lui portent a influencé ta perception, mais il y a plus que ça. Est-ce que tu trouves naturelle sa façon de s'exprimer ? me demanda-t-il.

– Je la trouve captivante.

– C'est parce qu'elle est étudiée. On voit tout de suite que cet homme doit avoir une formation oratoire très poussée. Son ton de voix, son intonation, les pauses qu'il prend aux bons moments, il est probable que cet homme possède un cursus en théâtre ou en art oratoire. Vois comment ses gestes viennent renforcer ses paroles. Tous ses gestes sont réfléchis, étudiés.

Je regardai la vidéo une fois de plus et déjà, je considérais l'individu moins fascinant. Le simple fait de réaliser que son attaquant avait fait fonctionner la technique m'avait déçu au plus haut point. Le vieux Maître enchaîna.

– Est-ce que tu as d'autres démonstrations de lui ?

– Non, c'est la seule que j'ai trouvée.

– Ça ressemble beaucoup à une promotion de marketing. En donner au compte-goutte afin que les gens en redemandent. Tu savais qu'il y avait des firmes de marketing qui prennent en main les propriétaires de dojo et qui les aident à grossir leur clientèle ?

– Non, comment font-ils cela ?

– Ils transforment complètement la personnalité du professeur. Généralement, ils dessinent autour de lui une aura différente. Ça va de sa façon de parler jusqu'à sa manière de s'habiller en dehors du *dojo*. Et avec ça, il y a tout un suivi professionnel fait avec les membres de l'organisation.

Comment pouvait-il savoir tout ça ? Il n'a même pas d'ordinateur et je doute qu'il se laisse aborder par l'une de ces firmes.

– J'ai eu il y a quelques années, un étudiant qui a été approché par l'une de ces agences. Ils ont transformé complètement son apparence physique, ils ont également travaillé son langage verbal et gestuel. Son école est montée de quelques membres à plusieurs centaines en l'espace d'un an.

– Wow ! Mais alors, ça a du bon. Ce n'est jamais mauvais de pouvoir faire des sous avec ce que l'on aime.

– Il est devenu blasé assez rapidement. Il ne pouvait plus enseigner les techniques de la même façon. Il a fallu qu'il rende cela plus simple pour ses étudiants. Si un élève quitte une classe en ne réussissant pas les dernières choses qu'il a apprises, il est statistiquement démontré qu'il a plus de chances d'abandonner. Donc, pour ne pas perdre d'élèves, il rendait les techniques beaucoup plus faciles à faire.

– Ce n'est pas correct ça. Personne ne peut pas devenir compétent dans ces conditions.

– Effectivement, ils ne le peuvent pas. Mais comme ils sont capables d'exécuter ces techniques, ils se croient bons. C'est là le danger, dit le Maître.

Je repensais au nombre de fois où j'avais quitté mon professeur en étant frustré de ne pas être à la hauteur. Des moments difficiles où mon égo en prenait pour son argent.

– Il faut bien vivre, dit mon professeur. Gagner de l'argent n'est pas mauvais en soi, pourvu que ça n'influence pas la qualité de l'apprentissage. On enseigne avec son cœur. Le but est d'aider l'étudiant à croître. On ne doit jamais perdre de vue cet objectif.

Ses yeux grands ouverts me fixaient intensément. Il semblait attendre une réponse qui ne venait pas.

– Beaucoup de personnes sont en insuffisance de spiritualité. Notre époque nous prive des dieux qui étaient si importants pour nos ancêtres.

Je comprenais qu'il parlait des esprits de la nature, esprits si chers au shintoïsme.

– La plupart des gens cherchent une croyance quelconque à laquelle se rattacher. De nos jours, il y a un manque à combler dans ce domaine. Malheureusement, beaucoup de gens exploitent ces failles. Ce n'est pas un hasard s'il y a tant de sectes qui émergent un peu partout autour de la planète. Ce n'est pas pour rien que des jeunes se laissent embrigader par divers groupes fanatiques.

Je décortiquai la vidéo une autre fois, mais cette fois-ci, il n'y avait plus d'admiration dans mon regard. Le Maître voyait ma déception.

– Il faut être naturel dans les arts martiaux. Ici, il est évident que cet homme ne l'est pas, c'est un personnage. Un personnage particulièrement bien réussi, mais un personnage tout de même. Rien qui ne s'apparente à ce que devrait être un pédagogue sincère.

Un court générique donnant des informations sur l'école suivait. Le professeur s'esclaffa.

– Regarde son titre, il a emprunté deux titres à différentes écoles pour les unir en un seul mot. Pour un débutant, un tel titre peut être impressionnant. N'importe quel professeur d'expérience va pouffer de rire en voyant un tel titre. Ça ne se fait dans aucun art martial. Le spécialiste de marketing qui lui a fait prendre ce titre ne connaissait visiblement pas les arts martiaux traditionnels. Mais n'empêche que ce titre prestigieux va sûrement lui attirer un grand nombre d'élèves.

– Je suis chanceux de vous avoir trouvé, dis-je. J'aurais pu moi aussi tomber sur un charlatan de ce genre.

– C'est différent. Moi je ne suis là que pour t'aider à réparer ton mauvais karma.

Chapitre 34
L'esprit de la lame

Prisonnier de soi
Esclave de nous-mêmes
Libre est la voie

Ce jour-là, nous devions être près d'une trentaine de participants à la leçon du Maître. Nous nous exercions au sabre. Pour l'entraînement, nous utilisions des *bokkens*, des répliques en bois des *katanas*. Pour être honnête, à cette époque, j'étais plutôt fier de la façon dont je manipulais mon arme. J'arrivais à renverser les attaques les plus difficiles, je parvenais à rediriger l'arme adverse contre un second assaillant. Il y a des moments comme ça où l'on a l'impression que tout ce que l'on entreprend nous réussit. Je bougeais au bon moment, dans le bon angle et à la distance idéale, que demander de plus pour un sabreur ?

J'aurais dû me douter que tout ça était trop beau, que le vieux Maître ne manquerait pas l'occasion de dégonfler mon égo, qui, je dois l'avouer, commençait à prendre des proportions inquiétantes. Au moment où mon adversaire tenta de me piquer du bout de son arme, je plaçai la lame en angle et en appuyant vers le bas, je réussis à presque faire tomber mon partenaire d'entraînement.

– Bravo, me dit ce dernier. J'aimerais bien être capable d'en faire autant.

– Ça viendra, ne t'inquiète pas. Ce n'est qu'une question de pratique et bien sûr, d'un peu de talent.

Je venais de mettre le pied dans un engrenage qui allait m'entraîner vers mon incompétence. Mon professeur était derrière moi au moment où je tenais ces propos.

– Oui, c'est vrai, je dois avouer que tu as une certaine aisance.

Je ne m'attendais pas à un compliment de sa part, j'ignorais si je devais être flatté ou terrorisé. Il enchaîna.

– Tu es un bon technicien. Peut-être qu'un jour tu sauras manier le sabre.

Plus personne ne bougeait dans le dojo. Tous écoutaient ces commentaires avec attention.

– Quoi ? Vous dites que je ne sais pas utiliser le sabre ?

– Non, je n'ai jamais dit ça. Au contraire, tu le manipules bien... comme un technicien.

Que pouvait-il demander de plus ? La technique est le secret du maniement des armes.

– N'est-ce pas ce que ça nécessite pour développer une bonne maîtrise du *katana* ? dis-je en ignorant où il voulait en venir.

Il fit s'asseoir les étudiants sur le *tatami*. Il prit mon bokken et le soupesa. D'une seule main, il le tenait parallèle au sol, en l'agitant de petits soubresauts. Il plaça son autre main sur la poignée, souleva l'arme au-dessus de sa tête et avec puissance, l'épée en bois fendit l'air en faisant un sifflement. Son regard fit le tour de l'assemblée puis s'arrêta sur moi.

– Quelle est la relation qu'on doit avoir avec un sabre ? Qu'est-ce qui se passe au moment où on le tient entre nos mains ?

J'espérais que quelqu'un d'autre réponde. Mais tous les yeux pointaient dans ma direction. Je me sentais pris au piège. Chaque seconde de silence me paraissait interminable. Je devais donner une réponse.

– C'est simple, le sabre doit devenir le prolongement de notre corps.

Plus je regardais mes compagnons hocher la tête et plus j'étais satisfait de mon explication.

– Bonne réponse, dit le vieux Maître.

Je ne me souviens plus comment je me sentais, mais je suppose que je devais bêtement sourire, fier d'avoir trouvé cette évidence. C'est à ce moment que j'eus l'impression que l'on dégonflait mon égo à coup de *katana*.

– Oui, c'est ce que l'on raconte aux enfants lorsqu'ils manipulent un sabre. L'arme doit devenir le prolongement de votre corps. C'est facile à comprendre et tout compte fait, ce concept est à l'abri des idiots. C'est une réponse de technicien.

Certaines journées, mon professeur n'y allait pas avec des gants blancs. Il avait beau être un maître, un sage, il n'en demeurait pas moins un humain. Je compris cela beaucoup plus tard. C'est avec frustration que je repassais ses dernières paroles dans mon esprit. Puis il enchaîna.

– Les armes et le sabre en particulier possèdent leur propre vie. On doit apprendre à les écouter. Mais malgré tout, ce ne sont que des accessoires. Les utiliser comme un simple outil nous permet de nous en débarrasser si cela devient nécessaire.

– Que voulez-vous dire par là ? demandai-je.

– Si besoin est, on peut lancer son sabre au visage d'un adversaire pour s'en servir comme objet de distraction.

– S'en départir de cette façon, aucune école de sabre digne de ce nom n'enseignerait ça, dis-je sur un ton un peu offusqué.

– Tu as raison. Ces écoles enseignent la voie et non la survie. Dans une situation où seul ce geste peut te sauver la vie, il n'y a pas à hésiter. Notre école est un *bugeï* et non une institution où prime la spiritualité. Ce qui ne veut pas dire qu'il n'y a pas de spiritualité dans notre art, au contraire. Mais, le but ultime est de subsister tout en protégeant notre intégrité physique, notre famille et notre village.

En quelques mots, il venait de décrire l'esprit du guerrier. Il enchaîna.

– Le sabre est plus que ça. Il possède sa propre vie. Lorsqu'on le travaille, à un certain niveau, le sabreur doit se laisser guider par sa lame.

– Ça ne risque pas de l'amener à tuer sans raison ? lançais-je en haussant le ton.

– Comme les humains, il y a de bons sabres et des mauvais. Ces derniers aimeront le sang alors qu'une bonne lame cherchera simplement à protéger son maître.

Il attribuait des émotions à un morceau de métal. À l'époque, j'étais complètement dépassé par ces propos. Je le laissai continuer sans rien dire.

– Le plus difficile dans le maniement des armes est de développer une telle sensibilité avec elles, qu'on en arrive à savoir ce qu'elles veulent. À partir de ce moment, on peut travailler en étant libéré de la technique.

Le vieux Maître me regarda. Il voyait bien que je ne comprenais pas ce qu'il voulait transmettre.

– Prend ton *bokken*, me dit-il.

Il leva l'arme au-dessus de sa tête et me frappa rapidement. Je plaçai simplement ma lame sur le côté comme je l'avais appris. La lame de mon *sensei* glissa à ma droite sans avoir la possibilité de m'atteindre.

– Ce que tu viens de faire est de la technique. Un bon robot bien programmé aurait pu faire la même chose. Maintenant, attaque-moi comme tu veux.

Je m'installai en *hasso no kamae*, une posture naturelle qui offre énormément de mobilité. Je me déplaçais en croisant les jambes pour forcer mon professeur à reculer. Il attendait calmement, le sabre tenu dans sa main droite. Il ne semblait nullement préoccupé par ce qui allait venir. Au moment où il bougea pour ajuster sa position, je projetai ma lame horizontalement, en direction de sa tête. Il pivota son corps sens antihoraire et bloqua mon attaque en disposant son sabre à la verticale, pointe vers le bas. Son bras légèrement recourbé lui offrait la solidité nécessaire pour contrer mon impulsion. Il n'avait pas fait de technique, il s'était contenté de se réfugier derrière sa lame.

– Impressionnant, dis-je, tout en maintenant la pression de mon sabre contre le sien.

– Et ce n'est rien, répondit-il en soulevant ma lame et en me faisant perdre l'équilibre. Je me retrouvai arqué sur mes lombaires. Il prit la poignée de mon *bokken* d'une main tout en fauchant ma jambe. Je tombai sur le dos, avec deux sabres pointés vers ma gorge.

Après quelques instants de stupéfaction, les étudiants se mirent à applaudir. Le vieil homme ne sembla pas s'en émouvoir.

– La technique est nécessaire, dit-il. Mais elle n'est qu'une étape dans la maîtrise du sabre. Vous devez apprendre à communiquer avec lui, à l'écouter.

L'heure de la fin de la classe s'annonça. Après avoir fait le salut final, je me tournai vers mon professeur pour lui poser une dernière question.

– Mais comment peut-on arriver à cela ? demandais-je.

– Arriver à quoi ? me répondit-il en souriant.

– À communiquer avec lui.

– Il faut être à l'écoute, lui parler, le respecter. Tu dois apprendre à échanger avec lui.

– Mais si on le lance à la figure d'un adversaire, est-ce qu'on ne lui manque pas de respect ?

– Comment peut-on manquer de respect à un bout de métal ? dit le Maître en quittant le *dojo*.

Chapitre 35

Qui suis-je ?

Le pas du bonheur
Un sentiment de vide
Le chemin du cœur

Nous marchions dans les ruelles près d'Asakusa. Le soleil d'automne réchauffait lentement le bitume refroidi par une nuit anormalement fraîche. Je frottais mes paumes tant bien que mal, tentant d'extirper un peu de chaleur. Je regardais mon professeur qui semblait n'être nullement affecté par cette température.

– Vous ne semblez pas avoir froid. Moi j'ai les doigts gelés.
– Tu n'as qu'à envoyer plus de sang dans tes mains.

Au moment où je m'apprêtais à demander plus d'explication, une dame âgée accompagnée de deux petits enfants nous croisa au coin de la rue. Le dos courbé, elle avançait péniblement. Le plus jeune des deux bambins s'agrippait à son manteau. Tout en marchant, je pouvais l'entendre raconter un vieux conte japonais.

– Pauvre femme, dis-je. Elle fait pitié.
– Moi, j'ai davantage pitié pour toi que pour elle, me répondit mon professeur.
– Quoi ? Comment ça ? Pourquoi dites-vous ça ?
– Tu ne vois pas qu'elle est radieuse. Elle est avec ses petits-enfants, elle prend plaisir à leur raconter une histoire. Sa capacité physique est présentement le moindre de ses soucis. Toi, est-ce que tu peux dire que tu es au comble du bonheur en ce moment ?
– Moi, je suis bien, je me sens bien. Je suis content.
– Ma question est simple. Toi, est-ce que tu es heureux ou si quelque chose fait défaut dans ta misérable existence ?

Il y allait un peu fort. Puis je me demandai ce que c'était que d'être véritablement heureux ! Je faisais ce que j'aimais, j'étais entouré d'amis formidables. Certes, ma famille me manquait par moment, mais je pense pouvoir dire que tout se déroulait pour le mieux dans ma vie. Et, pourtant...

– Tu n'as pas l'impression qu'il te manque quelque chose, qu'il y a un vide à combler, mais que tu es incapable de voir de quoi il s'agit ? demanda le Maître.

Ce diable d'homme avait misé juste. J'avais toujours éprouvé cette lacune sans jamais savoir exactement de quoi il s'agissait. Mon Maître ne me laissa pas le temps de répondre.

– Ne t'en fait pas pour ce vide, la plupart des gens le ressentent.
– Mais qu'est-ce qui crée cela ?

— Ça peut être plein de petites choses. Le sentiment de ne pas être à sa place ou de n'avoir aucun but. La sensation d'être inutile est beaucoup plus présente qu'on ne pourrait le croire.

J'adorais philosopher avec mon professeur. Je savais que j'allais être servi ce matin-là.

— Je pense que bien des gens ont besoin de se sentir valorisés. Plusieurs le feront par leurs possessions. La plus belle maison du voisinage, la voiture la plus luxueuse possible et tout ce qui pourra démontrer leur réussite professionnelle aux yeux des autres. Mais l'argent n'arrivera probablement pas à combler ce vide qu'éprouvent la plupart des individus.

— En tout cas, ce n'est pas moi qui vais m'afficher avec tout ça, répondis-je.

— Ah oui ? Et si tu gagnais le gros lot à la loterie, tu ne t'achèterais pas une somptueuse résidence ?

— Non, j'irais à la campagne, loin de tout, et je me construirais le plus beau terrain d'entraînement dont on puisse rêver.

— Je crois que tu dis la vérité, car tu as un but. Devenir le plus compétent possible dans les arts martiaux. Le *budo* est un terreau fertile pour développer une grande estime de soi. La plupart des gens regardent une ceinture noire avec admiration, un grand respect et dans quelques cas une crainte incontestable. C'est valorisant pour celui qui atteint un bon niveau.

— J'ai travaillé fort pour en arriver là et j'en suis fier.

— La grande majorité des pratiquants ne se démarqueront jamais. L'être humain cherche la reconnaissance de ses pairs. Presque tous occuperont le même style de fonction toute leur vie. Toutes ces années se passeront dans l'anonymat le plus total. Ils leur seront difficiles d'émerger du lot par leurs actes. Ils tenteront d'attirer l'attention des autres par l'affichage de leurs richesses.

Je repensai à quelques-uns de mes amis qui entraient parfaitement dans ce cadre. Puis certaines de ses paroles me revinrent à l'esprit.

— Vous parliez de gens qui ont le sentiment d'être inutiles.

— Il y a des personnes qui ont une conscience plus éveillée et une personnalité plus forte, la sensation d'inutilité les ronge fréquemment. Ils ont l'impression que leur existence ne sert à rien, qu'il pourrait peut-être apporter davantage. Quelques-uns trouveront leurs voies dans des emplois où ils peuvent secourir leurs semblables. Que ce soit par le biais de présence militaire, d'aide humanitaire ou simplement de bénévolat auprès de moins nantis, ces gens combleront en partie ou en totalité cette lacune dans leur vie.

— Vous voulez dire que les anonymes dont vous parliez tout à l'heure sont inutiles ?

– Beaucoup de personnes ne sont qu'un rouage qu'on peut changer sur demande dans une société basée sur la consommation plutôt que sur les valeurs humaines.

J'avais déjà appris à mes dépens que personne n'est irremplaçable. J'ai eu un emploi bien rémunéré où l'on m'avait remplacé par quelqu'un au salaire moins élevé.

– Mais comment peut-on savoir ce qui nous manque, quel est ce vide à combler ?

– C'est difficile à trouver. On doit se poser toutes sortes de questions et surtout on doit être honnête dans nos réponses. Pour beaucoup de gens, confesser qu'ils ne sont pas heureux ou du moins que ça pourrait être mieux, leur revient à avouer un échec. La vie est un combat, il faut savoir prendre des risques. On doit oser foncer. Mais la plupart des gens ont peur et honte de l'échec. Qu'est-ce qui se serait passé si je t'avais dit non lorsque tu es venu me voir ?

– Je vous aurais harcelé jusqu'à ce que vous m'acceptiez.

– Et pourquoi ?

– Parce que je voulais devenir meilleur.

– Est-ce que c'est ce que l'on appelle avoir un objectif ?

– Je pense que oui.

Je réalisai que durant des années, mon aspiration était orientée vers les arts martiaux. Alors, que pouvait bien être ce vide qui venait occasionnellement me tourmenter ? Le vieux Maître enchaîna, m'empêchant de m'apitoyer sur mon misérable sort.

– C'est bien joli se donner un but, mais encore faut-il le faire pour soi-même.

– Personne ne m'a jamais demandé de faire des arts martiaux, répondis-je comme si ce reproche s'adressait à moi.

– Je sais, répliqua-t-il. Mais je parlais plutôt de l'intention d'épater les autres, de s'efforcer de trouver la reconnaissance de ses pairs.

Là, il venait de toucher une corde sensible. À cette époque, je cherchais encore à me démarquer des autres pratiquants. Aujourd'hui, ça n'a plus d'importance à mes yeux. Je connais le niveau que j'ai atteint et je n'ai plus rien à prouver à qui que ce soit. Le Maître paraissait en avoir long à dire sur le sujet.

– La plupart des gens n'ont pas appris à être heureux. Ils n'ont été habitués qu'à exaucer des désirs. Ils travaillent pour avoir suffisamment d'argent pour combler le fantasme du moment, puis, très peu de temps après, ce désir cède le pas à un autre. Ce n'est pas en chevauchant de désir en désir qu'on se construit une personnalité équilibrée.

– C'est pour cela que beaucoup d'individus se comportent comme des enfants gâtés ? risquais-je.

– Oui. Dans les pays pauvres, les gens qui ont le strict nécessaire sont souvent plus heureux que dans les nations riches. Ils ont appris à apprécier ce qu'ils ont. Les valeurs ne sont pas les mêmes. Lorsqu'on arrive à se détacher de ces convoitises, on devient libre. Pense à tous tes amis qui ont été un jour malheureux, voire même dépressif parce que la femme ou l'homme qu'ils voulaient ne les aimait pas. Que ce soit le désir de possession d'objets ou de personnes, le désir rend les gens tristes sinon malheureux. Si tu as ce que tu souhaites et que tu peux te le permettre, c'est tant mieux. Sinon, il faut apprendre à ne pas se laisser toucher par ça.

Je repensai à certains amis où les achats de gadgets de toutes sortes se succédaient à un rythme effarant. Ces amis me disaient que j'étais chanceux de pouvoir aller au Japon comme je le faisais. Pourtant, ils dépensaient beaucoup plus que moi en une année. Je ne possédais ni voiture de l'année ni téléphone haut de gamme au forfait exorbitant. C'était une question de choix.

Chapitre 36
Question de choix

Une liberté
Prendre une décision
Gestion de sa vie

Lorsque je me présentai au dojo cette journée-là, je n'étais vraiment pas de bonne humeur. Le Maître s'en était bien vite rendu compte, mais il n'y avait pas fait allusion. Après la classe, il se dirigea vers moi et m'invita à prendre le thé au *kissaten* au coin de la rue. Nous étions allés souvent dans cet établissement. La propriétaire affichait toujours un sourire radieux lorsqu'elle le voyait. Bien sûr, l'endroit n'avait plus aucun lien avec une maison de thé traditionnelle. On y servait également du café et des sandwichs. J'aimais bien le thé, mais j'avais l'impression qu'un café aurait davantage d'effets calmant sur mon esprit agité. À cette époque, j'étais loin d'être discipliné. Mon impétuosité se manifestait encore régulièrement.

– Alors, qu'est-ce qui fait que tu affiches une aura semblable ? me demanda le vieil homme comme s'il s'adressait à un jeune enfant.

Durant un court instant, j'eus l'impression de me trouver devant mon père.

– Pour être honnête, pendant tout l'entraînement j'étais de mauvaise humeur.

– Que peut-il y avoir d'aussi terrible pour que tu sois dans un tel état ? Un trafiquant d'armes international s'en est pris à toi ?

Je ne réalisai même pas l'absurdité de sa question.

– C'est un de mes amis. Il m'a fait enrager.

– Enrager ?! C'est un bien vilain mot. Comment a-t-il réussi à te manipuler à ce point-là ? Il doit avoir une emprise très forte sur toi.

– Me manipuler ?! Il ne m'a pas manipulé, il n'a aucun contrôle sur moi.

– Ah non ? Mais alors pourquoi es-tu comme ça ?

– Il est venu au Japon soi-disant pour s'entraîner davantage aux arts martiaux.

– C'est vrai que c'est enrageant, je te comprends. Venir au Japon pour ça, que peut-il y avoir de plus frustrant ?

Le Maître s'amusait à mes dépens. Cela ne m'aidait pas du tout à retrouver ma bonne humeur.

– Au lieu d'assister à votre enseignement aujourd'hui, il a préféré aller faire du tourisme.

– Et c'est simplement cela qui t'a mis dans un tel état. Qu'est-ce que ça sera le jour où l'on kidnappera ta femme et tes enfants ?

Je ne relevai pas ses propos sarcastiques. Il valait mieux que je garde le silence plutôt que de devenir impoli. Mais il ne me laissa pas beaucoup de répit.

– Je crois que j'ai tout compris, dit-il. C'est toi qui as financé son voyage au complet et tu es choqué qu'il gaspille ton argent de la sorte.

– Bien sûr que non, ce n'est pas moi qui ai défrayé les coûts de son voyage. Je n'en ai pas les moyens et si un jour ça m'arrivait d'être suffisamment riche pour le faire, qu'il ne compte pas sur moi pour le lui offrir.

– Dans ce cas, si c'est lui qui paye, pourquoi es-tu fâché ?

– Je trouve ça désolant de faire une aussi longue distance dans un but bien précis, pour finalement faire autre chose.

– Est-ce que c'est la première fois qu'il vient au Japon ?

– Oui, il est ici depuis presque une semaine. C'est celui qui s'entraînait avec moi les deux dernières fois que nous sommes venus au dojo.

– Où est-il maintenant ?

– Il est allé se promener à Kyoto.

– Et tu es furieux qu'il ne t'ait pas invité, c'est bien ça ? Tu aurais aimé toi aussi aller visiter cette ville. C'est magnifique dans ce coin-là, tu sais.

– Absolument pas. Je ne suis pas un touriste, je suis ici pour apprendre, pour pouvoir acquérir tout ce que vous voudrez bien m'enseigner.

– Et en quoi cela peut-il t'affecter qu'il prenne quelques jours de congé ?

Je venais de réaliser que depuis le début de notre conversation, mon professeur prenait la défense de mon ami. Je ne comprenais pas pourquoi il agissait de la sorte. Comment pouvait-il excuser un comportement aussi...

– Pourquoi le défendez-vous ? Je ne comprends pas.

– Parce que c'est son choix. Ce n'est pas tout le monde qui est aussi, hum... disons, orienté que toi vers le but qu'il s'est donné. C'est son choix, c'est lui qui paie et il peut disposer de son temps comme il l'entend.

– Mais il ne réalise pas tout ce qu'il perd.

– On peut pratiquer les arts martiaux pour toutes sortes de raisons et à divers degrés. Chacun possède ses motivations personnelles, un niveau d'intérêt qui lui est propre. Tu l'as dit toi-même, vous avez fait un long voyage pour venir ici, c'est un peu normal qu'il veuille voir du pays.

– Peut-être, mais ça me dépasse.

– Le problème ne vient pas de lui, mais de toi. C'est possiblement toi qui es un peu trop intransigeant. Là est le sujet.

– Ce n'est pas un problème, c'est une passion.

– Et tu crois que tout le monde devrait partager le même enthousiasme que toi. Alors pourquoi ne fais-tu pas de la musique ou de la calligraphie ? Tu devrais avoir ces passions également. Non vraiment, je n'arrive pas à comprendre pourquoi tu ne mets pas autant d'effort dans ces domaines.

La dame revint servir du thé à mon Maître. Au moment où je m'apprêtais à commander un autre café, il mit sa main sur mon poignet et demanda à la dame de m'apporter un thé chaud.

– Ça te calmera.

– Mais si moi je veux du café ? dis-je, offusqué.

– Oui, mais moi j'ai la passion du thé, je veux la partager avec toi.

– Mais c'est mon choix, c'est moi qui décide.

– Oh ! fit le Maître en souriant.

Chapitre 37
La musique du *budo*

La même gamme
Que mon âme effleure
De ma conscience

Plus j'évoluais sous la supervision de mon professeur et plus je constatais toute la profondeur des arts martiaux traditionnels. En arrivant chez lui un soir, je lui fis écouter le morceau qui jouait sur mon baladeur, la chanson Over the Hills and Far Away du groupe Nightwish, je m'attendais à ce qu'il critique ce type de musique. À ma grande surprise, il me dit qu'il aimait bien cela, que ces personnes avaient beaucoup de talent. Il ajouta que si cela avait été des arts martiaux au lieu de la musique, ces gens auraient été des arts martialistes accomplis.

— Mais comment pouvez-vous faire un tel parallèle ? La musique et les arts martiaux sont deux mondes totalement opposés.

— Non, différents dans les actes, mais pas si dissemblables que ça dans les émotions.

Pas question que j'en demeure là. Je devais approfondir le sujet. J'étais venu pour l'aider à promener ses chiens. Le moment était propice pour une telle conversation.

— Vous pensez que ce sont les mêmes émotions ?

— Les mêmes émotions, ou plutôt un cheminement analogue, devrais-je dire. On devrait percevoir les arts martiaux de la même façon que la musique.

— Je ne comprends pas.

— C'est simple, tu vas voir. La première étape est d'apprendre la technique. Ça peut se faire de manière robotisée ou au contraire avec la plus grande concentration.

Il venait de basculer de la musique au *budo*. Je m'attendais bien à ce que les deux sujets se chevauchent et c'est ce qui se passa lorsqu'il enchaîna.

— Beaucoup de personnes commencent à jouer d'un instrument en espérant devenir virtuoses en quelques mois. Ce sont des rêveurs.

Le lien avec les arts martiaux était particulièrement facile à établir. Combien de débutants croient devenir un Jacky Chan ou un Bruce Lee en quelques années de pratique ?

— Dans le *budo* comme dans la musique, ce n'est pas tout le monde qui possède la capacité d'apprécier une prestation à sa juste valeur. La plupart des clients dans un restaurant peuvent entendre une musique d'ambiance sans réaliser que c'est un chef d'œuvre.

La première étape de ce cheminement est l'éveil. Constater ce qui est grandiose, différencier ce qui est supérieur.

À cet instant, je saisissais mieux l'analogie entre l'univers martial et celui de la musique. Souvent, lorsqu'une technique est exécutée sans mouvements spectaculaires, beaucoup de gens la croient inefficace. Ils ont l'impression qu'il manque quelque chose. Refaites la séquence de défense identique en lâchant quelques cris, en gesticulant et en donnant à votre visage une expression agressive et ils trouveront alors que votre technique est beaucoup plus performante, sans réaliser que vous avez fait la même chose.

– Pour maîtriser la musique, il faut apprendre à écouter, ne pas se contenter de posséder, on doit tendre à ressentir. On prend connaissance que chaque partition, chaque technique sont uniques. Chacune de ces créations a un but précis, une raison d'être pour son créateur et pour l'auditeur. On peut entendre et ne pas écouter. On peut regarder et ne pas voir. Même si une technique n'a pour but que de créer une diversion, elle a sa raison d'exister. Cette conscientisation nous amène loin du simple collectionneur. Même si l'on possède des milliers de disques musicaux, il se peut que la qualité ne soit pas au rendez-vous. Qu'il n'y ait rien qui touche notre âme. Il faut prendre conscience de la profondeur de l'œuvre, des possibilités de la technique. On doit savoir pourquoi on veut écouter cette œuvre à cet instant précis ou pourquoi on doit utiliser une technique particulière à cet instant.

Le Maître parlait avec beaucoup d'émotion dans la voix. Il ne tentait pas de me transmettre ses connaissances, il tentait d'éveiller ma conscience. Et il y réussissait.

– Et finalement, on doit pouvoir concrétiser le potentiel de l'œuvre ou de la technique. Apprendre à mettre cela en application et savoir interpréter une musique qui touche l'âme. Il faut pouvoir voir quelle technique sera réaliste et fonctionnelle au moment où l'on en aura besoin. Si l'on regarde les notes de musique, séparées, elles ne signifient rien. Mises ensemble, elles deviennent puissantes, capables de nous transporter au sein de mondes internes. Il en va de même pour la technique.

Une ambulance nous éclairant de tous ses feux nous fûmes obligés de nous ranger sur le côté de la ruelle. Le Maître continua à discuter sans s'en occuper. Je dus m'approcher de lui pour ne rien perdre de ses paroles.

– En 1951, le professeur Ichiro Oga avait découvert trois graines de fleur de lotus dans des ruines de Chiba. Il a planté les graines, cela a donné la plus vieille fleur de lotus au monde. Être conscient de l'œuvre et de la technique c'est être comme ces petites semences. Tiré du passé, le futur nous est ouvert.

L'ambulance tourna le coin de la ruelle, beaucoup plus loin. Le Maître garda le silence. J'avais l'impression de ne pouvoir supporter ce mutisme, cette obscurité dans mes pensées.

– Si je saisis bien, la compréhension de la musique passe par plusieurs niveaux ? dis-je rapidement.

– Comme les techniques d'art martial. La première étape est de connaître son corps, d'apprendre à bouger correctement dans le but de développer un bon *taijutsu*. Pratiquer ses gammes du mouvement. S'obliger à faire de nombreuse répétition afin de bien maîtriser les gestes de base. Ensuite, on doit voir le *kyojutsu* qui se cache tant au sein de la musique que des techniques.

Le principe du *kyojutsu* était de montrer une fausse réalité à un adversaire. S'il était certain d'atteindre votre figure d'un coup de poing, c'est probablement ce qu'il tenterait de faire. Cela consiste à arnaquer l'agresseur.

– Mais comment peut-il y avoir du *kyojutsu* dans la musique ?

– Il y a plein de petites subtilités dans les grandes œuvres. La musique t'entraîne là où tu ne t'y attends pas. Ensuite vient l'aspect tactique. La raison qui a poussé le compositeur à créer ces notes. À quoi sert ce petit mouvement qui fait toute la différence dans un combat ? Pourquoi l'auteur a-t-il diminué le tempo à ce moment précis de la pièce ?

Je repensais à certaines musiques qui avaient le don de me calmer. Puis à d'autres qui produisaient un effet inverse. Comme pour les arts martiaux, il existait des enchaînements qui pouvaient nous rendre agressifs et d'autres, au contraire, qui nous apportaient une sérénité contagieuse.

– D'après vous, quelle est la meilleure pièce musicale de tous les temps ?

Je m'attendais à ce qu'il cite des œuvres du répertoire classique ou encore, qu'il nomme certaines pièces traditionnelles japonaises. Sa réponse fut tout autre.

– Il n'y a pas de meilleure musique, il n'y a que celle qui nous fait du bien au moment où l'on en a le plus besoin.

Chapitre 38
Sortir de sa coquille

Briser sa coque
Ailes déployées au vent
Prendre son envol

Il avait neigé cette journée-là. Plusieurs trains avaient eu du retard. Les trottoirs tout de blanc vêtus offraient une opportunité de pratiquer nos techniques d'équilibre. Certains commerçants balayaient le mince tapis immaculé en de minuscules tas s'accumulant sur le côté des portes. Cette partie du Japon ne possède pas de culture de la neige. Pour beaucoup de gens, la journée s'annonçait pénible. Comme à chaque malheur il y a quelque chose de bon, nous étions très peu nombreux dans le dojo cette matinée-là. J'espérais que le Maître puisse se rendre, mais je ne pouvais en être sûr.

L'un de mes amis me demanda de lui expliquer une technique que j'avais déjà faite, mais dont j'avais oublié quelques détails.

– Je ne m'en souviens pas, il faudrait que j'aie mes notes de cours pour pouvoir te répondre. Je suis désolé, vieux.

– À ton niveau, tu devrais connaître tout ça par cœur, me dit-il.

– Es-tu malade, il y a bien trop de matériel pour qu'on puisse retenir tout ça.

– C'est obligatoire, c'est le but que l'on doit atteindre, maîtriser tout ça.

– Malheureusement, je n'ai pas assez de cervelle pour ça. Je ne suis pas là pour entraîner ma mémoire, mais pour développer mes habiletés. Je préfère occuper mes efforts à raffiner ma façon de bouger plutôt que d'essayer de tout me rappeler. Penses-tu que le Maître se souvient de tout ça par cœur ? Voyons donc, ça n'a pas de sens.

– Libre à toi de faire ça à débarras, me dit mon ami.

– Combien de temps passes-tu pour mémoriser tout ça ? demandais-je.

– Énormément d'heures, mais je suis sûr que je vais y arriver.

– C'est pour ça que tu stagnes, dis-je de façon un peu sèche.

– Quoi ? Je stagne, moi ? Tu te prends pour qui ?

– Pour quelqu'un qui pratique les arts martiaux et non pour quelqu'un qui se contente de les analyser.

Le ton montait de plus en plus. Heureusement, le vieux Maître entra dans le dojo. Il secoua la fine neige qui recouvrait ses épaules.

– Qu'est-ce qui se passe ? dit-il sans prendre la peine d'aller enfiler son kimono.

Mon ami s'empressa de répondre.

– Nous ne sommes pas d'accord sur certains points, dit-il. Certains pensent que ça ne vaut pas la peine d'apprendre les bases.

– Quoi, ce n'est pas ce que j'ai dit. Il y a une différence entre assimiler les bases et mémoriser sur le bout des doigts toutes les techniques que nous offre le Maître.

Le regard du vieil homme se promena de mon ami à moi. Puis il s'agenouilla au sol. Tous les élèves présents en firent autant en se regroupant autour de lui.

– Je comprends votre dilemme, dit le Maître. Si vous me demandez si je connais tous les *katas* qui composent notre style, je vous répondrai oui.

Mon ami me regarda en affichant un large sourire. Mais sa victoire fut de courte durée.

– Je les connais, mais je ne peux me souvenir de tout ça. D'ailleurs, je ne veux pas m'en souvenir. On doit les apprendre, les pratiquer, mais sans être esclave de la technique. On ne doit pas devenir un collectionneur.

– Mais comment faites-vous pour nous les montrer ? demanda mon ami.

– Je consulte mes notes lorsque je désire enseigner une technique spécifique comme elle se transmette dans les manuscrits.

J'avais pitié de mon ami. Je me risquai à affirmer l'importance des bases.

– Oui, mais il faut bien apprendre les techniques de base. Je pense que c'est obligatoire de connaître les techniques qui offrent les principaux principes, les choses les plus essentielles, n'est-ce pas ?

– Effectivement, dit le Maître. Les techniques sont comme la coquille d'un œuf. Elles sont indispensables pour donner naissance à l'oiseau. Elle doit être solide afin de protéger la vie qui se crée. Cependant, un jour ou l'autre, l'oiseau doit en sortir et voler de ses propres ailes.

L'image que venait de donner le vieux sage était puissante. Cela illustrait bien la nécessité des bases, mais aussi l'idée de ne pas en demeurer prisonnier.

– Jusqu'à quand doit-on s'entraîner à refaire ces techniques ? demanda mon ami.

– Toute notre vie, dit le Maître. On doit toujours revenir à ces bases. On doit les pratiquer, les explorer et les décortiquer afin de bien les comprendre. Mais on ne peut se permettre de référer constamment à notre mémoire pour s'améliorer. Dans un combat réel, on doit réagir et non rechercher la technique idéale pour se défendre. D'ailleurs, c'est bien que je n'aie pas à retenir tout ça. Je n'ai pas une bonne mémoire...

– Et ce n'est pas à cause de l'âge, s'empressa-t-il de rajouter en ricanant.

Je jetai un coup d'œil à mon ami. Il me fit un petit hochement de tête pour dire qu'il comprenait. Une question me vint à l'esprit.

– Est-ce qu'un jour, on peut les maîtriser suffisamment pour dire qu'il n'est plus nécessaire de les faire ?

– Ça serait bien prétentieux de penser qu'on n'a plus besoin de ces *katas*, dit le vieux Maître. Ce que je tente de vous dire, c'est qu'on ne s'entraîne pas aux arts martiaux en sollicitant constamment notre mémoire.

Un autre étudiant leva la main.

– Dans le style de karaté que je pratiquais, on devait apprendre le matériel de chaque ceinture par cœur. On devait tout mémoriser afin de pouvoir passer au grade suivant.

Le vieux Maître ne parut pas surpris de cette remarque.

– Oui, mais il y a une énorme différence entre ces écoles et la nôtre. Ici, vous apprenez plus de choses en une année que la plupart des autres styles en dix ans. Nous avons tellement de matériel qu'essayer de se souvenir de tout est une perte de temps. Prenez des notes, décrivez la technique puis pratiquez-la à fond. Lorsque ça sera fait, oubliez là jusqu'à la prochaine fois où vous la ferez. Retenez les clés principales, les déplacements, les postures et quelques principes de base.

– Mais si l'on ne connaît pas les techniques, comment peut-on les noter ? demanda cet étudiant.

Le vieux Maître me regarda. Je savais qu'il voulait que je réponde à cette question.

– Personnellement, je prends toujours des notes dès que j'ai le temps. Que ce soit sur papier ou sur mon petit magnétophone, j'essaie de décrire ce que nous avons fait. Puis quand je suis un peu plus libre, je les rentre au propre en m'assurant que je puisse me relire. C'est un peu comme si je faisais l'entraînement une seconde fois. Ça m'aide à tellement mieux comprendre.

Le vieux Maître hocha la tête. Puis il se releva et après avoir endossé son kimono, il alla s'agenouiller pour faire la cérémonie d'ouverture de la classe. Avant qu'il ne prononce les paroles officielles annonçant le début, j'eus l'impression de l'entendre dire ces mots.

– Refaire ces techniques, c'est le travail de toute une vie.

Chapitre 39

Les tyrans

Souffrir pour la vie
Faire face aux démons
Et se libérer

Cela faisait maintenant plusieurs années que je m'entraînais avec mon professeur. L'âge ne semblait pas avoir de prise sur lui. Bien sûr, sa souplesse physique avait légèrement diminué avec les années, mais ses capacités cognitives gagnaient en agilité. Ses connaissances martiales et même spirituelles ne cessaient de s'améliorer. En route pour me rendre à sa résidence, j'avais rencontré un vieil ami que je n'avais pas revu depuis longtemps. Il traversait une mauvaise passe, j'étais désolé pour lui. J'arrivai enfin chez mon professeur. J'avais à peine mis un pied à l'intérieur qu'il vint me rejoindre.

— N'enlève pas tes chaussures, il fait trop beau, on va marcher un peu.

Je m'attendais à ce qu'il amène les chiens pour notre randonnée, mais il n'en fit rien. Il les promenait surtout le soir, après le coucher du soleil. C'était une journée de la fin d'avril, ni trop chaude, ni trop fraîche, un moment idéal pour une balade à pied.

— J'ai rencontré un de mes amis que je n'avais pas revu depuis plusieurs mois, dis-je. Il était plutôt dépressif. Sa copine l'a laissé.

— Il est chanceux. C'est le temps pour lui d'apprendre quelque chose.

— Quoi ? Vous dites qu'il est chanceux ?!

— C'est une bonne occasion pour lui de travailler ses tyrans.

— Que voulez-vous dire par là ? Je connais sa conjointe, elle n'a rien d'un dictateur.

— Tu m'as dit qu'il était dépressif. Si ce n'est pas un tyran, alors qu'est-ce qui le rend comme ça ?

Je trouvais étrange qu'il réagisse de la sorte. Je ne voyais pas le rapport avec un tyran.

— Qu'est-ce qu'un tyran pour toi ? me demanda-t-il.

— C'est quelqu'un qui nous persécute. Un dictateur, un sadique qui nous harcèle au point où l'on en devient affecté.

— Être dépressif, c'est une maladie. Mais c'est un tyran qui l'a rendu dans cet état.

— Oui, mais je continue à dire que sa compagne n'est pas un despote, c'est simplement qu'ils ne sont peut-être pas faits pour être ensemble.

— Un tyran n'est pas nécessairement une personne, ça peut être une situation, un concours de circonstances. Mais peu importe ce que c'est, il faut en profiter pour apprendre. Les tyrans sont d'excellents professeurs. On se couche devant eux ou on les combat.

En tournant le coin de la rue, nous arrivâmes face à un vieux temple. En déposant un pied dans la cour du temple, j'eus l'impression d'entrer dans un autre univers. On aurait dit que les bruits de la rue ne parvenaient pas à franchir les limites de cette enceinte sacrée. Un mur invisible nous coupait du monde extérieur.

– D'excellents professeurs ! Vous avez un drôle de sens de l'humour aujourd'hui.

– Je suis sérieux, dit-il. Imagine que tu travailles dans un endroit où tu dois côtoyer un grand nombre de collègues. L'un d'entre eux est toujours sur ton dos. Tu n'oses pas répliquer, car il est là depuis plus longtemps que toi. Il te harcèle, il ne cesse de te faire de mauvais coups. Ça devient de plus en plus pénible pour toi d'entrer au bureau le matin. Tu ne fais rien pour remédier tout ça. Puis un beau jour, un nouveau poste s'affiche ailleurs. Tu appliques et eurêka, tu changes d'endroit. Mais la victoire est de courte durée. Tu dois affronter un autre collègue qui recommence le même manège.

– C'est parce qu'il y a des coups de pied au derrière qui se perdent que de pareilles situations existent, enchaînai-je.

– Si toi tu te défends, ce n'est pas le cas pour tout le monde. Généralement, lorsque l'on fuit un tyran plutôt que d'y faire face, il y a de fortes chances pour que le scénario se reproduise indéfiniment. Les tyrans sont des prédateurs qui recherchent des victimes plus faibles. Il est fort probable que notre employé de bureau déniche le même genre de tyrans qui le terrorisaient à la petite école. Les tyrans ont cette curieuse faculté de revenir constamment dans la vie de celui qui tente de leur échapper. Beaucoup de femmes battues, qui réussissent à se soustraire à leur agresseur, retombent entre les mains d'un semblable et parfois d'un pire.

Je comprenais fort bien ce que voulait dire le Maître. Mais je ne voyais pas très bien comment mon ami pouvait apprendre de sa rupture. Je lui fis part de ma réflexion sur le sujet.

– Si ton ami est dans un tel état, est-il possible que ce soit sa première vraie relation amoureuse ? me demanda le vieil homme.

– Non, il a déjà fréquenté d'autres femmes auparavant. Chaque fois, la séparation a été un drame.

– Si cette situation avait pour but de lui enseigner et crois-moi elle a quelque chose à lui apprendre, qu'est-ce que ça serait ?

Je ne savais trop que répondre à cela. La seule chose qui me vit à l'esprit est qu'il devait apprendre à ne pas se laisser toucher par la situation.

– Il me semble que ton ami est tributaire de sa relation. Peut-être qu'il doit enfin songer à devenir plus indépendant.

— Je me souviens qu'il m'avait dit qu'elle le trouvait trop présent et même trop parfait. Peut-être que le fait d'être un peu plus indépendant l'aiderait.

— Oui, il est prisonnier de son désir de possession, dit-il. On ne possède pas une compagne, on la mérite. Souvent, ces gens oublient de laisser respirer l'autre. Un tyran qui reçoit le choc en retour, rajouta le Maître avant de garder le silence.

— J'avais déjà lu que dans le bouddhisme, le désir est l'un des plus gros obstacles qui coupent le chemin vers le bonheur.

Nous arrivions devant le temple principal où trois grosses cordes pendaient. Le Maître joignit les mains et agita ensuite l'une d'elles. Je lui tournai le dos afin de le laisser seul avec les *kamis* de l'endroit. Après quelques instants, j'entendis de nouveau le son de sa voix.

— Un grand nombre de peuples ont été envahis au fil des siècles. Quelques-uns d'entre eux sont ressortis plus forts de ces épreuves. D'autres ont gardé une âme de pays conquis.

Je n'aurais jamais cru qu'une simple discussion d'un ami dépressif puisse nous mener aussi loin. Mais je n'abondais toujours pas dans son sens.

— Il y a sûrement des tyrans avec lesquels il n'y a rien qui puisse nous aider à évoluer. Si je me fais kidnapper en voyage, je ne vois pas ce qu'une telle situation peut m'apporter à part le fait de demeurer chez moi, et encore.

— Tu peux t'apitoyer sur ton sort et espérer que l'on te délivre ou tu peux prendre les moyens nécessaires pour t'en sortir. Lorsque tu es enlevé, tu dois en profiter pour développer ton sens de l'observation. On t'a mis une cagoule sur la tête ? Apprends à collecter le maximum d'informations possible par tes oreilles, par le mouvement que subit ton corps. Y a-t-il des sons de voies ferrées ou des indices qu'il y a de bateaux ? Y a-t-il des animaux qui jappent, ou font d'autres bruits ? Tout ce que tu peux capter peut être utile. Tu peux pleurer sur ta situation ou en profiter pour voir ce que ça peut t'apporter. Une fois que tu es dans ta cellule, la collecte d'information continue. Combien de gardiens ? Quelle est leur routine ? Peux-tu devenir ami avec l'un d'entre eux ou au contraire les faire enrager si nécessaire ?

— Mon kidnapping vient de se transformer en un stage de professionnel du renseignement, c'est bien ça ?

— En quelque sorte, oui. En plus d'inclure toutes les informations que tu peux récolter sur l'endroit où tu es détenu, il est nécessaire d'apprendre à évaluer la situation. Quel est le meilleur moment pour tenter une évasion ? Quelles sont tes chances de succès ? Si tu ne le fais pas, quelles seront tes espérances de t'en sortir ? Ton tyran t'inculque la survie. Tu dois te nourrir même si tu n'aimes pas ce que l'on te donne. Connaître le caractère de chacun de tes geôliers est essentiel.

Et finalement, tu dois avoir l'audace de saisir l'occasion lorsqu'elle se présente. Information, évaluation de la menace, stratégie, *timing*, un bon tyran peut t'enseigner tellement de choses. La plupart des gens n'osent pas tenter une évasion de peur d'échouer. Certains survivent et d'autres périssent.

– Est-ce que l'on peut apprendre de tous les tyrans ? demandai-je.

– Oui, dit-il sans hésiter. Il n'y a que deux options possibles. Se courber devant lui ou y faire face. Les tyrans hésitent à revenir lorsqu'ils ont été battus une première fois.

Chapitre 40
Soumission

Esclave de soi
Résister ou en mourir
Apprendre de soi

Je ne sais plus trop comment nous en étions venus sur le sujet, mais toujours est-il que cette journée-là, nous avions une conversation sur la soumission. En fait, ça me revient à l'esprit, je crois me souvenir comment avait débuté cette discussion. Cela s'était amorcé dans la douleur. Un intense supplice qui avait fait en sorte que je me retrouve rapidement agenouillé devant mon professeur. Il s'était servi d'un bâton qu'il avait appuyé sur mon avant-bras. La souffrance qu'il m'infligeait me donna la sensation que mon radius éclatait en mille morceaux. De mon autre main, je tapai à répétition sur ma cuisse afin qu'il relâche son étreinte macabre. J'avais l'impression que mon cœur allait cesser de battre tellement ça faisait mal. Cela faisait déjà quelques années que j'étais devenu son disciple. Je n'avais encore vu aucune technique de contrôle de la douleur. Ça m'aurait été bien utile à ce moment-là.

Cet entraînement avait lieu dans un des dojos extérieurs qu'il affectionnait tant. Cette journée-là, je ne pouvais déceler aucune pitié dans son regard.

– Vous allez me casser les os. Je ne pourrai plus jamais écrire, dis-je d'un ton légèrement agressif.

– Tu veux dire que tu ne pourras plus t'amuser aux jeux vidéo, dit-il en riant. Puis il relâcha son étreinte.

– Ce n'est pas drôle, vous m'avez presque brisé le bras.

– Ne t'inquiète pas. Je n'ai fait que presser sans frapper. Il est vrai que si tu avais eu une faiblesse dans ton os, ça aurait pu arriver qu'il casse.

– C'est ce que je disais, vous avez failli m'estropier.

– Non, je n'ai fait que te soumettre. Ou plutôt, c'est toi qui t'es avoué vaincu face à la douleur.

– Je ne me suis pas soumis, je n'avais pas le choix.

– On a toujours des options. Il y a des lézards qui vont sacrifier une patte ou leur queue pour échapper à un adversaire.

– Oui, mais moi, ça ne repousse pas.

– Il y a des circonstances où l'on n'a pas le choix, il faut être prêt à sacrifier un membre pour survivre. Mais ici, tu n'avais rien à offrir, tu n'avais qu'à affronter ta soumission.

Je ne comprenais pas ce qu'il voulait dire. Comment pouvait-on faire face à une chose pareille ?

– C'est difficile de supporter autant de douleur, c'est presque impossible.

– L'être humain est facile à soumettre. J'espère qu'aucune civilisation extraterrestre ne nous attaquera, dit le Maître. Avec des gens comme toi, on est perdu d'avance.

Comment pouvait-il m'insulter de la sorte ? Je préférai creuser davantage la question plutôt que d'essayer de me défendre. Pour le moment...

– Pourquoi dites-vous que les hommes capitulent aisément ?

– Parce que c'est vrai. Dans les temps anciens, lorsqu'un peuple en conquérait un autre, les hommes faits prisonniers étaient engagés dans l'armée pour envahir de nouveaux pays. Ils n'auraient jamais osé discuter les ordres et se rebeller contre ceux qui avaient détruit leur civilisation.

Il prit mon bras que je massais depuis qu'il m'avait relâché et pressa fortement sur la bosse qui était apparue sur mon os. Une douleur encore plus grande jaillit. Je savais qu'il venait de me faire un *kuatsu*, ces techniques de médecine anciennes qui sont si efficaces. Je savais par expérience qu'on pouvait recommencer à frapper sur mon os et qu'il ne serait plus sensible. S'il ne m'avait pas fait ce *kuatsu*, un simple contact sur mon os aurait été une torture pour les quelques jours à venir. Tout en appliquant sa médecine, il continua à me parler de la soumission.

– Cette forme de recrutement a encore lieu de nos jours. Des jeunes filles enlevées au Nigeria ont aidé les terroristes en transportant leurs munitions. Elles n'avaient pas le choix, elles ont abdiqué et dans les circonstances, c'était la chose à faire. Mais lorsqu'on arme des hommes et que la quantité de combattants enrôlés de force dépasse celle des conquérants, il serait facile pour eux de se révolter, mais il n'en est rien.

– Heureusement pour moi, je ne suis pas comme ça, je me rebellerais.

– Tu penses que tu ne te soumettrais pas ? Peut-être aujourd'hui, mais il y a quelques années, est-ce que tu aurais dit pareil ?

– Je crois que non, mais j'ai toujours fait ce que j'ai voulu faire.

– Tu ne m'as pas déjà dit que tu avais raté des séminaires parce que ton ancienne copine t'avait affecté à d'autres tâches.

Ça, c'était un coup bas.

– Il est normal de partager son temps lorsqu'on est en couple. On doit penser pour deux.

– Oui, mais est-ce que ça se faisait des deux côtés ou si c'était surtout toi qui devait rendre des comptes ?

– Dans ce temps-là, je manquais de confiance. Je ne voulais pas déplaire à ma compagne.

– Mais elle, est-ce qu'elle abusait de ta servitude ou est-ce que c'était un partage égal ?

– Bien... Peut-être pas autant, mais...
– C'est ce que l'on appelle de la soumission. C'est une dépendance à un pouvoir qui prend toutes les décisions à notre place. L'être humain n'aime pas les responsabilités. Cette dépendance lui permet de se déresponsabiliser. Pour beaucoup de gens, c'est plus facile de vivre ainsi. Beaucoup de religions ont compris ce principe et l'utilise pour... disons guider leurs disciples. C'est correct de répartir les rôles dans un couple. Chacun doit collaborer. Si l'on fait quelque chose, il faut que ça soit fait dans l'harmonie et non dans la soumission. C'est tout à fait normal de se partager les tâches. Je sais ce que c'est, crois-moi.
– Pour être honnête, j'accédais à ses demandes parce que...
Le Maître me regarda en souriant.
– D'accord, à ses exigences pour acheter la tranquillité. Je ne voulais pas faire face à l'échec de mon couple, rajoutai-je.
Ça ne m'intéressait vraiment pas de parler de ma vie personnelle avec lui.
– Vous disiez qu'il est dans la nature humaine d'être soumis. Mais il y a des peuples qui se sont révoltés.
En disant cela, je songeais aux guerriers afghans qui avaient combattu les Russes et ensuite les Américains durant tant d'années. Je lui fis part de mes pensées.
– Oui, il y en a qui se rebellent. Mais généralement, ce sont des gens qui ont connu la misère. Des personnes qui ont souffert et qui n'ont plus rien à perdre. Dans les civilisations où le train de vie est, disons, plus confortable, la résistance chute énormément.
– Mais quel rapport y a-t-il entre la résistance et la douleur que vous m'avez infligée ?
– Tu as préféré te soumettre plutôt que de te mesurer à une douleur qui était tolérable.
– Quoi ? Une douleur tolérable ?! Vous blaguez, personne n'aurait pu affronter...
– Oui et je vais te le prouver.
– Pas question que je vous fasse cette clé. Je suis trop humain pour ça, j'aurais peur de vous briser l'avant-bras.
– Ce n'est pas sur moi qu'on va l'essayer. Je vais simplement la refaire sur toi.
Je croyais qu'il plaisantait. Mais lorsque mon bras se retrouva emprisonné dans l'étau, je n'avais qu'une envie : crier au secours.
– Cesse de gémir, me lança-t-il. Je ne veux pas d'un pleurnichard comme disciple. Au lieu de paniquer lorsque tu sentiras la douleur, ressent là, alimente-t'en. Dis-toi que ce n'est qu'une information et que tu peux la tolérer. Plus tu sentiras la pression et plus tu seras déterminé à avancer sur moi.

C'est sans autre semonce qu'il resserra son étreinte. La douleur me surprit, mais je me concentrai sur elle. Étrangement, elle me donna l'énergie de résister. Plus je sentais la pression et plus j'étais décidé à ne pas céder. J'avais été suffisamment soumis dans ma vie.

Chapitre 41
Vivre dans la peur

Angoisse sombre
Un manque de confiance
Âme terrifiée

– Celui qui n'a jamais peur a des problèmes psychologiques. Nous avons tous au moins une phobie. Il ne faut pas la dissimuler. On doit apprendre à la contrôler et même à s'en servir à notre avantage, dit le Maître.

Le sujet avait été soulevé par l'un des étudiants mentionnant qu'il ne savait pas comment il réagirait dans un vrai combat. Il avait fait énormément de compétition sportive, mais il ne s'était jamais battu dans la rue. Il angoissait à l'idée de ne pas être à la hauteur et il trouvait anormal d'avoir ces craintes.

– Mais comment peut-on faire pour contrôler ça ? demanda-t-il.

– Certains pourraient te conseiller de voir un bon psychologue pour t'aider, dit le Maître.

Il venait d'ouvrir une porte que je n'allais certainement pas laisser se refermer d'elle-même.

– Vous croyez que c'est la seule solution ? ai-je demandé.

– Il y a d'autres possibilités. Vous pourriez par exemple faire le ménage dans vos principes, dans vos pensées et dans votre façon de vivre.

Avec lui, je m'attendais toujours à des réponses étranges, voire aberrantes de temps à autre. Mais cette fois-ci, dans mon esprit, il venait de dépasser ses propres limites.

– Je ne comprends pas. En quoi faire ce ménage nous aide-t-il à vaincre nos peurs ?

– Dans les temps anciens, ceci dans de nombreuses cultures, vous n'aviez pas le choix. Vous deviez aller au combat ou l'on vous exécutait. Dans le meilleur des cas, on vous emprisonnait pour désobéissance. Mais ces règles étaient surtout pour les petits soldats, ceux que l'on mettait en première ligne, les premiers à se faire tuer. Mais pour les vrais guerriers et c'était fréquemment de père en fils, il fallait apprendre à dominer ses craintes. À l'époque féodale, les confrontations se terminaient souvent par un décès. Les samouraïs étaient de bons soldats, car ils ne redoutaient pas la mort. Ils l'avaient apprivoisée et en avaient même fait une façon glorieuse de quitter notre monde. Finir sa vie au combat, le sabre à la main, il ne pouvait pas y avoir de sortie plus honorable. Ils n'avaient pas peur de perdre la vie.

– Mais c'est là le cœur du problème, dit l'étudiant. Comment peut-on s'y prendre pour dominer ça ? Vouloir mourir avec prestige ne fait malheureusement pas partie de ma culture.

– En effaçant les doutes. Il faut d'abord apprendre à différencier une crainte d'un doute. Est-ce que vous doutez de vous ou si vous avez peur des conséquences du combat, peur de ce qui vous arrivera ?

Je n'avais jamais fait la nuance entre les deux, entre la peur et le doute. Il est vrai qu'il peut être facile de les confondre, la frontière est mince entre ces deux idées. Le Maître enchaîna.

– Le doute est un poison lent qui peut mener à la crainte et à l'insécurité qui, elles, vous conduiront à la peur. Dans un premier temps, il faut apprendre à différencier ces états. Personne ne peut prévoir comment il va réagir tant qu'il n'a pas été confronté à un combat réel.

– Est-il possible qu'il y ait des gens qui n'éprouvent absolument rien ? dit l'étudiant.

– Mis à part un psychopathe, non. Ne faites que penser comment vous vous sentez lorsqu'un policier vous intercepte au volant de votre voiture pour un contrôle. Si vous avez commis une infraction, vous savez pourquoi il vous arrête. Le stress sera mieux géré. Mais si vous ignorez pourquoi il vous a ordonné de vous ranger sur le côté, vous ferez probablement toutes sortes de spéculations. Vos battements cardiaques augmenteront. Vous aurez même l'impression qu'il vous est plus difficile de vous exprimer. Et toute cette nervosité pour quelque chose d'aussi insignifiant qu'un feu arrière qui est endommagé. Ce n'est pas une agression et ça affecte vos signes vitaux. Alors que pensez-vous qu'il arrivera durant une vraie confrontation ?

Ces mots avaient fait ressurgir des images des quelques occasions où je m'étais fait arrêter pour diverses raisons. À chaque fois, je pouvais presque paniquer à la simple vue des gyrophares. Il ne me laissa pas le temps de ressasser ces souvenirs désagréables qui avaient fait plus de souffrance à mon portefeuille qu'à mon corps.

– Pour un guerrier, la première condition est de savoir s'il est dans son droit. Si le fait d'entreprendre ce combat est légitime. Si vous avez provoqué sans raison, si vous avez cherché les problèmes sans aucune justification, vous vous sentirez peut-être inconfortable d'agresser quelqu'un. Mais si c'est l'autre personne qui vous a injustement attaqué, vous aurez probablement moins de remords lorsque vous verrez sa première goutte de sang jaillir de vos coups.

– Oui, c'est bien beau, mais il y a des gens qui aiment se battre pour le plaisir. Ils le font sans raison.

– Au contraire, ils en ont une. Ils ont besoin de se prouver quelque chose. Ils n'iraient pas violenter un enfant, ou une femme incapable de se défendre. Ils recherchent un défi et trouvent leur justification dans cet acte. La vôtre sera d'utiliser votre instinct du tueur en vous disant que personne n'a le droit de porter atteinte à votre intégrité. Mais avant d'y arriver, vous devrez faire le ménage de vos programmations.

Il y avait longtemps que nous n'avions pas parlé de l'instinct du tueur. J'avais presque oublié cette expression. Pour ce qui était des programmations, je brûlais d'impatience d'entendre la suite.

– Si vous doutez de vous, il faut savoir pourquoi. Quelle est cette raison ? Vous devez la trouver. Avez-vous peur de ne pas frapper suffisamment fort ou avec la précision nécessaire ? Croyez-vous que votre adversaire est trop rapide pour vous ? Ses tatouages, son crâne rasé et ses piercings vous donnent-ils l'impression qu'il est puissant, voire même méchant ? Sur quoi se basent vos doutes ? Les identifier et les isoler sont une étape essentielle pour les contrôler. Ces incertitudes, vous vous les êtes inculquées à vous-même. Pourquoi ? Je ne sais trop, mais on peut se reprogrammer dans l'autre sens. La première étape est d'être pleinement conscient de ses faiblesses.

– Pour ce qui est des craintes ? demandai-je.

– J'imagine que tu veux parler de la peur. La peur n'a pas de justification comme les doutes. Elle est là, un point c'est tout. Ça arrive comme ça et on ne sait trop pourquoi. Or, même si nous ne trouvons pas d'explication à notre comportement, il y a moyen de la contourner, de passer par-dessus.

– Est-ce que c'est facile de l'ignorer ? Certaines personnes sont incapables de répliquer lorsqu'elles ont peur.

En soulevant ce point, je repensais à ce que des amis racontaient lorsqu'ils s'étaient fait mettre une arme devant la figure. Ils disaient qu'il était impossible pour eux de bouger tellement leurs jambes étaient molles. La peur les avait figés sur place.

– Il faut se reprogrammer. On doit se visualiser dans la pire des situations en imaginant comment nous nous comporterions si cela arrivait. Ensuite, on doit repasser le même scénario en réagissant de la bonne façon cette fois-ci. On doit faire cet exercice quelques semaines tous les jours. Le subconscient en viendra à tenir pour acquis que cette nouvelle programmation est la procédure à adopter.

– Mais c'est de la programmation neurolinguistique, dit l'un des étudiants. Ça l'a été mis au point dans les années soixante-dix.

– Ah, répondit le vieux Maître. Dans les arts martiaux, ça s'appelle du *saiminjutsu* et ça fait plusieurs centaines d'années que c'est utilisé. Ça fonctionne bien même si cela peut paraître un peu simpliste. Il ne faut pas renier la peur. Si on la contrôle bien, elle est notre rempart contre la négligence. La peur conduit à la prudence.

– Vous est-il déjà arrivé d'avoir peur en combat ? demanda le même étudiant.

– Oui. Heureusement, nous avons une partie de nos techniques qui sont défensives. Elles sont axées sur cette émotion. Lorsqu'on a une crainte, on a tendance à reculer, à rebrousser chemin. Un jour où trois types s'en sont pris à moi, j'ai paniqué. J'étais angoissé de ce que je pourrais faire, de ma façon de réagir à leur agression.

– Vous aviez peur de les blesser. Ça s'est terminé comment ? demandai-je.

– J'ai été chanceux, ils se sont montrés raisonnables.

Ma curiosité était trop grande pour que je laisse tomber.

– Que voulez-vous dire par là ?

– Je leur ai lancé que j'irais peut-être à l'hôpital, mais qu'ils m'accompagneraient et que possiblement le premier qui m'attaquerait se ramasserait probablement au cimetière.

– Et ils vous ont cru ? demandai-je.

– Je n'ai laissé paraître aucun doute dans ma voix. J'avais parlé avec une telle confiance que j'avais réussi à semer une certaine confusion dans leur esprit. Mes paroles ont su amorcer un début de crainte. Je me suis exprimé comme quelqu'un qui n'avait rien à perdre.

– Et ils ont battu en retraite, dis-je.

– Oui. Je pense qu'ils ont eu peur.

Chapitre 42
Débordement

De la volonté
À la porte de l'enfer
D'un simple désir

– La plupart des gens vivent d'espoir. Que ce soit pour réussir un projet, être riche et heureux ou simplement gagner un combat, l'espoir est un outil qui peut se retourner facilement contre nous. Les accros aux jeux de hasard en sont un bel exemple. Ils sentent qu'ils y sont presque. Ils s'imaginent qu'encore une mise ou deux et ils remporteront enfin le gros lot.

Ce matin-là, il y avait foule au *dojo*. Des gens de toutes nationalités, de différentes cultures et de groupes d'âge diversifiés. Après avoir fait la cérémonie, nous étions demeurés à genoux, face au vieux sage qui nous prodiguait son enseignement. Fréquemment, il amenait le sujet du jour par des histoires, des anecdotes ou des faits scientifiques établis. Aujourd'hui, il avait décidé de parler de psychologie humaine.

– Si vous croyez que vous êtes au-dessus de ça, détrompez-vous. Bien sûr, vous ne miserez peut-être pas d'argent sur des jeux de hasard, mais régulièrement, cette même motivation influence votre vie. Vous devez rencontrer quelqu'un et il est en retard, vous attendrez probablement quelques minutes de plus avec l'idée qu'il arrivera bientôt. Votre équipe sportive perd la partie par un écart de quelques points. Jusqu'à la dernière minute, vous croyez qu'il y aura un renversement de situation. L'être humain est ainsi fait, il espère jusqu'au dernier moment.

Je voyais de moins en moins le rapport avec les arts martiaux. Cette classe avait eu lieu la troisième année où il m'avait accepté comme disciple. Pareil concept ne m'était pas familier. Il continua sur le sujet.

– Cette petite espérance peut vous coûter la vie dans un combat.

– Allons donc ! Comme si l'espoir avait déjà tué quelqu'un, m'étais-je dit.

Le Maître se leva et demanda un volontaire pour le frapper. C'est d'un pas alerte que je pris place devant lui. Au moment où il me fit signe de l'attaquer, j'avançai d'un pas pour l'atteindre d'un coup de poing. Arrivé à bout de bras, je voyais son visage à quelques millimètres de mes jointures, j'étais certain de parvenir à ma cible. Et soudain, sans savoir ce qui venait de se passer, je perdis l'équilibre vers l'avant. Le Maître en profita pour saisir mon poignet et me faire faire une culbute spectaculaire sur le *tatami*.

– Pourquoi est-ce que j'ai réussi à te projeter aussi facilement ? me demanda-t-il.

– Vous avez attrapé mon poignet et l'avez tiré. C'est normal que j'aie été déstabilisé de la sorte.

– Est-ce que tu as eu l'impression que j'ai été obligé d'utiliser beaucoup de force physique pour te faire tombe ainsi ?

En y réfléchissant bien, c'était à peine si j'avais perçu la pression de ses doigts sur moi.

– Euh ! Non. C'est à peine si vous m'avez touché. Je me suis senti pris dans un engrenage.

– Et qu'est-ce qui t'y a amené ?

– Vous ?

– Non, c'est toi même qui t'y es engouffré. Tout s'est passé dans ton subconscient. Tu étais si certain de m'atteindre que tu as fait l'effort supplémentaire nécessaire pour y parvenir. Tu es allé tellement loin que tu as fini par déborder de ta position stable.

Débordée de ma position, l'expression était bien choisie. C'est ce que j'avais ressenti. Il m'avait amené à la limite de l'équilibre que mon corps pouvait gérer. Sans le savoir, je m'étais moi-même laissé entraîner dans une zone qui ne pouvait plus me contenir. Il avait donné l'exemple d'une goutte d'eau qui déborde du vase. C'est ce qu'il avait fait avec moi.

– Maintenant que je comprends comment ça fonctionne, je crois que ça ne marchera plus sur moi.

– Tu veux faire un pari ? dit le vieux Maître en haussant les sourcils à plusieurs reprises.

Son air espiègle fit rire les étudiants. Je m'installai devant lui pour le frapper une seconde fois. Au moment où mon poing se rapprocha de sa figure, il plia les genoux amenant ma cible à se diriger vers le bas. Il était trop tard, j'étais à nouveau pris au piège. Le contact de mon derrière sur le sol avait été plus brutal cette fois-ci.

– La réalité est que si ton intellect sait ce qui va se passer, ton subconscient lui, l'ignore. C'est lui que l'on veut influencer lors d'une telle technique. C'est lui qui dicte au joueur compulsif de continuer à miser même si son esprit cartésien lui recommande plutôt la prudence. C'est également à cette partie de toi que s'adressent les politiciens lorsqu'ils te font de belles promesses. Jusqu'à la dernière seconde, tu croyais m'atteindre.

– Y a-t-il des moments où ça ne fonctionne pas ?

J'étais intrigué par ce phénomène. Si j'avais vu un autre étudiant être catapulté de la sorte, je me serais probablement dit qu'il exagérait, qu'il se projetait lui-même pour faire plaisir au Maître. Mais pour l'avoir expérimenté personnellement, je ne pouvais que constater qu'il y avait bien quelque chose. Rien de magique, uniquement un comportement lié à la psychologie.

– Ça échouera si l'attaquant n'est pas sincère.

– Que voulez-vous dire par là ?

– S'il frappe sans avoir la réelle intention d'atteindre sa cible, ça ne pourra fonctionner. C'est pour cela que c'est plus difficile à réaliser dans un entraînement qu'en situation de combat sur un champ de bataille. Le joueur compulsif ne le fait pas pour les autres. Il le fait de manière sincère, étant persuadé qu'il va accéder à son objectif.

– Mis à part les arts martiaux et les accros du jeu, est-ce qu'on peut utiliser cette stratégie pour autre chose ? demanda une étudiante.

– Toutes les compagnies qui investissent dans la recherche scientifique ou technologique se sont un jour ou l'autre fait prendre par ce phénomène. Ils se sentaient si près du but qu'arrêter le gouffre financier dans lequel ils s'étaient enlisés ne paraissait pas le choix à faire. L'espoir masquait un cul-de-sac. L'émotionnel l'emporte sur le rationnel. En injectant de nouveaux fonds, ça devient fatal. Pourtant, la solution semblait si proche. Qu'est-ce qui les pousse ainsi à continuer ? L'espoir. Avec l'espionnage industriel, certaines compagnies ont transmis de fausses informations laissant penser que leurs recherches portaient sur un produit qui allait les propulser aux plus hauts niveaux. Cette désinformation amenait les concurrents à se disperser et à dépenser leurs capitaux dans une voie sans issue. Mais ce n'est pas là que ça nous concerne le plus.

Avec lui je m'attendais à tout. Mais là, il avait mis le doigt sur une corde sensible qui allait toucher pas mal de gens.

– Vos relations ou je devrais plutôt dire, vos espérances de relations amoureuses exploitent ce phénomène de débordement.

La plupart des étudiants regardaient leurs compagnons comme s'ils pouvaient leur donner la réponse à cette énigme. Le Maître ne nous laissa pas cogiter très longtemps.

– Vous voyez une personne de l'autre sexe qui vous plaît, qui vous attire. Vous pensez souvent à elle. Pas au point d'en être obsédé, mais vous croyez que ça vous ferait un partenaire idéal. Puis un beau jour, en discutant avec vous, cette perle rare vous met une main sur l'épaule. Comment allez-vous interpréter ce signe ? Si une relation avec cette personne n'est absolument pas dans vos objectifs, vous ne vous rendrez probablement même pas compte de ce geste. Mais si vous avez une vue sur elle, il y a de fortes chances que vous décodiez ce contact comme une tentative de flirt. Un rapprochement intime de sa part alors qu'il s'agissait d'un simple geste de camaraderie.

En l'écoutant parler de la sorte, de tels souvenirs me revenaient en tête.

– Il faut apprendre à être lucide et à accepter l'idée qu'il y a des limites à ce que l'on désire. Et pour ne pas se laisser prendre à ce piège en combat, c'est simple, il suffit de jouer défensif en se contentant de riposter aux attaques de l'adversaire. Le débordement découle du fait de trop vouloir. En combat comme en amour, il faut réagir et non espérer.

Chapitre 43
Kamae

De sa posture
Le guerrier réplique seul
Devant le lion

Le Maître m'avait demandé de le retrouver au dojo. Ceci n'avait rien de bien particulier, à l'exception que je devais l'y rejoindre vers 2 h du matin. Puisque le dernier train arrête aux alentours de minuit, j'avais dû flâner dans les ruelles désertes avoisinantes. À moins de dix minutes à pied, il y avait un temple ancestral. J'en profitai pour aller m'y ressourcer. Les sculptures qui ornaient les murs des vieux bâtiments prenaient des airs de démons contrariés sous les rayons obliques de l'astre nocturne. Ils devaient être fâchés qu'on les surprenne dans leur intimité. La pleine lune offrait un moment propice pour les esprits plus malicieux qui s'amusaient à jouer avec mon imagination. Cette petite sensation d'étrange me plaisait bien. Avoir l'impression que l'on vous épie à tout moment en sachant que vous vous trouvez seul est quelque chose d'indescriptible, surtout dans l'enceinte d'un vieux temple où chaque pierre affiche des inscriptions en partie effacées par les siècles. En m'inclinant respectueusement, je remerciai les *kamis* de m'avoir laissé passer un peu de temps en leur compagnie.

Il était environ 1 h 45 lorsque j'arrivai dans la ruelle conduisant au *dojo*. De loin, j'apercevais la lumière qui s'enfuyait des fenêtres. Le Maître était déjà là. Je n'avais même pas encore retiré mes chaussures qu'il m'ordonna de pratiquer mes *kamaes*. Cet étrange entraînement se déroula au début de ma seconde année avec lui. À ce moment, je n'aurais jamais osé lui demander quoi que ce soit qui aurait pu contrarier l'enseignement qu'il daignait m'accorder. J'appréciais le privilège qu'il me faisait et je souhaitais lui prouver que j'étais un bon disciple. Sans attendre, je pris diverses positions de combat. Chacun des *kamaes* consistait en une posture se fondant sur différentes émotions, divers éléments. Certaines d'entre elles s'inspiraient de la terre et étaient basées sur la confiance en soi, la stabilité tant physique que mentale. Avec d'autres, axées sur la fluidité de l'eau, on exploitait le pouvoir de la peur. Dans cet état, on a tendance à fuir, à se sauver. Si un adversaire est plus rapide et plus puissant, le fait de reculer l'amène à créer des ouvertures qui sont facilement utilisables. S'il allonge un coup de poing, il expose ses côtes. S'il donne un coup de pied, un combattant bien préparé pourra le viser aux parties ou à l'autre genou. Certaines de ces postures exprimaient davantage l'agressivité et même la colère. Tel l'éclair, l'élément feu permet d'attaquer à grande vitesse afin de foudroyer l'opposant. Enfin demeure le vent que l'on ne peut saisir, certains positionnements n'offrent à l'ennemi que l'opportunité de frapper du vide. À l'image de la tornade qui aspire avec lui tout ce qui se trouve sur son passage, ces *kamaes* nous amènent à capturer l'énergie que déploie l'adversaire et à l'entraîner là où on le désire en retournant sa puissance contre lui. C'est en enchaînant ces diverses façons de faire que je pris possession du *tatami*.

Les différentes figures que je connaissais se succédaient à un train d'enfer. J'essayais de mémoriser les séquences que je faisais afin de varier au maximum les séries de mouvements que j'exécutais. De temps à autre, je jetais un coup d'œil à l'horloge. J'avais l'impression que je faisais cet exercice depuis un très long moment, mais il ne s'était écoulé que quinze minutes depuis que j'avais commencé. Ce type d'entraînement que l'on appelait de la boxe de l'ombre se pratique dans presque tous les arts martiaux. On utilise différentes postures comme si l'on combattait un adversaire imaginaire. Mais ici, il n'y avait que très peu d'attaques. Je devais surtout enchaîner les postures, ce qui laissait un nombre très limité de déplacements. J'essayais de diversifier le plus possible la succession de mes mouvements, mais j'avais la désagréable sensation de toujours refaire la même chose.

– Tu fais quoi, là ? me lança le vieil homme.

– Bien ! Je fais mes *kamaes*, comme vous me l'avez demandé.

– Je n'avais pas réalisé que c'était ce que tu faisais. Mes vieux Maîtres doivent se retourner dans leur tombe. Pauvre eux, s'ils voyaient ça, ils exigeraient sûrement que je me fasse *hara-kiri*.

Je trouvais qu'il y allait un peu fort. Mes postures me semblaient plus qu'acceptables.

– Je les exécute comme vous me l'avez appris. Mes alignements des os sont corrects, je respecte les bons angles, mes bras sont bien placés.

– Hum ! Je crois qu'un robot ferait tout aussi bien. Tu ne fais qu'enchaîner des positions et non des *kamaes*. Tu confonds les deux. Un *kamae* ne dure qu'une fraction de seconde, qu'un très court moment, c'est une transition entre deux techniques, entre deux émotions. Ce n'est pas statique, c'est dynamique. On ne choisit pas de faire un *kamae*, c'est lui qui s'impose selon nos besoins. Ton corps réussit à bien reproduire cela, mais ton cœur et ton mental ne sont pas à la hauteur. Recommence.

Le second essai ne se révéla guère plus fructueux. Apparemment, j'étais un Occidental qui n'avait jamais appris à se concentrer sur ce qu'il faisait. Je sentais la colère monter en moi. Mais c'est l'apanage du disciple de subir les foudres de son Maître si elles peuvent le faire avancer dans le chemin de la connaissance. Le feu de son exaspération ne pouvait que me forger.

– Tu fais tous tes *kamaes* avec la même émotion. On ne doit pas en être prisonnier. Il faut apprendre à les utiliser et à les laisser partir lorsque c'est le temps.

– Je ne comprends pas. Qu'est-ce que vous voulez dire par les laisser partir ?

– Que ce soit dans les arts martiaux ou dans la vie de tous les jours, les émotions sont l'un des moteurs les plus puissants qui conduisent l'homme vers sa destinée. On ne doit pas être asservi par elles.

– Je ne me laisse jamais dominer par elles.

– Non ? Lorsque tu es en colère, combien de secondes est-ce que ça te prend pour changer complètement d'état d'esprit ?

– Ça, ce n'est pas pareil, c'est normal de garder cette attitude un certain temps.

– C'est probablement pour ça que beaucoup de gens fâchés prononcent des paroles qui dépassent leur pensée, des mots qu'ils regretteront amèrement. Un adversaire habile peut utiliser n'importe laquelle de tes émotions et la retourner contre toi. Imagine un avocat qui regarde un policier dans la barre des témoins. Les jurys lui tournent le dos. Il observe l'agent qui subit la pression du stress. L'avocat de la défense lui fait un sourire en le fixant droit dans les yeux. Les gens dans la salle voient le policier sourire sans se douter qu'il ne le fait que par empathie. L'avocat en profite alors. « Quoi, ça vous fait rire ? Vous trouvez ça drôle ce que subit mon client, ça vous amuse peut-être ? » L'agent vient d'être déstabilisé, il est devenu vulnérable. C'est la même chose en combat, tu ne dois pas demeurer prisonnier d'un élément. Tu dois apprendre à laisser le bon élément prendre sa place dès que c'est le temps et lui permettre de partir au moment où c'est nécessaire. Imagine un homme d'affaires qui est obsédé par un seul de ses concurrents parce qu'il l'a trompé avec sa femme. Il focalisera son attention sur cet homme, oubliant les autres compétiteurs qui le feront tomber. Il faut apprendre à lâcher prise. Le *kamae* représente une attitude. Visualise-toi essayant de montrer ta colère à quelqu'un, mais que ton visage exprime le contraire. Tu ne seras pas pris au sérieux. Si tu veux avoir l'effet désiré, il faut que ton corps, tes idées et tes émotions soient alignés dans la même direction.

– Oui, mais ici c'est plus difficile. J'ai l'impression de toujours faire le même enchaînement.

– Ce n'est pas un problème si ça laisse ton esprit libre. Un *kamae* est intemporel, il doit être hors du temps tout en gardant ton esprit ici et maintenant.

Ce n'était pas le genre d'explications qui à l'époque pouvait m'aider. Les seuls mots que je comprenais plus ou moins étaient ici et maintenant. Hors du temps me semblait une expression venue d'une langue inconnue. Je me réinstallai au centre du *dojo*, puis après avoir pris une profonde respiration, je commençai à reculer une jambe en étendant un bras vers l'avant. Puis je me dis que c'était tant pis pour la beauté du geste, je devais laisser travailler mon corps et mon esprit par eux-mêmes. Les premiers mouvements me semblaient désorientés, exprimant un manque cruel de coordination. Puis durant un court moment, je me sentis comme un livre ouvert qui invitait l'attaquant à s'y jeter. Je me déplaçais de manière circulaire, j'avais la sensation de devenir intouchable. Rapidement, je sentis mes émotions se transformer en une énergie agressive qui me força à aller de l'avant. Puis une étrange sensation de peur ou peut-être devrais-je dire de prudence m'obligea à reculer pour m'amener à transférer mon poids sur ma jambe arrière et en levant mon autre jambe pour porter mon pied près de mon genou, je bloquai une attaque imaginaire de ma main avant. Mes positions se succédaient naturellement. J'avais l'impression que le temps lui-même coulait dans mes veines. Je savais que si j'avais eu un vrai adversaire devant moi, je percevrais ses attaques au ralenti. Mon corps, mes émotions et mon mental agissaient en me privant graduellement de toute sensation. J'étais hors du temps, j'étais au-delà des lois physiques telles que je les connaissais. Plusieurs années après cette expérience, le Maître m'expliqua que c'était les *kamis* qui m'avaient guidé lors de cet entraînement.

À ma grande surprise, j'avais fait une heure d'exercice. Tout cela ne m'avait paru durer que quelques minutes. Je racontai ma stupéfaction au Maître.

– Comment est-ce possible ? J'ai l'impression de n'avoir fait que quelques enchaînements.

– C'est simplement que tu es entré dans un état méditatif. On peut atteindre des états profonds par le mouvement. Ce n'est pas pour rien qu'il y a des danses sacrées dans beaucoup de vieilles civilisations. Le corps est un véhicule au même titre que l'esprit.

– Est-ce que mes déplacements étaient meilleurs cette fois-ci ? demandais-je un peu craintivement.

– Je pense que ton subconscient a beaucoup appris cette nuit. Pour ce qui est de toi, je ne sais pas, il y a peut-être un peu d'espoir après tout.

Chapitre 44
Prévisible

Connaître la voie
D'un pas imprévisible
En franchir le seuil

Le Maître m'avait demandé de le retrouver chez lui. À peine avais-je mis un pied à l'intérieur, qu'il me tira par un bras.

– Viens, allons manger. Ça ne me tente pas de cuisiner aujourd'hui.

Naturellement, je n'avais pas mon mot à dire. Quand il avait décidé quelque chose, je pense que personne n'aurait pu le faire changer d'avis. En moins de cinq minutes, je m'étais retrouvé assis dans un petit restaurant, caché au fond d'une ruelle près de chez lui. Il ne me laissa pas le loisir de consulter le menu.

– Je vais commander pour nous deux, comme ça, on pourra épargner du temps, dit-il en hochant la tête en direction du serveur qui ne le quittait pas du coin de l'œil.

– Où allons-nous ?

– Nulle part.

– Dans ce cas-là, vous devez drôlement être affamé.

– Qu'est-ce qui te fait croire cela ? me dit-il en me regardant le plus sérieusement du monde.

Je ne sais trop s'il blaguait ou s'il était sérieux.

– Vous me semblez tellement pressé de manger.

Il ne répondit pas, se contentant d'appeler le serveur. Il avait parlé trop rapidement pour que j'aie le temps de savoir ce que j'allais déguster. Heureusement pour moi, je m'accommodais à merveille de la cuisine japonaise. Mais j'avoue que j'étais plutôt déstabilisé par son curieux comportement.

– Où m'aviez-vous dit que vous deviez vous rendre ? risquais-je timidement.

– Je ne vais nulle part et je n'ai pas plus faim que d'habitude, me dit-il sans prendre la peine de me regarder.

– Mais alors, pourquoi tant d'empressement ?

– Parce qu'il faut bien se nourrir.

– Oui, mais pourquoi le faire avec tant de précipitation ?

– Parce que l'on ignore de quoi sera fait l'instant d'après.

Je savais que je venais de mettre le pied dans un engrenage mystérieux. Le repas n'était qu'un prétexte à philosopher. Il aimait m'attirer dans ces joutes verbales. Les premières fois, j'étais complètement désorienté, mais après toutes ces années, j'avais pris goût à ces échanges.

– Dans ce cas-là, je ne comprends pas. Parfois, vous dévorez votre assiette si rapidement que je ne peux terminer la moitié de mes plats et en d'autres occasions vous prenez des heures pour avaler la même chose.

– Il y a toujours deux facettes à tout. Ça dépend des circonstances.

– Mais qu'est-ce qui peut déterminer de quel moment il s'agit ?

– Pourquoi faudrait-il que cet instant soit défini ?

Je ne pouvais répondre à cela. Il gardait le silence. Je me doutais bien que je devais découvrir la clé qui me permettrait de comprendre où il voulait en venir, mais j'avais beau chercher, je ne trouvais rien qui pouvait justifier un tel comportement.

– Je ne sais pas. Parfois j'ai l'impression que vous êtes imprévisible.

Il me regarda en arborant un large sourire. Je venais de mettre le doigt sur une réponse, mais je n'avais aucune idée de la direction à prendre.

– Qu'est-ce que la prévisibilité ? me lança-t-il.

– C'est ce qu'on peut anticiper. Mais pourquoi me demandez-vous cela ?

– Est-ce que tu sais d'une journée à l'autre ce que je vais faire ou le chemin que je vais emprunter pour me rendre au dojo ?

J'avais déjà réalisé cette excentricité dont il faisait preuve abondamment. Mais je n'y avais pas prêté davantage attention.

– Pourquoi ? C'est une qualité que d'être imprévisible ? insistai-je.

Je ne m'attendais pas à une réponse aussi drastique.

– La survie d'un guerrier peut en dépendre. Certains hommes influents ont été assassinés ou enlevés parce qu'ils utilisaient jour après jour le même itinéraire.

– Quel est le rapport entre ça et le *budo* ? demandai-je.

– Il faut apprendre à ne pas être prévisible. Souvent lorsque tu m'attaques, tu fais tes enchaînements préférés. Tu es tellement prévisible que je pourrais lire le journal en te combattant. On doit décider des balises que l'on veut bien laisser paraître.

– Vous parlez dans la vie de tous les jours, ou simplement dans les arts martiaux ?

– Dans tout. La plupart des gens ont construit leur vie autour d'habitudes si fortement ancrées que le moindre changement les déstabilise. Vivre sans surprises c'est un peu attendre la mort. C'est pareil dans les arts martiaux. Si ton adversaire sait comment tu vas te comporter, il n'a qu'à produire les conditions nécessaires qui t'amèneront à faire ce qu'il veut bien que tu fasses au moment où il le désire.

– Ça peut se jouer des deux côtés.

– C'est exact. Mais même en créant des feintes, il arrive parfois que nos habitudes nous trahissent. Il faut s'entraîner à réagir de différentes façons, ne pas se limiter à ce que l'on connaît.

– Vous voulez dire que l'on doit faire ce que l'on ne connaît pas ? Comment peut-on faire ça ?

– Dans les arts martiaux, si l'on fait une technique, c'est que quelque part on l'a apprise et qu'on l'a suffisamment assimilée pour pouvoir s'en servir.

Je ne comprenais absolument pas où il souhaitait en venir et il s'en rendait bien compte.

– Faire ce que l'on ne pense pas, se faire guider par son instinct. Crois-tu que lorsque j'enseigne, je connais tout ce que je montre ? Plus souvent qu'à mon tour, je suis mon instinct et la plupart du temps, ça débloque sur de nouvelles façons de faire qui sont non seulement très efficaces, mais qui sont généralement très imprévisibles. Ce n'est pas parce que tu essaies quelque chose de nouveau que ce n'est pas bon. Si ton niveau technique est suffisamment élevé, ce qui en sortira sera logique et fonctionnel. Par contre, si ton expérience n'est pas à la hauteur, la technique ainsi créée sera probablement inefficace et laissera plusieurs ouvertures dont un adversaire pourra tirer parti.

– J'ai déjà rencontré des personnes qui avaient tenté d'inventer un nouveau style d'art martial. Les résultats étaient visuellement agréables à regarder. Mais d'un point de vue technique, la plupart présentaient de nombreuses lacunes qu'il était aisé d'exploiter. Ces gens possédaient un meilleur marketing qu'une bonne capacité martiale. Ils réussissaient à vendre leur salade à des débutants sans expériences dans le domaine.

Mon professeur ferma son poing en signe de désapprobation.

– Ces gens sont dangereux, dit-il. Ils mettent la vie de leurs étudiants en danger en leur laissant croire qu'ils vont se transformer en de vrais combattants. Enfin, on a le professeur que l'on mérite.

Je trouvais le Maître un peu dur de parler ainsi. Il continua ses explications.

– Devenir imprévisible peut prendre toute sorte de facettes. Si tu te bats au sabre contre quelqu'un qui a plus d'expérience que toi, il y a de fortes chances que tu perdes la vie. Il faut alors te servir de ta lame de manière inhabituelle. Utiliser davantage ta main gauche, tenir le sabre à une main, ou l'agripper en inversé, voire même le manipuler comme une lance ou un bâton. En changeant notre façon de faire, il est plus difficile pour l'adversaire de prévoir nos réactions.

– Est-ce que l'on peut faire ça avec toutes les armes ?

– Bien sûr que oui. On peut travailler le *bo* comme un javelot ou comme une batte de baseball. On peut également se servir du couteau comme un bâton pour cogner des zones sensibles plutôt que d'aller couper. Lorsqu'on sait comment le tenir, c'est plus rapide frapper que de trancher.

– Avec les armes, ça paraît plus facile, mais comment peut-on faire ça à mains nues ?

Au moment où il s'apprêtait à me répondre, le serveur apportait nos plats. Je m'attendais à ce que mon professeur mange à toute vitesse, mais à l'inverse, il prit son temps. Il semblait déguster chacune des nouilles qui entraient dans sa bouche. À mi-chemin de son assiette, il reprit la conversation.

– Sans armes, on peut jouer sur les positions. Prendre une posture défensive pour faire une attaque-surprise ou au contraire adopter une attitude agressive tout en étant prêt à battre en retraite afin d'attirer notre adversaire dans nos filets.

Il prit une bonne gorgée de thé et attaqua de nouveau les nouilles encore fumantes. Je comprenais bien ce qu'il voulait dire en usant de fausses positions. J'avais hâte de retourner au dojo pour expérimenter tout cela. Après avoir sapé la dernière nouille, il continua ses explications comme s'il n'avait jamais arrêté de parler.

– Tout ce qui nous tombe sous la main peut devenir, lorsqu'on l'utilise de façon imprévisible, une arme redoutable.

J'étais un peu sceptique en écoutant ces derniers mots. Je fouillai dans mes poches à la recherche du premier objet que j'y trouverais. Je sentis quelque chose de rond qui s'échappait au bout de mes doigts. Après m'être tortillé davantage, je réussis à extraire une petite pièce de monnaie de un yen.

– Vous croyez que vous pouvez transformer ceci en une arme efficace ? Je serais curieux de voir cela.

Sans dire un mot, le vieux Maître prit la pièce. Il saisit mon index et en une fraction de seconde, il la glissa sous mon ongle. De son pouce, il appuya fortement contre son rebord. Le temps de cligner des yeux, je me retrouvai au sol, utilisant mon autre main pour taper de toutes mes forces contre ma cuisse afin que cette étreinte monstrueuse se relâche. Mon champ de vision se rétrécissait rapidement, la douleur était insoutenable. Le Maître diminua légèrement la pression.

– C'est dangereux de jouer avec de l'argent, me dit le vieil homme en ricanant.

Je dois avouer que ça, je ne l'avais pas vu venir !

Chapitre 45
Shizen

Par sa nature
Pour vivre en harmonie
Bouger librement

Je pense que le mot qui revenait le plus souvent lors de mes entraînements avec le Maître était sans aucun doute *shizen*. « *Shi* », la première syllabe du mot, se traduit par « soi-même ». La seconde partie, « *Zen* », peut être interprétée comme étant « en ce qui concerne », « ce qui est bien ». De façon globale, on pourrait dire que ce mot signifie les choses qui peuvent nous influencer. Vu de cette façon, ça ne veut pas dire grand-chose. Mais une fois ces deux *kanjis* réunis, cela se traduit par nature, naturel. Bouger de façon naturelle, naturelle de réagir ainsi, c'est dans la nature de l'homme, ce mot revenait constamment lors des enseignements de mon professeur. Un jour où j'étais avec lui dans un marché d'alimentation, ses dernières paroles me firent réfléchir durant des jours. Au moment où je mis des fraises dans mon panier, il posa sa main sur mon avant-bras.

– Comme l'oiseau qui se repose au sol seulement lorsqu'il sait qu'il est en sécurité, tu dois apprendre à réagir de façon naturelle, avait-il dit.

Eh oui, il était comme ça. Certains de ses enseignements pouvaient parfois frôler l'hermétisme. J'avais beau essayer de faire le lien entre la sécurité de l'oiseau et notre présence ici et je n'y parvenais que très difficilement.

– Pourquoi dites-vous cela ? demandai-je.

– Regarde ces fraises, certaines ont de la moisissure. Ce n'est pas moi qui vais déguster ça.

Il appela un préposé et lui montra le produit. L'homme s'excusa à de multiples reprises en retirant tout ce qui restait des fruits avariés. Je commençais à voir où il voulait en venir. Savoir ce que l'on mange devrait être un réflexe simple. Ne pas avaler n'importe quoi. Mais, je me doutais bien qu'il cherchait à m'amener autre part que sur un débat concernant la nourriture.

– Sensei, vous parlez souvent de *shizen*. Ne sommes-nous pas toujours *shizen* ? Si une personne est tendue la plupart du temps, est-ce que ce n'est pas normal pour elle d'être dans cet état ?

– La question devrait plutôt être, est-ce que c'est naturel pour un humain de vivre constamment sous tension ? Si tu es un homme des cavernes et qu'un dinosaure te court après, oui, ça aide à survivre.

Mais être tendu à longueur de semaine parce qu'on a de la difficulté à gérer sa vie, ça non, ce n'est pas normal.

– Oui, mais dans une situation de confrontation, il est normal d'être tendu.

– Je suis entièrement d'accord avec ça. Mais *shizen* a plusieurs facettes. Dans le *budo*, la première étape est d'apprendre à bien bouger. Être stressé au moment de combattre est quelque chose de naturel. Si tu paniques à l'idée de cet état émotionnel, c'est que tu as peur de ce qui est normal. Si tu acceptes cet état, tu as déjà fait un pas vers la victoire. Mais si tu t'affoles à la pensée de perdre le contrôle, alors tu as déjà un pied dans la défaite.

Tout en m'expliquant, il humait l'odeur des *daikons*, ces espèces de gros radis blancs qui goûtent et ne sentent pas grand-chose, mais qui sont très nourrissants.

– Quel est le rapport entre bien bouger et être stressé ?

– Même en étant tendus, nous devons apprendre à bouger naturellement, me répondit-il. Si tu esquives un coup de poing en arquant le dos vers l'arrière et en amenant tout ton poids sur tes lombaires, tu auras de la difficulté à éviter la seconde attaque. Un tigre pris dans un piège bougera comme un félin, même s'il est acculé au pied du mur. On doit apprendre à nous mouvoir selon les capacités de notre corps et cela, peu importe notre condition.

– Donc, *shizen*, c'est simplement employer son corps comme il se doit ?

– Dans un premier temps, oui. Mais c'est beaucoup plus que ça. Comme je te le disais, ce *shizen* a plusieurs facettes. La tactique que tu utiliseras pour te défendre doit être naturelle.

– Je ne comprends pas. Une stratégie ne laisse pas grand place au naturel, ça réfère plutôt à l'intellect, soit de choisir la bonne manœuvre afin de contrer une attaque déterminée.

– C'est vrai, mais il faut que la riposte que tu utilises soit en harmonie avec l'attaquant ainsi qu'avec tes capacités physiques et techniques. Tu as prévu de capturer le bras de ton opposant au moment où il te donnera un coup de poing, mais il est trop rapide, il le ramène à la vitesse de l'éclair. De son autre bras, il réussit à te frapper aux côtes. Qu'est-ce qui est naturel ? Demeurer sur place ou choisir de battre en retraite ? Si l'on t'a enseigné à avancer sur l'adversaire comme en compétition sportive, il y a de fortes chances que tu perdes ton combat, mais si tu suis la nature des choses, ton instinct, tu auras probablement la sagesse de reculer et de prendre de la distance et peut-être même de te sauver si c'est nécessaire pour ta survie. Il faut apprendre à faire ce qui est naturel.

J'avais déjà réalisé que, durant des années, mon entraînement sportif ne m'avait jamais conditionné à l'idée d'un repli stratégiquement.

Les sports de combat nous enseignent à essayer de gruger du terrain sur notre adversaire, ce que mon Maître appelait gentiment du combat de coqs. Il hocha la tête à quelques reprises comme s'il acquiesçait à quelques pensées secrètes puis il enchaîna.

– *Shizen* s'applique au corps, à l'intellect et également aux émotions.

Sur le moment, je n'avais pas réalisé qu'il venait de relier *shizen* à ces deux autres aspects. Comment pouvait-on rattacher ce mot aux émotions ? Je tentai une explication.

– Pour les émotions, c'est facile, c'est toujours naturel. Si l'on est heureux, fâché, inquiet ou surpris, ça demeure toujours naturel. On ne choisit pas ses émotions, on les vit lorsqu'elles se présentent.

Le Maître me regarda avec un sourire.

– Je ne savais pas que tu cachais une âme de philosophe. Mais tu as raison, on vit ses émotions. Par contre, on peut se battre en contradiction avec.

Je commençais à voir où il voulait en venir. Son enseignement était basé sur les éléments naturels que sont la terre, l'eau, le feu, le vent et le vide. Chacun de ces éléments était relié à une émotion humaine. La terre symbolisait la confiance en soi. L'eau, plus fuyante, était liée à la peur, à l'aspect défensif comme savoir reculer lorsque l'opposant utilise l'agressivité du feu. Éteindre le feu par l'eau. Le vent, quant à lui, puisait sa force dans la bienveillance, dans l'absence de combativité et de la peur. Il se contente de laisser aller l'adversaire dans la direction qu'il a choisi tout en retournant son énergie contre lui. Le vide était un peu plus difficile à saisir. Je pense que l'on pouvait dire que c'était de savoir maîtriser les autres éléments, de pouvoir utiliser le bon élément au bon moment.

– Chaque émotion entraîne notre corps à réagir différemment, poursuivit mon mentor. Si tu as peur, tes muscles répondront autrement que si tu as une totale confiance en tes capacités. Qui n'a pas senti un jour ses jambes trembloter lors d'un stress ? Ne serait-ce que pour aller parler devant un groupe ?

Il avait choisi le bon exemple pour démontrer jusqu'à quel point les émotions pouvaient jouer sur nos fonctions glandulaires.

– *Shizen*, c'est tout ça, enchaîna-t-il. C'est faire ce qui doit être fait au bon moment.

– C'est facile à dire, mais par où doit-on commencer pour arriver à devenir aussi naturel ?

– Ça débute avec de petites choses simples du quotidien. Savoir se tenir debout par exemple. La plupart des gens chercheront un mur où s'appuyer, ou encore prendront des pauses en laissant le poids du corps reposer sur une seule jambe. Apprendre à s'asseoir correctement est une bonne façon de développer son centre *hara* et d'accroître un meilleur sens de l'équilibre.

– C'est bien beau tout ça, mais qu'est-ce qui fait qu'une technique n'est pas naturelle ?

Le vieux Maître soupira en me dévisageant. Il me regardait comme si j'étais une cause perdue. Puis je vis ses épaules se détendre.

– Je pense que l'on peut résumer cela en disant que beaucoup de pratiquants d'arts martiaux font ce qu'ils ne devraient pas faire. Si un train fonce sur toi, tu t'enlèves de la voie ferrée. Tu feras la même chose si un antagoniste puissant et rapide te rentre dedans en te martelant de coups de poing et de coups de pieds sans que tu ne puisses bloquer. Ne reste pas sur la voie ferrée, quitte ce corridor et tu pourras regarder le train passer.

L'image pouvait paraître un peu étrange, mais elle était tellement réaliste. Lors de compétitions sportives, j'avais souvent vu des personnes demeurer devant un adversaire qui enchaînait à répétition des frappes impossibles à contrer. Dans la plupart des cas, les gens se contentaient d'essayer de reculer plutôt que de sortir du chemin de l'attaque linéaire qu'il subissait. Il est plus facile d'avancer que de reculer. J'étais tout fier de dire à mon professeur que je comprenais ce qu'il voulait dire.

– Finalement, on peut résumer *shizen* par faire ce qui doit être fait. C'est-à-dire trouver la technique idéale à exécuter au bon moment et au bon endroit.

– Tu as tout saisi. De façon basique, c'est un peu l'idée de *shizen*. Il ne te reste plus qu'à ajouter la connexion, le bon *timing*, les bons angles, la bonne distance, le bon état psychologique et d'apprendre à te laisser guider par le divin pour arriver à ce que tout soit naturel.

Ça y est, le Maître venait de m'achever.

Chapitre 46
État d'esprit

En visant le cœur
Son mental sans défense
Capitulera

Nous étions dans l'une des classes que donnait régulièrement mon professeur. Nous pratiquions des *muto dori*, des techniques de défense à mains nues contre sabre. Au moment où la lame de mon partenaire s'abattait sur ma tête, je parvenais aisément à l'esquiver. Je commençais à prendre de l'assurance. Je demandai à mon ami de me frapper le plus rapidement possible. Il hésita, puis il alla changer son *bokken* en bois pour un souple, une arme capitonnée permettant d'éviter des blessures graves. J'étais en train d'argumenter avec lui pour qu'il garde celui en bois lorsque le vieux Maître arriva derrière moi.

– Qu'est-ce que tu cherches à prouver ? me demanda-t-il en me fixant d'un air amusé.

– Je pense que dans les arts martiaux, on doit rendre l'entraînement le plus réaliste possible. Un sabre en mousse, ça ne fait pas très sérieux.

J'étais prêt à défendre mon point de vue. Mais sa réponse me figea totalement.

– Je suis entièrement d'accord avec toi. Mais auparavant, il faudrait que tu apprennes à bouger convenablement. Tu ne te déplaces pas en harmonie avec le sabre, tu détales comme un lapin.

Comment pouvait-il se permettre de lancer cela ? Je pouvais esquiver la lame en demeurant calme, même très calme. Mes mouvements s'effectuaient sans saccade, de manière fluide et j'oserais même dire, avec élégance. Décidément, il y avait de la mauvaise foi dans ses propos. Je lui expliquai mon point de vue, comment je me sentais en évitant la lame.

– C'est ce que je dis, tu fuis, répondit-il.

Le Maître invita tous les étudiants à s'asseoir autour de lui.

– Lorsque l'on fait des *Muto dori*, il faut soi-même devenir une arme.

Oups ! Là c'est vrai que je commençais à être perdu. Comment pouvait-on être un sabre ? Durant un instant, j'eus l'impression d'être une épave au milieu de l'océan. J'étais non seulement désemparé, mais, pour un court moment, j'eus le sentiment que toutes mes années d'entraînement étaient devenues futiles. C'était étrange de ressentir une telle émotion en écoutant quelques mots seulement.

– Se défendre contre une arme en fuyant, c'est facile. Ce n'est qu'une question de réflexes, d'habiletés à bouger. Beaucoup de gens vont se contenter de ça.

En disant cela, il me regarda un bref instant, puis il sourit.

— Lorsqu'on est confronté à un assaut au sabre, il faut que notre déplacement ait une influence sur le mental de l'attaquant. Si l'on ne fait que se sauver, alors on ne fait que jouer au chat et à la souris. Dans l'esprit du *budo*, gagner un combat est important. Pour vaincre un rival, on ne doit pas se contenter d'essayer de le terrasser en luttant seulement avec son corps physique. Le vrai combattant doit atteindre le cœur et capturer le mental de son ennemi. Et ceci est vrai autant pour un combat au sabre que pour un duel d'entreprises.

Il n'y avait que lui pour comparer le combat au sabre à une rivalité d'hommes d'affaires. Je préférai ramener la conversation au sabre, c'était plus simple.

— Excusez-moi sensei, mais si je réussis à éviter la lame de mon adversaire, est-ce que je ne viens pas de le perturber ? Il fait face à un échec, sa lame a manqué son but.

— Oui si c'est un débutant, non si c'est un guerrier d'expérience. Ce dernier sait bien que s'il atteint sa cible du premier coup, ce n'est pas nécessairement que son opposant soit bon, c'est tout simplement qu'il a été chanceux.

Je n'avais rien à répondre à cela. Mais une multitude de questions me venait à l'esprit.

— Mais alors, que vous voulez dire par capturer le mental de l'adversaire ?

Le Maître se dirigea sur le côté du dojo et saisit un sabre d'entraînement en bois.

— Attaque-moi, me dit-il.

Tout en reculant ma jambe droite, je levai le *bokken* au-dessus de ma tête. Je pris une profonde respiration. Je sentis mes épaules qui se relaxaient, j'étais prêt à frapper avec le maximum de vitesse. Sans prévenir, je fis un pas vers l'avant en fendant l'air de mon arme. Je le manquai de peu, mais je savais que je pouvais enchaîner aisément, qu'il serait facile pour moi de l'atteindre en faisant une coupe transversale. Mais je n'eus pas le temps d'amorcer ma seconde attaque.

— Bien, maintenant explique à tous ton impression sur ce que tu viens de faire.

Je racontai ce que j'avais ressenti et aussi le fait que j'aurais pu réattaquer rapidement. Mais je ne voulais pas entacher l'image de mon professeur, je n'insistai pas sur le fait qu'il avait été vulnérable.

— J'avais la sensation que j'aurais pu vous atteindre facilement, mais je suis sûr que vous auriez fait quelque chose d'autre pour éviter l'attaque.

— Bien, est-ce que l'on peut dire que tu agissais en chasseur, que tu courrais après une proie qui tentait de s'échapper ?

La comparaison était réaliste. C'est ce que je ressentais, un chat qui traquait une souris.

– Maintenant, refaisons le même exercice. Mais cette fois-ci, cesse d'attaquer de façon ridicule. Tu veux me couper en deux, pas me faire chevalier.

Comme précédemment, je pris position. Mais cette fois-ci, j'abaissai un peu plus mon centre de gravité afin d'augmenter au maximum la vitesse de ma lame. Le Maître se tenait debout devant moi, en posture naturelle. Il ne semblait nullement concerné par ce qui se passait. J'attendis un peu. Ce court moment me donna à nouveau la sensation d'un chat traquant une souris. Puis, sans montrer aucun signe annonçant mon attaque, ma jambe arrière avança rapidement, propulsant mon sabre à une vélocité que je n'avais jamais obtenue auparavant. Le Maître esquiva la lame sans effort. C'est alors qu'il se passa un phénomène étrange. J'avais l'impression que ma vie était menacée. Au moment où il se déplaça sur le côté, j'eus la désagréable sensation que son corps allait me percuter violemment, qu'il volait l'espace qui m'était alloué. Les yeux du Maître envahirent mon esprit, ne semant que de la confusion au sein de mes pensées. J'essayai bien d'échafauder une stratégie, mais mes émotions me déstabilisaient davantage, en ne laissant que manque de confiance et panique dans leurs sillages.

– Peux-tu décrire aux autres ce que tu as ressenti ?

– C'est étrange, je me suis senti menacé. Je comprends maintenant ce que vous vouliez dire par devenir une arme. C'est difficile à expliquer, mais je me suis senti impuissant. J'avais la certitude que je n'étais plus le chasseur, mais la proie. Peu importe où j'aurais pu me déplacer, mon esprit avait l'impression que toute retraite était futile. Mais comment avez-vous fait pour en arriver à ce que je me sente comme la victime plutôt que le chasseur ?

– C'est difficile à enseigner, car c'est quelque chose qui ne s'explique pas vraiment par des mots. Je crois pouvoir dire que la première condition pour réaliser cela est un état d'esprit adéquat. On ne doit pas penser à se sauver de l'attaquant, mais à le pressuriser, à l'acculer au pied du mur. À l'aide du vide, j'ai créé un mur invisible.

– Vous ne m'avez pas agressé, vous ne m'avez même pas touché.

– Ce qui ne t'a pas empêché de te sentir agressé. En canalisant notre corps, notre volonté, nos émotions et notre cœur, on peut arriver à influencer les esprits faibles.

Ces derniers mots n'allaient sûrement pas m'aider à augmenter mon estime de soi. Je préférai ne pas répondre à cela. Heureusement pour moi, le Maître mit du baume sur mon égo.

– Ce que j'entends par esprit faible, c'est simplement un esprit qui n'est pas conscient qu'une confrontation peut se jouer sur d'autres plans que celui du corps physique. À partir du moment que l'on prend conscience que ces combats d'un niveau supérieur existent, on commence alors à saisir la vraie nature du *budo*.

– Oui, je comprends ce que vous dites, mais comment en arrive-t-on à pouvoir utiliser ça, à pouvoir créer ce que vous m'avez projeté ? C'est facile de dire qu'on a qu'à unir notre volonté, nos émotions et notre cœur pour faire ça. Mais comment fait-on pour réussir concrètement à faire tout ça ?

– La première étape est *ishiki*, la conscience. La plupart des gens qui pratiquent les arts martiaux le font comme s'ils jouaient aux cartes. Il faut s'impliquer si fort émotionnellement qu'on a la sensation que notre vie dépend de chacun de nos mouvements. Que chacune de nos respirations nous permet de ne pas tomber dans un précipice.

Ces explications ne m'avançaient guère. Je me serais cru devant un *Jedi* du film la Guerre des étoiles.

– J'ai l'impression d'entendre Obiwan Kenobi ordonner à Luke d'utiliser la force.

Je ne sais pas si le Maître avait vu le film, mais il enchaîna sur le sujet.

– Non, non, non, on ne dit pas d'utiliser la force, on dit qu'il faut croire en la force. Dans la langue japonaise, ce sont les paroles du *Jedi*.

J'étais surpris, il connaissait bien ce classique. Je venais de réaliser qu'au moment où je l'avais attaqué, mon regard avait croisé le sien durant une fraction de seconde. C'était à partir de ce moment-là que je sus que j'avais perdu le combat. Il n'y avait plus aucun doute dans mon esprit, il avait perturbé mon mental.

Chapitre 47
L'art des mots

D'abord le verbe
Un enchaînement de sons
Trouver le bon sens

La langue japonaise est fascinante. Elle comporte des subtilités que les arts martiaux traditionnels ont su adapter au fil des siècles. C'est un moyen d'expression simple et en même temps très complexe. La lecture de ces petits caractères dérivés de dessin que l'on appelle *kanjis* ne sollicite pas les mêmes zones du cerveau que les lettres occidentales. Lorsqu'on regarde notre alphabet, un mot n'est qu'une suite de sons qui nous permettent de comprendre ce dont il s'agit. Par exemple, on séparera une montagne en trois syllabes distinctes. En japonais, son *kanji* représente le dessin d'une montagne. Automatiquement, le cerveau perçoit l'image plutôt que d'interpréter les sons pour en arriver à savoir de quoi il est question.

Dans les arts martiaux plus anciens, on pouvait jouer avec cette élasticité de la langue. Un jour où le Maître nous expliquait que le nom d'un *kata* contenait souvent la clé pour bien saisir ce qu'il refermait. Je décidai d'essayer d'approfondir le sujet au maximum.

– Je ne comprends pas. Comment son nom peut-il détenir la clé ? demandai-je le plus candidement possible.

Il choisit une vieille technique appelée *batsugi*, empruntée au style *koto ryu*. Cette école avait été créée dans le milieu des années 1 500. Mon professeur me demanda de la démontrer. C'était très simple, facile à exécuter et efficace pour contrôler un adversaire. Dans notre langue, les deux premières syllabes se traduisaient par le mot capturer et la dernière signifiait art ou habileté. Mon partenaire m'agrippa au collet d'une main et tenta de me frapper de l'autre. Je posai ma main sur la sienne afin d'amorcer une torsion de son poignet. Puis de mon autre main, je poussai sur son visage, l'obligeant à descendre sur le *tatami* au moment où j'effectuais la torsion.

– Très bien fait. Vous pouvez constater le sens du nom de la technique. On emprisonne la main qui nous tient et par elle on redirige le corps de l'assaillant au sol. En d'autres mots l'art de capturer. Ici, c'est l'attaque que l'on gère.

Vu sous cet angle, le nom du *kata* cadrait bien avec sa traduction. Mais ça ne pouvait pas être aussi simple.

– Dans les arts martiaux anciens, dit-il, on couchait sur les *denshos*, les parchemins japonais, le nom et la description sommaire de la technique. On devait garder des traces écrites afin de transmettre l'information de génération en génération. Par contre, il ne fallait pas dévoiler tous ses secrets à l'ennemi si jamais les précieux rouleaux tombaient entre leurs mains. Comment alors résoudre cette contradiction ?

Il me regarda en souriant. Je m'attendais à une critique de sa part malgré le fait que j'avais bien effectué les mouvements. Il me demanda plutôt de refaire. J'exerçai un peu plus de pression sur la clé de poignet afin d'amener mon partenaire le plus rapidement possible au sol. Je ne voulais surtout pas mal paraître.

– Ici, la technique a été exécutée selon les *kanjis* qui ont été dessinés. Mais en japonais, les sons importent. Les phonèmes peuvent parfois être illustrés par un nombre impressionnant de divers *kanjis*. Décomposer davantage le nom du *kata* et changer l'idéogramme pour un autre qui a la même consonance peut inspirer des façons de faire différent ou donner plus de clarté à la procédure. Par exemple, « ba » peut être traduit par cheval ou vieille femme. « Tsu » peut être interprété par des mots comme endroit, une capitale, par le verbe « passer », par un port de mer et même de la douleur. Quant à « gi », on peut trouver des définitions comme art, justice, discussion, doute, correct, jeu, flirt et sacrifice. Il y en a d'autres, mais je n'ai plus la mémoire de mes vingt ans, dit-il en riant.

J'essayai d'exécuter rapidement diverses combinaisons de tous ces termes dans ma tête. Mais au lieu de s'éclaircir, tout s'embrouillait. Heureusement, il enchaîna.

– Dans l'exécution standard de ce kata, on préconise la puissance physique pour amener l'adversaire au sol. On doit appliquer une forte pression sur la main de l'agresseur pour faire fléchir son poignet afin de le contrôler. Imaginons maintenant que nous prenons l'expression de la vieille femme pour composer le nom de notre manœuvre. Nous lui associerons le mot endroit et celui de discussion. De quelle façon l'utilisation de ces termes changera-t-elle notre technique ?

Il me demanda de le frapper. Au moment où je m'apprêtais à donner le coup de poing, il avança rapidement sur moi, me privant de l'espace nécessaire pour amorcer mon attaque. Je me retrouvai sur mes lombaires. Il plaça sa main sur mon visage et sans effort, il me fit tomber. Au lieu de la torsion de poignet, il avait saisi mon auriculaire, m'obligeant à m'incliner sur le côté si je voulais que mon doigt reste intact. Il n'avait utilisé aucune force physique pour me maîtriser.

– Est-ce que vous voyez la différence ? La femme âgée n'a pas de gros bras. Elle ne peut que dialoguer pour tenter d'endiguer l'agressivité de son attaquant. Pour discuter, il faut se diriger vers l'autre. C'est ce que j'ai fait. La vieille dame n'a peut-être pas la capacité pour faire une clé de poignet, mais elle peut contrôler la situation par la torsion d'un simple doigt.

J'avais trouvé une faille dans son explication. Il avait oublié la traduction de l'un des sons.

– Oui, mais le mot endroit, je ne comprends pas ce qu'il fait dans le nom de la technique.

– C'est juste, tu as raison, dit-il.

Il m'ordonna de l'agripper à nouveau et demanda à quelqu'un d'autre de se placer derrière lui et de l'attaquer avec un sabre d'entraînement. Au moment où je tentai de donner mon coup de poing, il pivota son corps et sans effort, me propulsa sur mon compagnon qui m'accrocha l'épaule avec son arme. En nous nuisant mutuellement, moi et mon comparse, il fut facile pour le Maître de nous plaquer au sol tous les deux. En utilisant sa main qui était sur mon visage, il m'avait dirigé à l'endroit qu'il désirait.

– Se limiter aux techniques telles qu'elles sont écrites dans les *denshos* est une erreur grave. La plupart d'entre elles possèdent plusieurs couches d'enseignements. C'est comme la pelure d'un oignon, le meilleur est caché en dessous.

– Est-ce que c'est comme ça dans tous les arts martiaux ? demanda un étudiant que je ne connaissais pas.

– Beaucoup de styles populaires n'existent que depuis cinquante ou soixante ans et parfois même beaucoup moins. Lorsque ces arts martiaux plus récents ont été mis sur pieds, les besoins n'étaient pas les mêmes. Je pense que dans toutes les langues, il y a un proverbe qui dit que la nécessité est la mère de l'invention. Il en allait de même à l'époque. Il fallait conserver une trace des outils qui pouvaient assurer la survie aux membres de l'école. Mais on devait également prendre des précautions afin que ces techniques ne puissent se retourner contre leur créateur. Sur le papier, l'enseignement était basique. Pour arriver à comprendre le sens caché de ces *katas*, on devait avoir accès à la transmission *okuden*. Le transfert d'information de bouche à oreille, de maître à disciple. Lorsque l'élève était prêt à recevoir ces secrets, le Maître se présentait à lui.

– Mais qu'en est-il dans les arts martiaux plus récents ? demandais-je.

– Ces écoles n'ont pas été créées pour la survie. Elles sont généralement le fruit de la réflexion d'un seul homme qui désirait partager une partie de ses connaissances. C'est pour cette raison que certaines techniques n'offrent pas ou très peu de possibilités d'ajustement. On bloque l'assaut, on répond d'un coup de pied ou de poing et ça s'arrête là. Ça ne permet pas de s'adapter si l'agresseur attaque d'une façon différente de celle pour laquelle la technique a été prévue. De nos jours, c'est l'aspect sportif qui prédomine. Alors, pourquoi chercher à concevoir quelque chose de complexe ? De plus, les gens n'ont plus la patience d'attendre pour maîtriser ce qu'ils apprennent. Si c'est trop compliqué, ils abandonnent. Pour les créateurs de nouveaux styles, le volet marketing doit dominer dans la plupart des cas. Il faut bien payer le loyer...

— Mais dans les vieilles écoles, si ces connaissances ne sont pas enseignées, elles vont se perdre, souligna un autre étudiant.

Je trouvais regrettable cette idée de perdre autant d'informations de ces arts martiaux qui avaient traversé les périodes troubles du Japon.

— Oui, c'est ce qui s'est passé pour plusieurs écoles. Des Maîtres étaient trop exigeants dans la recherche de bons disciples. Un grand nombre de *ryu* ont été oubliés. Je ne veux pas que cela arrive avec mon savoir. C'est pourquoi j'accepte autant d'étudiants de partout. Il ne faut pas que ce que j'ai acquis disparaisse avec moi.

Ça expliquait pourquoi le vieux Maître était si généreux envers moi et les autres élèves à qui il enseignait. Dans les arts martiaux que j'avais pratiqués auparavant, je recevais les connaissances au compte-goutte. Avec lui, c'était souvent plus que je ne pouvais assimiler. Dès qu'on avait une demande spéciale, il s'empressait d'y répondre en nous donnant énormément d'informations. Il continua à nous parler.

— Prenez le temps de comprendre le nom de la technique. Regardez si, en changeant le sens d'un *kanji* par un autre ayant prononciation identique, la technique peut évoluer dans une direction que vous n'aviez pas prévue. Vous serez étonné des résultats. De plus, cet exercice développera une façon de penser qui est essentielle dans le *budo*. La puissance des mots alimentera votre faculté à vous adapter à toutes sortes de possibilités.

Il nous avait fait faire le même exercice avec différents enchaînements et chaque fois le résultat était surprenant. Changez le mot « intérieur » pour celui de « direction », et celui d'une « vague » pour le verbe « aligner », et vous obtenez un contrôle très différent du corps de l'adversaire. À ce moment, je commençais à regretter de ne pas maîtriser mieux l'écriture japonaise. Heureusement pour moi, il existait d'excellents dictionnaires qui pourraient m'aider dans cette tâche gigantesque que je m'étais donnée, celle d'approfondir la signification des noms des *katas*. Une question me vint à l'esprit.

— Qu'est-ce qui se passe si une personne ne prend pas la peine de faire ce que nous venons d'apprendre, si elle ne creuse pas davantage pour mieux jouer avec les noms des techniques ?

Le vieux Maître me regarda en souriant.

— Beaucoup d'entre elles ne réalisent pas qu'elles sont dans un état de médiocrité. Elles seront quand même heureuses et seront certaines qu'elles ont du talent.

— C'est tout de même triste, ajoutai-je.

— Non, comme ça elles ne pourront faire de mal à personne, se contenta-t-il de répondre en haussant les épaules.

Chapitre 48
Plus grand que nature

Une impression
Une image forte
Un seul jugement

Durant les premiers mois que mon professeur avait accepté de me prendre comme élève, il m'avait accompagné au Musée national de Tokyo. Au moment où nous nous apprêtions à changer de salle d'exposition, quelqu'un m'accrocha sans se retourner pour s'excuser. C'était un homme occidental qui devait faire dans les deux mètres. Un colosse proportionné à ses longs bras démesurés. Rien à voir avec un grand maigrelet qui n'aurait que la peau et les os. Son crâne rasé reflétait les lumières du jour que les fenêtres du haut laissaient passer avec générosité. Ses bras dénudés affichaient divers tatouages, dont un avec une tête de mort et un couteau planté au sommet du crâne. Je ne cessai de fixer l'homme qui gravissait deux à deux les marches de l'escalier central. Ça ne me tentait vraiment pas d'aller lui exiger des excuses.

– Il t'impressionne, me dit mon professeur.
– Oui, je n'aimerais pas être obligé de le maîtriser.
– Pourquoi ? me demanda-t-il d'un air surpris. Je ne comprends pas pourquoi il te fait cet effet-là.
– Quoi ? Vous avez vu la stature de cet homme ?
– Ah, c'est ça qui te perturbe à ce point, sa taille ?
– Il y a de quoi. Avez-vous remarqué la longueur de ses bras ?
– Oui, mais heureusement, il n'y en a que deux, dit-il en ricanant.
Je trouvais le sens de l'humour de mon professeur était parfois d'un goût douteux.
– Avec la grosseur de ses biceps, la puissance d'un de ses poings doit être incroyable.
– Parce que tu penses que la force d'un coup frappé se mesure à la longueur des bras et au volume des biceps ?
– Si ce n'est pas ça, ça ne doit sûrement pas nuire.
– Donc, tu évalues que cet homme serait un adversaire redoutable simplement à cause de sa taille et de ses muscles.
Je commençais à me sentir embarrassé de dire oui, mais mon professeur ne me laissa pas le temps de répondre.
– Si je comprends bien, avant même que le combat débute, cet homme te déstabiliserait.
J'étais un peu gêné de l'avouer, mais c'était bien le cas.
– Est-ce qu'il y a autre chose que sa stature qui te perturbe chez lui ?

– Bien, pour être honnête, j'ai toujours associé les crânes rasés à des gens brutaux, qui aiment se chamailler.

Le Maître me regarda en souriant.

– Et j'imagine que ses tatouages ne sont pas pour te rassurer, n'est-ce pas ?

– J'ai une petite méfiance envers ce type d'individus.

– Je croyais que tu étais bon dans les arts martiaux, argumenta le vieil homme.

– Oui, je suis excellent en compétition. Je n'ai pas peur d'affronter quelqu'un sur le *tatami*. Mais pour ce qui est de la rue, un bonhomme comme celui-là me rend mal à l'aise. Et vous, ça ne vous ferait pas peur de vous mesurer à un tel colosse ? demandais-je.

– Toi et lui êtes semblables, alors non, ça ne me dérangerait pas de devoir me défendre contre une personne comme lui.

– Quoi ? Vous dites que nous sommes pareils ? Il n'y a aucun rapport en lui et moi. Nous sommes complètement différents.

– Tu as combien de points d'appui au sol, me demanda-t-il le plus sérieusement du monde ?

– Si vous parlez des pieds, j'en ai deux. Mais les siens sont plus grands, ils doivent être plus stables.

Le vieux Maître ne se laissa pas perturber par mes propos.

– Est-ce que tu figures que sa peau est plus épaisse et qu'elle le protège mieux des impacts que la tienne ?

C'était sarcastique, mais il avait raison.

– Crois-tu que ses nerfs sont plus résistants à la douleur que les tiens ? Tu penses qu'il n'a pas de réaction comme tout le monde lorsqu'il se cogne le coude ?

– J'imagine qu'il doit avoir aussi mal que moi.

– Non, c'est pire pour lui. Comme, visiblement, il s'entraîne à développer sa musculature, plusieurs de ses nerfs sont plus sensibles que ceux des personnes ordinaires. Les muscles gonflés compressent les nerfs et les rendent plus réceptifs aux *kyushos*.

Je venais de réaliser que, sous cette armure de muscles, il y avait des points faibles.

– As-tu simplement observé comment il se déplaçait ?

– Euh ! Comme tout le monde... Je suppose. Je n'ai pas trop porté attention à ça.

– Il avançait en gardant ses épaules très hautes, élevant ainsi son centre de gravité.

– Ce qui fait...

– Ce qui fait que ses attaques sont beaucoup moins puissantes qu'elle ne pourrait l'être pour un homme de sa corpulence. As-tu remarqué qu'il avait tendance à marcher sur la pointe des pieds ?

– Non, qu'est-ce que ça change ?

– Décidément, tu as tout à apprendre, me dit le vieil homme sur un ton un peu découragé. Si l'on capture son énergie au moment où il tente de nous frapper, on peut la rediriger pour le projeter. À cause de sa grandeur, ça en devient même trop facile.

Je n'avais pas réalisé toutes ces faiblesses sur le moment. Mais après réflexions, je m'étais dit que cet homme n'était peut-être pas aussi terrible que je l'imaginais.

– Tu t'es laissé impressionner par sa stature et surtout par son apparence. Beaucoup de gens se sentent écrasés psychologiquement face à de tels individus. Certains en profitent. Ça joue en leur faveur, ils se sentent supérieurs dès que la personne en face d'eux exprime un sentiment d'infériorité. Si tu en rencontres, agis comme s'il était très petit. Tu constateras assez rapidement que leur attitude va changer.

En repensant à l'homme, j'essayai de m'imaginer devant lui, mais en le considérant au même titre que n'importe lequel de mes amis. En visualisant la scène, je me devins plus calme. Le Maître contemplait une lame de *tachi*, l'ancêtre du *katana*. Il enchaîna.

– Regarde cette lame, elle est magnifique. Malheureusement pour elle, sa longueur la rend plus fragile.

Je crois que j'avais saisi le message.

– Mais la longueur des bras, ça, ça fait toute une différence.

Je m'attendais à toute sorte d'explications sauf à celle-ci.

– Un tigre n'est dangereux que si tu te trouves devant ses crocs ou ses griffes. C'est rempli de vide autour de ses pattes. Il faut que tu apprennes à nager dans ce vide.

Voilà qui était simple. Il ne me restait qu'à apprendre à nager dans ce vide.

– Maintenant, me demanda mon mentor, est-ce que tu serais capable de regarder le même homme en l'imaginant de stature normale et même plus petite ?

– Je pense que oui. Les exercices de visualisations que vous m'avez enseignés peuvent m'aider à le faire. Je relevai le menton en disant cela.

– Tant mieux, dit le Maître en posant ses deux mains sur ma poitrine et en me poussant vers l'arrière.

Je reculai jusqu'à sentir mon dos venir s'appuyer sur quelque chose de massif. Je venais de heurter quelqu'un. Au moment où je me retournai pour m'excuser, je vis le colosse qui me regardait en fronçant les sourcils.

– Je voulais m'excuser pour vous avoir accroché tout à l'heure. J'étais dans la lune, dit-il.

Chapitre 49
L'endurance

Mutilation
Dans un effort inconscient
D'être le meilleur

Ma carrière de pratiquant d'arts martiaux se divise en deux parties distinctes. Avant ma rencontre avec le vieux Maître et après. Comme la plupart des gens, je ne mettais pas les efforts nécessaires aux endroits stratégiques. Pourtant, c'est sans hésitation que je vous aurais dit que c'était le bon chemin. Je n'avais pas réalisé à l'époque qu'il n'y avait pas qu'une seule route à suivre pour mener à l'illumination.

Moi et mes copains nous nous exercions à la dure. Un entraînement physique de cinq ou six heures d'affilée était normal pour nous. Durant ces heures, le cœur ne se retrouvait que très rarement au repos. Tout ce que nous pouvions faire pour nous torturer et nous blinder, nous le faisions. Rien ne nous arrêtait. Je pense pouvoir dire sans me tromper qu'à cette époque, je maintenais une forme olympique.

Nous pratiquions également différents travaux d'endurcissement. Se faire frapper presque partout sur le corps était notre pain quotidien. Que pouvait-on demander de plus pour créer une vraie machine de guerre ? Je me souviens d'un des exercices où un compagnon montait sur une chaise et nous tirait de toutes ses forces un ballon d'entraînement de presque cinq kilos. Allongés sur le dos, nous nous amusions à nous faire sauter sur le ventre. Plus la personne était lourde et plus nous étions satisfaits.

Après avoir rejoint mon professeur chez lui, je lui racontai ce que je faisais comme entraînement martial avant de le rencontrer. Il se contenta de sourire, le même sourire qu'un adulte ferait en voyant un enfant déballer son cadeau de Noël.

– Ça ne semble pas vous impressionner, ce que je vous raconte. Dis-je un peu frustré de son manque d'empathie pour mes efforts.

–Oh non, crois-moi, je suis fasciné. Cela prend de la détermination pour faire ce que vous avez fait.

Enfin, il reconnaissait mon travail et tout l'acharnement que j'y avais mis pour arriver à devenir aussi efficace. Mais, il n'avait pas terminé.

– Même si ce n'est pas très utile.

Comment un art martialiste de sa trempe pouvait-il ne pas être d'accord avec ce type d'apprentissage qui avait fait de nous de véritables machines à combattre ?

– Pourquoi ne serait-ce pas très utile ? Il est important de pouvoir absorber des impacts si l'on ne veut pas se retrouver dans les pommes dès les premiers instants.

J'étais certain qu'il ne pourrait pas répondre à un argument aussi évident.

– Lorsque tu t'exerçais de cette façon, je suppose que tu te laissais cogner sur tout l'estomac et la poitrine n'est-ce pas.

– Bien sûr, dis-je fièrement en relevant la tête.

– Indubitablement, tu t'es habitué à recevoir des attaques dans le dos tout en évitant la colonne pour ne pas causer de blessures graves.

C'est avec un peu moins d'assurance que j'acquiesçai ça.

– Si votre entraînement était complet, tu t'es sans doute amusé à te faire frapper sur les jambes, les tibias et les cuisses.

– Oui, bien sûr.

– Et naturellement, vous vous êtes conditionné à subir des coups de pieds sur le côté des genoux.

– Bien sûr que non, dis-je sur un ton exaspéré. Ces articulations sont trop fragiles.

– J'imagine aussi que vous vous agressiez à grands coups de poing à des endroits précis comme le foie, le pelvis et les parties.

Je préférai ne pas répondre à cette énumération.

– Je présume également que vous vous entraîniez à recevoir des impacts au visage, dans les yeux et sur le nez.

– Bien sûr que non, c'est trop dangereux.

– Pourtant dans un combat, ce sont les premières cibles susceptibles de subir des attaques.

Je cherchais désespérément le moyen de m'en sortir.

– Pour nous protéger la tête, on bloquait ces frappes avec nos bras, dis-je en répondant avec assurance.

– Mais alors pourquoi n'utilisais-tu pas tes bras pour parer les impacts sur ton corps ?

J'avais l'impression que je m'embourbais de plus en plus.

– Parce que le corps est plus résistant que la tête, il peut s'accommoder de chocs violents.

– Même des percussions en onde de choc comme je t'ai déjà enseigné ?

Quelques mois auparavant, il m'avait fait sentir la puissance de ces techniques. J'avais mis plusieurs épaisseurs de livres sur mes abdominaux, mais malgré cela, la force du coup m'avait projeté loin vers l'arrière. Il m'avait complètement coupé le souffle.

– Non, ça ne m'aurait servi à rien. Mais si je comprends bien, vous essayez de me dire que j'ai perdu mon temps à m'entraîner de cette façon. Qu'est-ce que j'aurais dû faire à la place ?

– Apprendre à bouger, à bien te mouvoir, à anticiper les stratégies de ton adversaire.

Son regard me donna l'impression qu'il avait pitié de moi.

– Depuis quand as-tu cessé ces exercices de mutilation, excuse-moi, je devrais dire d'endurcissement ?

– Quelques mois avant que je ne m'entraîne avec vous.

– Il n'est peut-être pas trop tard.

– Que voulez-vous dire par là ?

Le vieux maître se leva et alla se préparer une tasse de thé. Après quelques minutes, il revint s'asseoir et poursuivit la conversation comme s'il n'y avait jamais eu d'interruption.

– Beaucoup de gens de mon époque qui pratiquaient de cette façon ont développé des cancers ou divers problèmes reliés aux organes internes. Et c'est sans compter la fragilisation des os et la formation de caillots de sang. Le corps humain n'est pas fait pour servir de sac de frappes. Il a ses limites.

Je portai machinalement mes mains à mon estomac. Il continua ses explications sur le sujet.

– Ce mode d'entraînement était utilisé pour former rapidement une élite militaire. On compensait le manque d'expérience martiale par une endurance physique plus grande. Il est plus facile de remplacer un soldat de ce type qu'un que l'on aurait pris des années à le façonner. Plusieurs facteurs entrent en considération pour réussir à fabriquer ce modèle de soldat performant. Au départ, ce ne sont pas tous les participants qui possèdent la génétique nécessaire pour cette mutilation à long terme. Ceux que l'on voit dans les vidéos font généralement partie de cette élite à la génétique solide.

– Mais alors, si l'on ne doit pas s'entraîner de cette manière, que conseillez-vous pour pouvoir survivre à de violents combats ?

– Je te l'ai dit, apprendre à bouger. Lorsqu'on fait des arts martiaux, le but n'est pas de devenir le meilleur sac de frappes possible. On doit plutôt mettre ses efforts à esquiver les attaques. Pense à toutes ces heures où tu as travaillé de cette façon. Si tu avais utilisé ce temps pour bien bouger, probablement que tu serais plus en sécurité dans une bagarre que tu l'es maintenant.

C'était la réponse à laquelle je m'attendais. Malheureusement à cette époque, ma conscience martiale était très peu développée. C'était davantage la testostérone qui conduisait mon entraînement que mon jugement.

– D'accord, je suis d'accord en ce qui concerne les impacts. Un enfant de dix ans peut briser un genou d'un adulte à la musculature impressionnante s'il le frappe dans le bon angle. Mais pour ce qui est de la forme physique, ça, vous ne pouvez pas nier que c'est un plus.

– Tu as tout à fait raison.

J'esquissai un grand sourire. Pour une fois que c'était moi qui détenais les arguments gagnants. Malheureusement, le vieux Maître n'avait pas dit son dernier mot.

– Mais...

Il venait de couper court à ma victoire à l'aide d'une simple syllabe.

– Si tu passes trop de ton temps d'entraînement martial à faire du conditionnement physique, tu gâches un temps précieux.

– Pourquoi ?

– Parce que si tu demeures plusieurs mois sans t'entraîner, tu perdras cette énergie qu'offre un exercice physique régulier. Par contre, même si tu restes des années sans pratiquer les arts martiaux, au moment où tu en auras besoin, tes connaissances seront là. Elles sortiront de l'oubli et viendront t'aider lorsque ça sera nécessaire. Donc, mieux vaut baser son système de défense sur les techniques martiales que sur tes gros muscles.

– Oui, mais ça ne peut pas nuire d'être en bonne condition physique.

– Au contraire, dit le vieux Maître. C'est un plus. Mais ça, tu peux le faire par toi-même en dehors de tes heures d'apprentissages au dojo. Il n'est pas rare de voir des professeurs passer plus de la moitié du temps d'enseignement à de la mise en forme. D'ailleurs, la plupart des gens mélangent cela avec les vrais arts martiaux. Ils arrivent chez eux complètement courbaturés, car ils ont fait un grand nombre de pompes et disent que le cours d'art martial était fantastique parce qu'ils ont des douleurs partout. *Budo* parlant, est-ce qu'ils se sont améliorés ? Bien sûr, on doit avoir une certaine résistance. Si après trente secondes d'effort tu as besoin de ta pompe pour l'asthme, alors peut-être qu'il te faudra investir un peu plus dans ta forme physique. Mais si pour assurer ta sécurité tu te fies davantage à ta capacité physique que martiale, là il y a un grave problème.

Quelque chose au fond de moi voulait désespérément que tout ce que j'avais fait comme travail intense durant toutes ces années n'ait pas été inutile. Un dernier argument vint à mon esprit.

– Oui, mais l'avantage de l'entraînement que j'avais fait est que maintenant je suis habitué à la douleur. Mon corps a appris à gérer ces informations.

Pour toute réponse, il me prit la main et appuya l'ongle de son pouce à la jonction d'un de mes doigts. Une douleur intense court-circuita tout mon être. Des zones d'ombres apparaissaient dans mon champ de vision. J'étais sur le bord de l'évanouissement. Je n'avais même pas la capacité de me débattre pour échapper à cette étreinte sournoise. Avant que ma conscience ne bascule complètement dans les ténèbres, le Maître relâcha ma main.

– C'est de ce genre de douleur que tu parlais ? me demanda-t-il calmement avant de prendre une gorgée de thé.

– Ça va, j'ai compris.

Ce qu'il venait de me faire surpassait de loin en intensité tous les coups que mon corps avait enduré durant toutes ces années.

– Tu avais raison pour une chose, on peut s'endurcir à la douleur. Mais on n'a pas besoin de se mutiler pour arriver à cela. Dans mon art martial, c'est à travers les *kyoshos* que nous apprenons à l'apprivoiser. Si l'art martial que tu pratiques cause des séquelles à long terme, il faut songer à changer d'école.

J'ai souvent repensé à cette conversation que j'avais eue avec lui. Cependant, je n'ai jamais regretté ces années d'entraînement à la dure. Je n'ai regretté que le temps perdu où je stagnais d'un point de vue martial.

Chapitre 50
La colère

Mon âme noire
C'est moi qui la domine
Pour me protéger

Cela faisait plusieurs jours que je n'avais pas revu mon maître, pas depuis son enseignement concernant l'instinct du tueur. Ce que j'avais appris sur le sujet avait soulevé une multitude de questions. Je devais aller le retrouver chez lui afin de l'aider à enlever quelques mauvaises herbes de son jardin.

En arrivant, je le trouvai au haut d'une échelle, il avait une paire de cisailles à la main. Il contemplait une des branches de l'arbre qu'il taillait en forme de bonzaï géant. Cela devait faire plusieurs minutes qu'il fixait le même rameau, puis le métal des ciseaux élagua à peine un bout de brindille à l'extrémité d'une des ramifications.

– Voulez-vous que j'aille chercher vos lunettes ? Vous semblez avoir de la difficulté à voir où vous devez en enlever.

– Coupé des branches c'est facile, ce que je fais c'est rajouté du vide aux bons endroits, répondit-il en examinant attentivement son œuvre.

Que pouvais-je trouver à redire ? Des fils métalliques obligeaient certaines tiges à croître dans la direction désirée. Une pièce de tissus protégeait l'écorce afin qu'elle ne soit pas déformée sous la pression des fils. Un second coup de ciseau fit virevolter quelques paillettes vertes que la légère brise se dépêcha d'entraîner avec elle. Il avait dû s'écouler une dizaine de minutes entre ces deux actions. Lentement, avec prudence, mon professeur descendit de son échelle.

– Alors, qu'est-ce qui te met dans cet état là ?

– Quoi ? Quel état ? Je vais bien, je n'ai pas de problèmes.

– Je n'ai pas dit que tu avais des problèmes, mais il y a quelques choses qui te tracasse, ça paraît, disons, dans ton aura.

Je ne savais trop s'il blaguait ou s'il apercevait vraiment quelque chose. Mais toujours est-il qu'il avait vu juste.

– C'est au sujet de l'instinct du tueur. Je l'aidai à replier son échelle et je la plaçai sur mon épaule pour aller la ranger sur le côté de la mystérieuse remise dans laquelle je n'avais jamais posé les pieds.

– J'ai plusieurs questions à ce sujet pour être honnête.

Il me montra une petite table ronde entourée de quelques chaises. Un pot de thé glacé et deux verres s'y trouvaient. Il nous versa du thé et vida son verre en une longue gorgée qu'il avait l'air de particulièrement apprécier.

— Pour la plupart des gens, c'est quelque chose qui fait peur, quelque chose d'immoral. La plupart des personnes associent le mot tueur à de la violence et ils n'ont pas tort. Est-ce que c'est quelque chose d'éthique qui te tracasse ?

— Non ce n'est pas ça. Mais en utilisant cette énergie, j'ai senti que je frôlais la colère. Ce genre d'émotions qui fait que l'on peut perdre la tête. Ça m'est déjà arrivé d'être dans des rages folles. Lorsque cela se produit, je n'ai plus aucun contrôle.

— L'instinct du tueur est un sentiment très proche de la colère. Une colère noire, obscure, une situation où les émotions ne laissent plus de place à la raison. C'est pour cela qu'il faut être prêt. Sans une gestion sévère, la frontière est facile à franchir entre ces deux mondes. On doit transformer cet état en une colère froide, détachée.

Son ton de voix solennel me donnait des frissons. Je ne l'avais jamais senti parler avec autant d'émotion.

— Vous est-il déjà arrivé de dépasser cette limite ?

Durant un instant je m'en voulus d'avoir osé poser cette question. Elle concernait son passé, ce genre de souvenirs qu'on ne confit pas à n'importe qui.

— Oui, ça m'est arrivé, et crois-moi, je le regrette encore. À cette époque, je ne distinguais pas l'instinct du tueur de la colère. Lorsqu'on est en colère, on peut faire des actes que l'on regrettera toute notre vie. On agit sous le coup d'une impulsion. On parvient à un stade où il n'y a plus de négociations. On veut quelque chose et tout est focalisé sur le moi. Je veux gagner, je veux que tu t'étendes, tu vas voir que c'est moi qui ai raison et qui décide.

Il cessa de parler pour boire une gorgée de thé glacé. Cette fois-ci, il avala lentement. Son visage s'était transformé, durant un court instant, j'avais l'impression que son esprit était ailleurs. Il enchaîna, mais je sentais que cela prendrait une voie moins personnelle.

— Imagine que tu conduis ta nouvelle voiture et qu'en cherchant une autre station de radio, tu coupes accidentellement le passage à un autre véhicule. Le chauffeur te klaxonne, tu lèves les bras comme pour t'excuser. Lui il colle ta voiture de très près. Tu dois tourner à droite et tu réalises qu'il te suit. Il allume et éteints constamment ses phares. Tu commences à le trouver particulièrement désagréable. Il continue en appuyant sans cesse sur son avertisseur. Tu te ranges sur le côté et il te rejoint avec deux de ses amis. Il se met à t'engueuler et te dis que tu vas avoir la raclée de ta vie. Bon joueur tu t'es excusé, mais rien n'y fait. Un premier coup de poing arrive d'un de ses acolytes qui était passé derrière toi. Il t'atteint à l'omoplate, tu sens une forte douleur en plus d'entendre un craquement inquiétant. Comme pour la plupart des gens, tu pourrais avoir peur, mais avec ta formation martiale, tu ne les crains pas, tu es en colère.

Plus il parlait, plus j'avais l'impression de vivre cette situation. Cela m'était déjà arrivé plusieurs fois de me faire couper et de me faire faire un doigt d'honneur. Je m'étais toujours promis qu'un jour je corrigerais l'un de ces malappris.

– Tu donnes un premier coup de poing à l'un des assaillants, tu vois des gouttelettes de sang qui giclent sur ta voiture. Tes agresseurs ont plus le profil d'anciens détenus que d'étudiants en danse classique. Tu parviens de justesse à éviter un coup de pied qui s'est terminé en enfonçant ta portière. Tu commences à perdre ton contrôle. Tu sens que tu veux les battre, les blesser, les mettre hors d'état de nuire. Plus tu t'impliques émotionnellement, moins tu ressens les coups qu'ils te donnent. Tu ne réalises plus la puissance de tes propres attaques. Tu réussis à repousser deux des agresseurs, il ne reste plus que le conducteur. Tu le frappes au visage, il tombe sur le sol. Tu embarques sur lui et tu le cognes, une fois, cinq fois, dix fois, tu ne sais plus combien de fois tu l'as atteint. Tu as oublié le pourquoi de ton combat. La seule chose qui compte pour toi est de le frapper. Rendu à ce stade est-ce c'est encore de la défense ou une perte de raison totale ?

– Je pense que ça fait déjà un bout de temps que je n'ai plus conscience de mes actes, dis-je en me sentant presque coupable comme si j'avais fait ce qu'il venait de me décrire.

– Avec l'instinct du tueur, tu peux avoir cette colère, mais tu dois la contrôler. Oui, tu es dans ton droit de te défendre, mais dans cet état, ce n'est pas toi qui décides, mais ton cerveau primitif. Avec l'instinct du tueur, tu sais quand c'est le temps d'arrêter. Tu sais à quel niveau en sont rendus tes adversaires. Pour un guerrier, pouvoir garder cette conscience lui permet de battre en retraite lorsque c'est le temps. Ça lui permet de ne jamais utiliser plus de force que ce qui est nécessaire. Cet instinct le fait agir de façon détachée, comme s'il n'était pas impliqué personnellement dans la situation. Ce ne sont pas tes émotions qui gèrent ce qui se passe, mais le besoin d'accomplir les actes pouvant assurer ta survie ou la réussite de ta mission. Beaucoup de gens perdent le combat parce qu'ils hésitent à donner le premier coup. Il faut agir lorsque c'est nécessaire. C'est la logique et la tactique qui dominent et non les émotions.

– Lorsque vous m'avez fait faire l'exercice l'autre jour, j'avais l'impression que je vivais la scène comme au ralenti, même si j'avais les yeux bandés. Est-ce normal de percevoir de cette façon ?

– Oui. Lorsque tu es en colère, ton adrénaline mène le bal, le stress fausse tes perceptions. Tout se produit en accéléré. Le premier handicap vient de l'effet tunnel, où ton champ de vision se rétrécit au point de ne plus voir ce qu'il y a entre toi et ta cible. La tension occasionnée par tes émotions te donne l'impression que toute l'action se fait à grande vitesse, ne te permettant pas de réaliser ce qui se passe.

L'instinct du tueur, lui, t'amène à être plus calme. Dès cet instant, tu t'aperçois que tout se déroule plus lentement, que tu as le temps de constater et surtout de réfléchir à ce que tu vas faire. Tu te sers de la même énergie, mais comme je te l'avais enseigné, le fait que tu sois en droit d'utiliser la force pour te défendre, mélangé à ce surplus d'adrénaline, t'octroie un avantage.

– Je comprends bien l'aspect émotionnel et glandulaire, mais je ne saisis toujours pas pourquoi vous surnommez cela l'instinct du tueur, ça ressemble plus à de l'énergie du désespoir, dis-je.

– Chez beaucoup de personnes, le désespoir mène à l'abandon alors que l'instinct du tueur nous conduit à affronter le problème. Malheureusement, ou plutôt heureusement, chez la plupart des gens, cet instinct est dissimulé au plus profond d'eux.

Le vieux Maître me fixait intensément, sans cligner des yeux, comme s'il attendait une réponse, puis il enchaîna.

– Il ne faut pas confondre le malade qui tue par plaisir et celui qui utilise l'instinct du tueur par nécessité. Le guerrier qui se sert de cet instinct le fait lorsqu'il est dans son droit. S'il mène une mission, il le fait pour sa patrie, pour une cause et non pour l'ivresse de la chose.

– C'est ce qui fait qu'une bonne mère de famille, qui n'a jamais fait de mal à une mouche, peut donner la mort pour sauver son enfant. C'est de l'instinct maternel, dis-je fièrement.

– Oui. Elle sera prête à tuer pour protéger sa progéniture du danger. Sa détermination sera indéfectible face à la survie de son enfant. Imagine maintenant que des gens mal intentionnés prennent tes parents en otage, que ferais-tu ?

Je crois que je négocierais.

– Mais s'ils s'amusent à les torturer pour le plaisir, que chaque jour ils te fassent parvenir un doigt de ton père ou de ta mère. Qu'arriverait-il au moment où tu les trouverais ?

– Je pense que je les tuerais.

– Alors ce n'est pas l'instinct du tueur, c'est simplement de la vengeance.

Chapitre 51
Kukan

Sentir le vide
S'y engouffrer soi-même
Pour noyer l'autre

– Tu n'y arriveras jamais comme ça, cesse de penser.
– Mais vous m'aviez déjà dit qu'on pouvait réfléchir en combat.
– Oui, mais pas de la manière dont tu le fais en ce moment. Tu ne réfléchis pas, tu essaies désespérément de trouver un moyen de sauver ta peau.

Le vieux Maître avait raison, je n'agissais pas de façon sereine. Il me l'avait fait savoir en soulignant le fait que je réagissais plutôt comme un lapin qui se sentait acculé au fond de son terrier. Et il n'avait pas tort, je pensais de manière totalement désordonnée.

– Frappe-moi de toutes tes forces, me dit-il en haussant le ton.

Je plaçai mes bras en garde et en avançant ma jambe droite, je décochai une attaque qui aurait assommé n'importe qui. Naturellement, je n'avais pas réussi à toucher ma cible.

– Maintenant, refais la même chose et remarque ce qui va se passer.

Au moment où il se tassa pour éviter mon coup de poing, j'eus l'impression de tomber dans un trou. Une sensation de succion qui m'avait retenu durant une fraction de seconde dans une sorte de bulle. C'était assez étrange. Le vieux Maître me regarda en souriant, il savait que j'avais perçu la différence.

– Qu'est-ce que... qu'est-ce que vous avez fait ?
– J'ai utilisé ou plutôt devrais-je dire, j'ai créé un *kukan*.
– Je me trompe peut-être, mais je crois qu'on peut traduire ce mot par le vide, n'est-ce pas ?
– C'est exact, mais ce néant peut se révéler de plusieurs façons.
– À chaque fois que vous vous enlevez pour éviter mon poing, vous laissez un espace vacant. Alors pourquoi est-ce que cela a été si différent cette fois-ci ?
– Je viens de te le dire, le *kukan* possède plusieurs facettes. Le *budo* est *sanshin*. Il touche notre corps physique, nos émotions et notre perception mentale. La plupart des arts martiaux se bornent au corps. Aucun guerrier digne de ce nom ne peut survivre s'il ne se limite qu'à ses capacités musculaires.

Puis le Maître me regarda en inclinant la tête. Il semblait attendre une réaction qui ne venait pas. Il reprit ses explications.

– Lorsqu'on ne fait qu'éviter une agression en fuyant, on laisse un espace qui n'est pas totalement vide. Nos craintes, nos pensées, nos émotions perdurent dans cet espace. On y abandonne nos désirs, notre espoir de gagner.

– Je ne crois pas voir tout ça lorsqu'un adversaire esquive mes attaques.

– Et pourtant si, tu perçois tout ça. C'est un peu comme si tu te cachais pour ne pas regarder un problème en face.

Je songeai toutes les fois où j'avais eu des ennuis dans ma vie. Plutôt que de prendre le temps d'analyser la situation, je préférais essayer de ne pas y penser. Le vieux sage reprit ses explications.

– Tu ne le sais pas, mais ces informations influent sur ton subconscient. Ils donnent une dimension humaine à ton combat.

Je ne comprenais absolument pas ce qu'il voulait dire par dimension humaine. Mais je le laissai continuer.

– Le *kukan* à un niveau plus élevé est un état d'esprit où l'on retire toutes ses émotions de la zone d'attaque. On crée une bulle de vide totale, un espace divin.

Il avait souvent parlé du divin et de l'humain. Il séparait les deux états en soulevant le fait que l'homme possédait les deux. À cette époque, j'étais loin de saisir cette dualité du guerrier.

– Il y a une différence entre créer un espace avec un vide total et simplement ne pas laisser de cible devant l'adversaire. En produisant cet espace où le néant est complet, l'attaquant qui entre dans cette zone perd, durant une fraction de seconde, tous ses points de repère. Les grands sabreurs qui devaient se battre en duel craignaient cette intrusion dans l'univers du divin.

Pour l'Occidental que j'étais, cette notion du divin était difficile à saisir. Dans notre culture, il n'y avait qu'un Dieu. Je croyais qu'il voulait que je me considère comme un Dieu. Ça m'a pris du temps pour comprendre et accepter qu'une partie divine est présente en chacun de nous et qu'il fallait apprendre à se connecter à elle. Le vieux Maître poursuivit son enseignement.

– Maintenant, recommence, frappe-moi plusieurs fois de suite.

Je savais bien que je n'arriverais jamais à le toucher. Je m'attendais à nouveau à cette sensation de chute, mais cette fois-ci, c'était encore plus étrange. J'avais l'impression de me faire balloter dans un cours d'eau où des courants marins me déportaient constamment dans différentes directions. Je n'avais jamais ressenti ce phénomène au cours des autres combats que j'avais faits depuis que je pratiquais les arts martiaux. Le Maître me fit signe d'arrêter et me fixa en plissant le front. Je savais par expérience que lorsqu'il me regardait comme ça, c'est qu'il attendait une réponse de ma part.

– C'est étrange, j'avais l'impression que vous glissiez dans le vide comme un fantôme.

– Ce n'est pas moi qui étais dans le vide, c'était toi. J'ai simplement créé différents *kukan* autour de toi. Je t'ai fait déplacer d'un espace à l'autre.

Le mot « simplement » me semblait bien peu pour décrire ce que je venais de vivre.

– J'avais la sensation que vous étiez partout autour de moi.

– Parce qu'il y avait du vide autour de toi, j'ai nagé dans ces zones.

Mais oui, c'était élémentaire comme explication. Probablement que si je vivais plusieurs centaines d'années de plus, j'arriverais à comprendre. Je pris une bonne respiration en essayant de désembrouiller mes pensées confuses.

– Oui, mais ça, c'est à un haut niveau, comment puis-je réussir à faire cela. Je ne sais trop par où commencer. Y aurait-il un exercice plus basique que vous pourriez m'enseigner, quelque chose de... moins divin ?

Durant un court instant, j'eus l'impression de voir de la déception dans son regard. Puis, il se mit à rire.

– D'accord, allons-y pour la classe d'enfant. Attaque-moi.

Au moment même où mon poing s'apprêtait à le toucher, il recula en pliant les genoux. Indépendamment de ma volonté, mon bras se mit à descendre et je me retrouvai en léger déséquilibre vers l'avant.

– Tout ce que j'ai fait a été de capturer ton mental. Notre cerveau fonctionne à l'espoir.

Je m'attendais à ce que plus rien ne me surprenne avec lui, mais là, il avait réussi à m'avoir.

– Si ton subconscient et non ton intellect, pense que le coup va frapper sa cible, il va faire un effort supplémentaire pour y arriver. Lorsque ton poing s'est rapproché de moi, j'ai reculé tout en demeurant suffisamment près pour que tu aies l'espoir de me toucher. Si j'avais retraité trop loin ou trop vite, tu aurais changé de stratégie au lieu de poursuivre sur ta lancée.

– C'est vrai, j'avais tout le temps l'impression que j'allais vous atteindre. J'étais même certain que vous ne pouviez plus vous échapper.

– Ici, c'était plus basique, je me suis contenté de faire un vide physique. Ton subconscient a fait le reste.

Ça, je pouvais le faire. Par la suite dans les entraînements au dojo avec les autres étudiants, j'étais régulièrement capable d'utiliser ce principe. Heureusement pour moi, le vieux Maître n'avait pas terminé son enseignement.

– L'énergie n'aime pas le vide, elle se dépêche à le remplir. Un *kukan* n'est qu'une infime portion de non-existence, un endroit où les pensées et l'énergie n'ont pas eu le temps de s'engouffrer. Dans cet espace vacant, on peut en profiter pour y glisser de fausses informations. Ça s'appelle du *kyojutsu*. Mais ça, c'est une autre histoire.

– Vous parliez que le cerveau carbure à l'espoir. Que voulez-vous dire ?

– La plupart des gens ne vivent pas dans le moment présent. Ils vivent en s'accrochant aux espoirs. Celui d'un salaire plus élevé, d'une vie plus heureuse, d'une voiture plus luxueuse et même de devenir meilleur dans les arts martiaux. Il faut apprendre à se concentrer sur l'instant présent et non à se laisser diviser entre le présent, le passé et le futur.

– Est-ce qu'il y a un rapport avec le *budo* ? demandais-je.

– Attaque-moi, fut la réponse.

Je m'élançai de toutes mes forces pour atteindre le vieux Maître au visage. Il recula et frappa violemment l'intérieur de mon biceps puis plaça ses doigts près de mes yeux et au même instant, il leva son autre poing au-dessus de sa tête, prêt à m'assommer. J'étais déchiré entre la douleur du blocage que j'avais reçu, ses doigts qui menaçaient mes yeux et son autre poing qui s'apprêtait à s'abattre sur moi. Le positionnement qu'il avait pris venait de semer une confusion totale dans mon esprit. La douleur qu'il m'avait causée au bras me retenait prisonnier du passé, son poing prêt à s'abattre sur moi me projetait vers un futur douloureux. Et dans le centre, entre les deux, il n'y avait que le vide du moment présent, un endroit duquel je ne pouvais me sortir que difficilement.

– Tu comprends ? J'ai créé un *kukan* entre deux espaces occupés par ton esprit. Durant une fraction de seconde, il t'était impossible de réagir. Tu savais ce qui était arrivé, tu voyais ce qui arriverait, mais tu étais déconnecté du moment présent. Le temps est transformé par le *kukan*.

Ça m'a pris des années à pouvoir démêler tout cela. Aujourd'hui encore, je suis loin de pouvoir faire ce qu'il m'enseignait. Mais au moins, je sais maintenant que tout ça existe.

Chapitre 52
Le meilleur

De la vanité
La conscience oubliée
Un geste trouble

Il y a des questions que l'on ne devrait jamais hésiter à poser. Une d'entre elles m'a valu un jour une réponse à laquelle je ne m'attendais nullement. Nous étions au restaurant et j'en profitai pour demander au vieux Maître pourquoi notre art était le meilleur art martial.

– Qui a dit que c'était le meilleur ? me dit-il. Il sembla surpris que je lui pose une telle question.

– Si ce n'est pas le cas, pourquoi ne faites-vous pas un autre ?

– Pourquoi est-ce que tu n'as pas commandé ce délicieux riz au curry que je mange actuellement ?

– Non merci, je me suis fait prendre une fois. C'est beaucoup trop épicé pour mon délicat palais.

– Je ne dis pas que ce riz est le meilleur au monde. Mais je l'aime et j'apprécie sa saveur corsée. C'est ce dont j'avais envie en ce moment. C'est la même chose pour les arts martiaux. Celui que je pratique me convient à merveille.

– Mais alors, cela signifie qu'il n'y a pas de meilleur art martial ?

– Non, il n'y a que celui qui nous permet d'évoluer au moment où l'on en a besoin.

Je n'étais pas certain de bien comprendre. Moi qui croyais faire l'ultime art martial en compagnie de mon professeur. Et voilà qu'il m'avouait qu'il n'était pas sûr que nous pratiquions l'art suprême.

– Pourquoi tant de questions ? Penses-tu que notre art martial n'est pas à la hauteur ?

– Non, ce n'est pas ça. J'avais plutôt en tête de savoir pourquoi notre art martial est si performant par rapport aux autres et vous me dites qu'il y a mieux.

– Je ne t'ai jamais dit qu'il y avait quelque chose de supérieur, j'ai simplement demandé « qui a dit que c'était le meilleur ? ».

– Je ne comprends plus.

– Oui, c'est ça ton problème, tu prends un malin plaisir à te compliquer la vie.

– Quoi ? C'est complètement faux.

– S'il y a tant d'arts martiaux, c'est sans doute qu'il y a autant de catégories de pratiquants. L'enseignement que je te donne ne serait probablement pas apprécié par la plupart des gens. Il faut être rendu à un certain niveau pour avoir la capacité de saisir toutes les subtilités du *budo*. Si une personne n'est pas prête à cela, il vaut mieux qu'elle s'entraîne à quelque chose de plus basique que de ne pas en faire du tout.

Le vieux Maître avait touché un bon point. Il y a dix ans, j'aurais probablement trouvé ridicule l'enseignement qu'il me donnait. Je n'aurai jamais été capable à l'époque, de saisir et d'apprécier le petit détail qui change tout. Il reprit ses explications.

– Depuis que tu es avec moi, combien de techniques t'ai-je obligé à mémoriser avant de t'en montrer d'autres ?

– Ce n'est jamais arrivé. Vous m'avez toujours enseigné d'apprendre avec le corps, le cœur et le mental, mais jamais avec la mémoire.

– C'est exact. Cette façon de transmettre les arts martiaux est la plus performante, mais aussi la plus difficile. La plupart des gens mesurent leurs connaissances par la quantité. Ils ont besoin de points de repère pour s'y retrouver. C'est pour cela que dans les écoles modernes, on a codifié et on a rangé par groupe certaines techniques et katas que les pratiquants doivent retenir avant de passer à autre chose.

– C'est pour cette raison que presque tous ces établissements possèdent maintenant une multitude de ceintures de couleurs différentes ? demandais-je.

– Entre autres. L'autre avantage à compartimenter le matériel de la sorte est de donner aux élèves la possibilité d'une ceinture aux trois mois. Passé ce délai, les firmes de marketing ont constaté un désintéressement des étudiants. Et toi, ça fait combien de temps que je ne t'aie pas accordé de grade ?

Je dois avouer que si ma motivation avait été les ceintures, je ne serais plus avec lui depuis un bon bout de temps déjà. Ce n'est pas lui qui offre le plus d'encouragement de ce côté. J'enchaînai avec une nouvelle question.

– Vous dites qu'il y a autant d'arts martiaux que de sortes de pratiquants. Est-ce qu'on peut définir certaines catégories ?

Le vieux Maître se frotta le menton en inclinant la tête vers le sol.

– À la base, on peut séparer les arts martiaux en trois groupes principaux.

– Débutant, intermédiaire et avancé, dis-je en diminuant graduellement le ton.

Le vieil homme se tourna en levant les yeux au ciel. Durant un instant, j'ai eu l'impression qu'il m'avait regardé avec... de la pitié.

– La première catégorie renferme les arts en « do », dit-il. On y retrouve des styles comme *l'aïkido*, le *kendo* et quelques autres.

– Qu'est-ce qu'ils ont de particuliers ? demandais-je impatiemment.

– Ils sont faits pour amener graduellement leurs pratiquants sur la voie spirituelle.

Mille questions me tourmentaient, mais je laissai continuer le vieux sage.

– En second lieu arrivent les sports de combat. Dès qu'il y a une possibilité de faire de la compétition, on peut penser que ces arts martiaux sont moins axés sur la défense dans un contexte réel. Les automatismes dangereux ont complètement été bannis de cet apprentissage. Sur le ring, il n'y a pas de place pour des gestes ou des techniques qui pourraient tuer ou blesser gravement.

Durant des années, j'avais cru que j'étais une machine de combat pouvant faire face à toutes les situations dans la rue. À plusieurs reprises, le vieux Maître m'avait remis les pieds sur terre.

– Et finalement, on retrouve les arts martiaux comme le nôtre qui sont ce que l'on appelle des *bügei*. Le but est simplement la survie.

La pause que j'attendais arriva enfin.

– Si j'ai bien compris, notre art martial n'a rien de spirituel.

– Loin d'être désarçonné par mes propos, il me fit un grand sourire et se contenta de me répondre en posant une nouvelle question.

– Pourquoi est-ce que la voie spirituelle est si importante pour toi ?

Elle mène à la compréhension absolue.

J'étais tout fier de ma réponse qui en fait ne voulait pas dire grand-chose.

– D'accord, je vois que tu as encore du chemin à faire. Par la voie spirituelle, le pratiquant recherche le *satori*. La question devrait donc plutôt être « qu'est-ce que l'illumination ? ».

Je n'avais pas osé donner ma version. Je laissai continuer mon professeur.

– On vise l'illumination afin d'atteindre les plus hautes sphères des arts martiaux. La connexion, le contrôle du temps, de l'énergie, bref, tout ce qui peut conduire à la maîtrise. Dans les arts en *do*, on travaillera la méditation, on exploitera les mouvements très... disons cérémonieux dans le but de développer *ishiki*, la conscience universelle.

– Si c'est si important que ça de parvenir à ce niveau de compréhension, pourquoi est-ce que nous ne pratiquons pas la méditation et ces mouvements cérémonieux nous aussi ?

– Parce qu'il n'y a pas qu'un seul chemin qui mène à la voie. Si tu fais toute ta vie ces séries de mouvements et que ton esprit est ailleurs, cela devient du temps de perdu. Bouger est une méditation en soi, si on le fait avec conscience. Si tu ne fais que de la méditation en passant tout ton temps assis sur ton gros derrière, martialement parlant, tu n'apprendras rien. Mais si tu t'entraînes avec le souci du détail, la conscience du moment présent et en gardant ton cœur ouvert autant que ton esprit, alors tu peux atteindre cet état. Au lieu d'utiliser le mental pour accéder à la voie, on y arrive en passant par le corps.

L'esprit et le corps sont simplement deux véhicules différents qui conduisent aux mêmes endroits si on les contrôle bien.

– Dans ce cas-là, tous les arts martiaux peuvent mener à ce niveau de conscience.

– Oui à condition que le pratiquant ne soit pas entravé par quoi que ce soit.

– Quoi ? Qu'est-ce qui peut gêner quelqu'un au point de l'empêcher d'atteindre un tel niveau ?

– Si, lorsque tu t'entraînes, on sollicite plus ta mémoire que ton intuition et tes habiletés, il y a peu de chance que tu y parviennes. Si ton objectif est de te monter une impressionnante accumulation de *katas*, tu ne maîtrises rien, tu ne fais que collectionner. Ce n'est certes pas la route à suivre.

À l'aide de ses baguettes, le vieux Maître plongea une boule de riz dans la sauce du curry. En portant le contenu à sa bouche, il ferma les yeux et sembla savourer ce met qui me faisait tant peur à l'époque. Après avoir avalé sa pitance, il continua la discussion.

– L'art martial n'est qu'un outil. Ce qui fait la différence c'est celui qui le pratique. Ces instruments ne sont là que pour permettre à la fleur d'éclore. Si tu n'as pas les outils appropriés pour prendre soin de ta plante, il se peut qu'elle survive, mais aussi qu'elle demeure chétive. Mais si tu la nourris avec les bons engrais, l'ensoleillement nécessaire, que tu coupes ses branches qui sont mortes et qui lui grugent son énergie, alors l'arbre aura de solides racines. Il donnera des fruits merveilleux.

Je laissai le vieux Maître continuer à philosopher sur le fait que l'art martial n'était que des outils dont la qualité pouvait faire toute la différence. Une scie mal aiguisée pouvait parfois faire plus de tort que de bien. Du mouvement à la table voisine attira mon attention. Je regardais la jeune serveuse y déposer des plats de riz au curry. Les Japonais avaient tous choisi un met identique à celui de mon professeur. Je profitai de cette coïncidence pour renouer la conversation après que mon *sensei* eut avalé une nouvelle bouchée.

– Si je me fie aux personnes que je vois, ils ont tous pris le même plat que vous. Mais il y a plein de gens de l'autre côté de la rue qui sont dans d'autres sortes de restaurants. Ça veut donc dire...

– Ça veut donc dire que ça ne tentait pas à tout le monde de manger un délicieux riz au curry. Si tu préfères le fastfood à l'Occidental, c'est ton choix.

Chapitre 53
Contact

Je suis mon chemin
Sans qu'il n'y ait d'attente
Je suis le divin

À plusieurs occasions, le vieux Maître m'avait fait pratiquer les yeux fermés. « Tu travailles trop avec tes yeux, me disait-il. Tu dois apprendre à utiliser tes vrais yeux. » Au fil des années, j'avais découvert de nombreux avantages à développer mes autres sens. Ma connexion avec tout ce qui m'entourait était devenue un atout précieux dans mon apprentissage martial. Je croyais avoir fait le tour de la question avec lui lorsqu'un beau jour, il me mit de nouveau face à mon ignorance de l'âme humaine. J'avais constaté depuis longtemps que nous n'utilisions qu'une infime partie de nos capacités. Cette journée-là, il m'avait dit que l'entraînement se déroulerait dans l'un des dojos extérieurs. Celui-là même qui était près de la petite caverne. Je redoutais d'avoir à repasser cette épreuve.

J'arrivai le premier à la clairière. Comme toujours, j'étais là plus tôt. Je ne voulais pas faire attendre mon professeur. Ça aurait été un manque de respect que je ne pouvais me permettre. Lorsqu'on a la chance d'être accepté par quelqu'un de son rang, il est de notre responsabilité de tout faire pour que ça fonctionne. Je profitai de mon avance pour faire quelques *sanshin*. Ces déplacements nous initient à diverses façons de bouger. Ces techniques enseignent non seulement à notre corps, mais elles créent le lien entre les émotions et le corps, en plus de solliciter notre mental à un haut niveau. Elles permettent à nos émotions de se connecter à notre subconscient. Bien sûr, on peut les pratiquer en bâclant l'exercice, en se contentant d'imiter les mouvements. Mais lorsque les *sanshin* sont faits en unissant les trois cœurs que sont le mental, les émotions et le corps, ils se transforment en une source d'énergie incroyable.

Cela devait bien faire une heure que je m'entraînais à faire ces exercices de différentes façons. Après les avoir faits seul comme on doit les faire, j'utilisai les arbres comme partenaires afin de varier la routine que j'exécutais. Des roches et des dénivellations voisines devinrent des adversaires à déjouer. Mon pire ennemi était moi-même. Je commençais à m'inquiéter de ne pas voir le Maître surgir à l'improviste. Il m'avait dit d'être là, j'y étais. J'en profitai pour réviser mes *ukemis*, ces techniques qui servent à se protéger de chutes au sol. Apprendre à savoir tomber m'avait déjà été bénéfique. Un jour où j'allais à bicyclette, une voiture ne fit pas son arrêt obligatoire. Je percutai le côté de l'aile du véhicule et le choc me propulsa par-dessus le capot. C'est en effectuant une roulade avant que je me retrouvai sur mes deux jambes sans avoir subi de graves blessures.

J'essayai d'utiliser tout ce qu'il y avait autour de moi comme accessoire pour m'entraîner. Le plus difficile était de plonger entre deux arbres rapprochés. Je devais pivoter de côté pour réussir à passer dans l'interstice. Une roche m'attendait à l'arrivée, je devais me projeter suffisamment loin pour ne pas tomber sur celle-ci. Je commençais à me préoccuper de l'absence de mon professeur. Puis je me souvins qu'il avait dit que s'inquiéter lorsqu'on ne pouvait rien y changer sur le moment était une source de perte d'énergie. « Si tu ne peux agir dans l'instant présent, alors cesse de te tourmenter avec cela, ça n'y changera rien. Il faut que tu sois à ton meilleur dans le moment présent. On peut se préparer au futur, mais on ne vit pas dans le futur », disait-il.

Toute la panoplie d'exercices que je pouvais faire seul y avait passé. Avec tous les sauts que j'ai faits, la faune du coin devait me prendre pour un *oni*, un démon tout droit tiré de la mythologie japonaise. Je profitai du calme de l'endroit pour faire diverses méditations tant passives qu'actives. Puis, je recommençai l'entraînement physique avec de la course entre les arbres. Au lieu de parcourir de grandes distances, je ciblai une zone d'environ dix mètres par dix, et je zigzaguais entre les troncs en changeant constamment de directions. Mes bras étaient éraflés, preuve que je ne contrôlais pas entièrement l'espace autour de moi. Soudain, ma tête se mit à tourner, j'étais devenu complètement étourdi. J'eus l'image du Maître qui m'apparut durant quelques instants. Sans que je ne le voie remuer les lèvres, sa voix me chuchota de déconnecter mon mental et mes émotions de mon corps, de continuer ce que je faisais. Mon intellect me dit que je devais avoir un subi un coup de chaleur. Je n'avais rien bu et mangé depuis plusieurs heures. J'hésitais entre poursuivre mon entraînement comme me le dictait une hallucination ou arrêter et me reposer comme l'aurait voulu le gros bon sens.

Ce fut mon côté rationnel qui perdit. Je continuai à courir et à me mouvoir comme jamais auparavant. Je ne sais trop comment, mais je réussis à séparer mon mental de mon corps. J'étais dans ma carcasse comme si j'avais été prisonnier d'une machine sans âme, une simple structure qui me servait de véhicule. Mes émotions étaient inexistantes, je bougeais, un point c'est tout. Après dix minutes, mon intellect me conseilla de me ménager. Il y a tout de même des limites à respecter.

Je sortis une serviette de mon sac afin de m'éponger. Je pense que je n'avais jamais fait un entraînement aussi intensif. Oui bien sûr, dans mes années de karatéka, j'avais trimé dur. Mais ici, c'était différent, je n'avais jamais été aussi exigeant envers moi-même qu'à cet instant. Je pris le temps de m'asseoir au pied d'un arbre et en fermant les yeux, je remerciai la forêt de m'avoir permis de passer quelques heures avec elle. Je marchai lentement sur le chemin conduisant à la petite gare. Au moment où je m'apprêtais à déposer ma carte sur le lecteur, la voix d'un employé attira mon attention. Il me dit que mon *sensei* m'attendait au *kissaten* près de la librairie.

En entrant dans la maison de thé, il me fit signe de la main. Il était assis en compagnie d'un homme âgé que je ne connaissais pas.

– Alors, notre entraînement s'est bien déroulé ?

– Quoi ? Notre entraînement ? Je pense que je ne vous ai pas vu beaucoup.

Mon professeur sourit et me présenta à son ami, Suzuki San. Le vieillard me salua puis s'excusa en prétextant que son épouse devait l'attendre depuis longtemps.

– C'est un ami à vous ? demandai-je.

– Oui. C'est probablement l'un des hommes les plus sages que je connaisse.

– Comment ça ?

– Il a une philosophie de vie très saine. J'ai beaucoup appris à son contact.

Je n'avais jamais pensé à cela auparavant. Mon Maître aussi devait apprendre. Il n'était pas né maître, mais l'était devenu en travaillant fort pour cela. On ne naît pas comme cela, on le devient à force de persévérance.

– Je vois que tu n'as pas chômé, tu sembles déshydraté.

Il fit signe à la dame qui m'apporta une tasse de thé chaud.

– Du froid ne serait pas bon pour toi, me dit mon professeur. Il faut équilibrer tes énergies. Raconte-moi ce que tu as fait de beau comme entraînement.

Je lui relatai tout ce que j'avais fait sans prendre de repos. Naturellement, je ne considérais pas les exercices de méditation comme une pause. Je terminai en lui expliquant le coup de chaleur que j'avais eu ainsi que la vision où il m'était apparu.

– Ce n'était pas vous, car vous ne pouvez pas m'apparaître comme ça, n'est-ce pas ?

– Qui sait ? L'esprit humain est quelque chose de vaste et de mystérieux. Il peut faire beaucoup plus que ce que l'on pourrait penser.

– Mais est-ce que c'est vous qui m'avez dit de me déconnecter de mon corps ?

– Que ce soit moi ou autre chose n'est pas important. Ce qui compte dans ces visions n'est pas le messager, mais le contenu du message. C'est ce qui nous relie au divin.

Ces derniers mots ne m'aidaient pas à comprendre, bien au contraire.

– Est-ce que ça vous est déjà arrivé une telle chose ?

– Oui, très souvent. Encore aujourd'hui j'utilise cela lorsque j'ai des hésitations ou des questions.

– Vous avez des doutes vous ?

– Eh oui ! Je ne suis qu'un humain comme tous les autres. Je n'ai pas de pouvoir, je ne fais pas de magie.

– Mais alors, avec qui vous connectez-vous quand ça se produit ?

– Je me fie à tous ceux qui étaient là avant moi. À mes anciens professeurs décédés ainsi qu'à leurs Maîtres. Et quelquefois, avec les *kamis*.

– Vous... vous communiquez réellement avec les esprits ?

– Oui, je leur demande conseil. Je sollicite leur aide.

– Et ça marche ?

– Dans la plupart des cas, oui.

– Mais est-ce que vous êtes réellement en contact avec des morts ?

Le vieux Maître sourit en me regardant. Il prit une gorgée de thé et semblait particulièrement la savourer.

– Qu'en penses-tu ? me demanda-t-il. Est-ce que l'on peut réellement communiquer avec les esprits ?

– Je ne sais pas.

– Et bien, moi non plus, me dit-il en fixant la tasse qu'il tenait entre ses mains.

– Mais alors, pourquoi vous adressez-vous à vos anciens professeurs ? Ils sont décédés et ils ne peuvent vous répondre.

– Oui, ils sont bel et bien morts depuis longtemps. Je ne sais pas si c'est bien eux qui me les communiquent, mais j'ai des réponses.

– Si ce n'est pas eux, d'où viennent ces réponses ?

– Je l'ignore, dit le vieux Maître. Peut-être de moi, peut-être des dieux. La seule chose que je sais est que lorsque je me mets dans l'état d'esprit adéquat, la solution que je recherche m'apparaît clairement.

– Est-ce que le résultat est toujours bon ? demandais-je.

– Si mon intellect ne se mêle pas de la partie, oui. C'est pour cela qu'il faut avoir un cœur pur.

– Un cœur pur ? Vous voulez dire quelqu'un qui n'a jamais commis de péché ?

– Tu mélanges spiritualité et religion. Dans le *budo* ancien, un cœur pur se présente de différente façon. Histoire de demeurer simple, on peut penser que c'est un état d'esprit où l'on sépare les émotions, l'intellect et le corps. Si chacun de ces trois cœurs est isolé, qu'il n'est pas contaminé par les autres aspects et qu'il travaille seul, il peut parfois accomplir des choses surprenantes. Ils ont chacun une façon différente de communiquer.

– Oui, mais habituellement, il est préférable que ces trois états œuvrent de concert, n'est-ce pas ?

– La plupart du temps, oui. Mais dans certaines occasions, il faut savoir tirer le maximum de chacun de ces états. En confiant ainsi notre apprentissage à notre subconscient, il en ressort toujours quelque chose de positif. Est-ce que cela vient de nous ou d'une connexion avec le divin ? Personne ne peut le dire avec exactitude...

– Mais vous, est-ce que vous attribuez cela à vous-même ou à votre subconscient ?

Le vieux Maître me regarda en joignant ses mains.

– La question est là : « où se termine l'humain et où débute le divin ? »

Chapitre 54
L'énergie agressive

Dans la colère
Nait la puissance sombre
Si non dominée

Je pense que ce matin-là, le vieux Maître s'était levé du mauvais pied. Ça faisait longtemps que je n'avais pas reçu des coups aussi violents. J'avais l'impression que mes os allaient se rompre à chaque contact de ses poings.

– *Sensei*, on peut prendre une pause ? Je sens que mon corps est sur le point d'exploser.

– Qu'est-ce qui t'arrive ? Tu as fêté toute la nuit, je suppose ?

– Qu'est-ce qui se passe avec moi ? C'est plutôt à vous qu'il faut demander ça. Vous n'arrêtez pas de me massacrer depuis le matin.

– Tu appelles ça massacrer ? Tu veux que je te montre ce que c'est qu'un vrai carnage ?

Nous nous trouvions dans un des *dojos* extérieurs, une petite clairière en forêt. Il me semblait que même les oiseaux préféraient garder le silence plutôt que de l'irriter encore plus.

– Non, non maître, je m'excuse si je vous ai déplu.

Il me fixa en refermant davantage ses yeux déjà mi-clos. J'avais la sensation qu'il allait me tuer uniquement par son regard.

– Est-ce que j'ai l'air de quelqu'un de fâché ? dit-il.

J'avais l'impression qu'il avait grandi de trente centimètres. Peut-être était-ce parce que je me sentais écrasé face à une telle énergie. Il croisa ses bras devant sa poitrine comme pour s'apprêter à me cogner.

– Fais comme moi, adapte-toi à mon rythme, ordonna-t-il.

Je tentai tant bien que mal d'imiter ses mouvements, mais j'étais loin de sa vélocité. Comment une personne aussi âgée pouvait-elle être plus rapide que moi ? Je paniquais à l'idée de ne pouvoir le suivre.

– Cesse de t'apitoyer et frappe. Bouge-toi un peu.

Mon corps était rendu au maximum, il ne parvenait pas à maintenir la cadence. Mes attaques étaient puissantes, mais elles n'arrivaient pas à atteindre la vitesse nécessaire pour suivre... un homme âgé.

– Tu n'as pas le bon esprit, me dit mon professeur. Tu es sur la défensive, tu n'utilises pas le bon élément. Délaisse l'eau, emploie le feu.

– Je ne peux pas, je ne suis pas fâché.

– Parce que pour toi être feu, c'est être en colère ?

– Bien...

– D'accord, prenons une pause.

En l'espace de quelques instants, il retrouva ses traits reflétant sa joie de vivre habituelle. Comment pouvait-il arriver à se transformer si rapidement ?

– Donc, tu croyais que j'étais fâché ? me demanda-t-il en souriant.

– Vous n'arrêtiez pas de me frapper violemment. J'étais certain que j'avais fait quelque chose d'incorrect.

– Depuis ce matin que je te parle d'être feu, as-tu une idée de ce que cela signifie ?

– C'est lorsqu'on est en colère. On devient agressif et on peut utiliser l'énergie dégagée par cette émotion.

– Mais qu'est-ce qui se passe si tu as un adversaire qui a la même capacité que toi, mais qui est encore plus furieux ?

– Ça sera difficile de l'arrêter.

– Et pourquoi ? me demanda-t-il.

– Ses attaques vont devenir tellement puissantes.

– Et désordonnées, enchaîna-t-il. Avais-tu l'impression que c'était mon cas ?

– Non, vous paraissiez en pleine maîtrise de tous vos moyens. Mais votre visage semblait être possédé par quelques mystérieux démons sortis d'un autre monde.

Le vieil homme éclata de rire.

– Ce n'était pas le cas. Seuls des fonctionnaires du gouvernement ont ce mystérieux pouvoir de me faire transformer en démon, dit le Maître en ricanant.

– Mais alors, pourquoi cette expression de colère ?

– Le feu puise son énergie dans la volonté. Une explosion de détermination. On ne peut utiliser pleinement cette énergie sans adapter son corps. De plus, en l'affichant aussi ouvertement, elle permet d'influencer l'adversaire.

– Mais pourquoi est-ce qu'elle désordonne ainsi le corps ?

– Ce n'est pas l'énergie du feu qui fait ça, mais la colère. On doit apprendre à gérer le feu sans se laisser dominer pas le côté négatif de cette émotion. On peut être agressif avec même l'idée de tuer si c'est nécessaire, mais deux secondes plus tard, on doit pouvoir revenir aussi doux qu'un agneau. Durant tout le processus, notre esprit doit être maîtrisé. Il ne faut pas laisser le feu asservir notre esprit.

– On en revient à *Ishiki*, être conscient de tout à tout moment, dis-je, heureux de contribuer aux explications.

– Exact. Il est facile de passer d'un élément comme la terre ou l'eau à celui du feu. Mais il est plus difficile de redescendre vers le calme de la terre.

– Mais la vitesse, comment réussissez-vous à être aussi vite ?

– C'est simple, toi tu veux être rapide, moi je me contente de frapper, de réagir au bon moment.

– Mais je réagis toujours au bon moment, je possède cette conscience de mon corps et de mon environnement.

– Si je comprends bien, tu maîtrises *ishiki* ? me demanda le maître en avançant sur moi.

Je me doutais bien qu'il venait de commencer à jouer avec moi, mais je n'arrivais pas à voir le piège.

– Oui, je m'en sors assez bien.

– Si l'on t'attaquait par-derrière, est-ce que tu pourrais sentir ce danger ? Est-ce que la vitesse que te donnerait le feu serait suffisante pour que tu évites toute agression ?

Il avançait toujours vers moi, comme s'il était sur le point d'engager le combat. Je le sentais menaçant. J'accentuai mes respirations afin de pouvoir utiliser la rapidité que donnait le feu. J'étais prêt au pire. D'un pas assuré, je reculai dans le but de garder une distance nécessaire pour pouvoir réagir à toute éventualité.

– Es-tu prêt à faire un petit test pour voir si tu peux parer une attaque-surprise ?

À partir de ce moment, j'eus la sensation que le vieux Maître ne m'en voulait pas, j'étais sûr de moi. Je savais que je pourrais esquiver son attaque.

– Bien, alors retourne-toi et essaie d'éviter ça, dit mon professeur en s'éloignant de moi comme si j'allais le frapper de façon sauvage.

Un léger bruit qui venait de derrière moi attira mon attention. En me retournant, je vis un petit animal noir à rayures blanches qui me présentait sa queue. Mon Maître m'avait dirigé vers lui. Un liquide chaud atteignit le côté de mon cou, laissant une sensation de chaleur sur toute la longueur de mon corps. L'odeur nauséabonde me figea sur place.

Chapitre 55
Le *budo* en finesse

De ma conscience
Du vide qui m'entoure
Nait le vrai budo

Alors que la plupart des professeurs d'arts martiaux ont besoin de se trouver sur un *tatami* pour pouvoir enseigner leurs connaissances, le vieux Maître transmettait constamment sa science, peu importait le lieu ou les circonstances. Chaque conversation avec lui devenait une source intarissable d'apprentissage.

Un jour que nous étions assis dans un train, un passager lisait son journal. Un article parlait d'un combattant qui venait de gagner un titre prestigieux dans le monde des arts martiaux mixtes. J'avais observé ce type auparavant lors d'une prestation à la télé.

– Est-ce que vous l'avez déjà vu en action ? demandais-je.

– Non, pourquoi ? Est-ce que j'ai manqué quelque chose qui pourrait m'aider à progresser ?

– Il possède une technique intéressante. C'est un challenger intelligent, qui sait exploiter les failles de l'adversaire.

Tout heureux de pouvoir le faire découvrir à mon professeur, je pris mon téléphone et alla chercher la meilleure vidéo de lui sur YouTube. Il regarda le déroulement du combat avec attention. J'éprouvais une certaine satisfaction de pouvoir lui montrer quelque chose qu'il ne connaissait pas. Enfin, j'étais fier de moi jusqu'à ce que je le voie sourire. Ce petit sourire qui vous donne l'impression d'être un enfant.

– Vous ne l'aimez pas. Vous ne le trouvez pas bon ? Je réalise que vous ne l'appréciez pas, dis-je sans comprendre pourquoi.

– Non, non, ce n'est pas ça. Je le trouve bien, même très bien.

De nouveau, je ressentais une certaine fierté. Mais ça ne dura pas très longtemps.

– Je crois qu'il a du talent... Dans sa catégorie.

Autant d'incompréhension me fit accidentellement donner un coup de coude à la dame assise à mes côtés.

– *Shitsurei shimasu, sumimasen*, bafouillai-je en me confondant en excuses.

– Tu vois, c'est exactement ça, le problème de l'homme que tu viens de me montrer.

Naturellement, je saisissais de moins en moins.

– Il possède de bonnes habiletés, il a une certaine puissance, de jolies connaissances techniques, mais il lui manque l'essentiel.

Là, je ne comprenais plus rien. Il comparait mon accrochage de la passagère avec une vidéo du meilleur combattant mondial du moment.

– Quel est le rapport entre moi et lui ?

Je pense que je n'avais jamais fixé le regard de mon Maître avec autant d'intérêt.

– Tu as donné un coup de coude à la dame. Pourtant, martialement parlant, tu as toutes les connaissances nécessaires pour gérer ton corps dans l'espace. Mais tu l'as frappée parce que tu as encore énormément à apprendre. Tes compétences sont toujours à un niveau basique. Tu es au stade de te battre contre un adversaire et non pas avec lui. Tu combats avec ce que tu vois seulement, pas avec ce que ton corps physique ressent.

– D'accord, si vous le dites. Mais quel est le rapport avec notre champion du monde ?

– Il agit de la sorte. Celui qui comprend bien le *budo*, le vrai *budo*, voit tout de suite que ce jeune homme a du talent certes, mais qu'il est loin d'avoir saisi la nature subtile du *budo*.

Je venais d'apprendre de façon polie que je ne connaissais pas le vrai *budo*.

– Le *budo* trouve sa source dans le sens du détail, enchaîna mon professeur.

– Mais il possède ce souci du détail. Vous n'avez pas remarqué comment il réagissait rapidement aux diverses tentatives de prise de contrôle de son adversaire.

– Oh ! Ça ! Ce ne sont que des réflexes développés par l'entraînement. J'admire le niveau qu'il a atteint dans ce domaine, mais ça demeure assez basique. Bien fait, mais rudimentaire.

– Mais comment pouvez-vous dire ça en regardant cette vidéo une seule fois ? Les professionnels décortiquent ces scènes, ils les examinent image par image. Si ce n'était pas bon, je suis certain qu'il y aurait plein de commentaires sur les points faibles de cet homme.

Je pensais que j'avais réussi à prendre mon professeur en défaut, qu'il ne pourrait pas répliquer à une telle évidence.

– Peut-être est-ce que parce que ceux qui s'intéressent au vrai *budo* ne s'attardent pas à ces combats.

Je n'avais rien à répondre et ce n'est pas parce que je ne voulais pas.

– Tu remarqueras que constamment, il se sert de sa force physique, enchaîna le vieux Maître. Remonte-moi la première immobilisation qu'il fait.

Le train s'arrêta de nouveau et la dame que j'avais accrochée se leva et s'inclina pour saluer mon professeur. Je me penchai en signe de respect et de regret de l'avoir bousculée. Mon mentor m'excusa en racontant à la dame que j'étais encore jeune et maladroit. Elle sourit en s'éloignant. C'était frustrant d'être traité comme un enfant. J'imagine que ça fait partie de ce que doit endurer un disciple.

– Bien, tu me montres cette séquence ou non ? me dit le Maître.

Sur l'écran on pouvait voir l'adversaire s'apprêter à saisir le médaillé au corps. Au moment où son assaillant se préparait à lui encercler les jambes de ses bras, le champion passa ses bras entre ceux de son attaquant et les ouvrit en le forçant à tourner sur lui-même et à tomber sur le dos.

– Tu ne le réalises peut-être pas, mais ce qu'il a fait à deux bras en utilisant la puissance de ses muscles, il aurait pu le faire à deux doigts.

– Impossible, dis-je sur un ton qui détourna tous les regards dans ma direction.

– C'est ce qui fait la différence entre nous. Tu ne vois pas le petit détail qui rend les arts martiaux si intéressants.

Lui répondre aurait été inutile. J'attendais la suite, mais il gardait le silence. Le train s'était arrêté et la banquette était complètement libre. J'en profitai pour me tasser tout en rompant cette accalmie.

– C'est tout de même difficile à croire, dis-je. Sa posture semble tellement stable. Son adversaire a l'air aussi solide que moi ici.

Aussitôt que j'avais cessé de parler, le Vieux Maître appuya son index sous mon coude et le souleva. Avant même que je n'aie le temps de réagir, il poussa sur un de mes genoux, me privant de toute assise sur mes lombaires. En tentant de me replacer, mon corps glissa sur le côté et je me retrouvai étalé sur le sol. « Excusez-le, il ne supporte pas le saké », dit-il en levant le bras comme s'il buvait. Il venait, à l'aide de deux doigts, de me faire tomber au sol. Je dois dire que pour ma défense, que j'avais gardé mon sac à dos et que j'étais assis sur le bord de la banquette. Mais malgré ça…

– Alors, me dit-il, crois-tu maintenant que c'est possible de contrôler quelqu'un de la sorte ?

– Je vous avais vu faire quelque chose de semblable, mais vous et votre adversaire étiez debout et je croyais que vous aviez profité d'une faiblesse de sa part.

– Mais tu as raison, c'est ce que j'exploite.

– J'étais assis. Il n'y avait aucune faille.

– C'est pourtant le cas. Au moment où tu as déplacé ton poids sur ta fesse pour bouger, tu as fait un transfert de poids pour te replacer. Je me suis servi de ce déséquilibre pour te faire basculer.

– Quoi ? Quelle perte d'équilibre ? Je n'ai jamais perdu l'équilibre.

– Ah bon ! Dans ce cas-là, tu dois être tombé tout seul.

– Non, c'est vous qui m'avez fait chuter. Bon, d'accord. Je sais que vous m'avez fait perdre l'équilibre, mais je ne sais pas comment.

– C'est ça, le petit détail qui sépare le vrai pratiquant du collectionneur de techniques. Beaucoup de gens peuvent jouer de la musique de façon professionnelle. Le public en général ne verra pas la différence entre deux violonistes qui exécutent la même partition. Par contre, un virtuose pourra lui, entendre deux morceaux qui semblent interprétés de manière analogue, mais qui n'ont pas la même personnalité.

– Ça, je suis capable de le comprendre. Mais alors, pourquoi n'y a-t-il pas plus de pratiquants du vrai *budo* que ça ?

– Peut-être est-ce que ça demande trop de sacrifices pour arriver à ce niveau ? On en a déjà parlé, les gens se contentent souvent du degré de qualité qu'ils ont atteint.

– Moi, je vous ai trouvé, il est probable qu'il n'y a pas suffisamment d'enseignants comme vous pour aider tout le monde ?

– Non, ce n'est pas ça. De bons professeurs, il y en a partout. Il suffit de chercher pour en dénicher. Il y a un adage qui dit que le Maître peut ouvrir la porte pour inviter l'étudiant, mais il ne peut le forcer à entrer.

Chapitre 56
L'âme du *katana*

Le fil du sabre
A le pouvoir de trancher
Que je lui donne

Cela faisait plusieurs années que je m'entraînais sous la supervision de mon professeur. Ce qui était fascinant avec lui, c'est que dès que je croyais avoir fait le tour de quelque chose, il m'approvisionnait de données inconnues, propulsant ainsi la technique enseignée à des niveaux supérieurs. Bien sûr, j'avais déjà expérimenté le *kata* en question, je savais comment l'exécuter. Mais chaque fois, telle une spirale ascendante, il ajoutait de nouvelles informations me permettant de voir l'enchaînement sous un angle différent.

J'étais dans le dojo avec d'autres étudiants. Nous étions plus de soixante à nous disputer les parcelles d'espace libre sur le *tatami*. Je trouvais cette situation particulièrement désagréable, car travailler au sabre dans une aire aussi confinée relevait du tour de force. Dès que je levais un coude ou que je bougeais, je me heurtais à l'un de mes camarades d'entraînement. Cette situation ne semblait nullement déranger le vieux Maître qui, lui, avait tout le centre de dégagé pour effectuer ses techniques. Cette journée-là, je devais être de mauvaise humeur, car lorsqu'il me dit que je ne faisais pas ce qu'il venait de montrer, je lui rétorquai qu'il disposait de toute la place.

– Si je comprends bien, tu es incapable de t'adapter, me dit-il en soulevant les sourcils au point que ses yeux en perdirent leur forme oblongue.

– C'est impossible à faire sans avoir d'espace. Il y a des situations où aucune adaptation n'est réalisable. J'ai beau essayer, ça sort tout de travers.

Le vieux Maître sourit. Il demanda à tous de refermer le cercle autour de lui.

– Rapprochez-vous davantage, j'ai trop de place, lança-t-il en me regardant.

Compressé comme il l'était, il ne pouvait exécuter la technique qu'il venait d'enseigner. Il se retrouvait avec trois fois moins d'espace que j'en avais. Il fit dégager quelques étudiants pour que son adversaire puisse l'attaquer de son sabre. Au moment où le *bokken* en bois s'abattit sur sa tête, il se contenta de tourner légèrement son corps en soulevant son arme à une main. Ce geste était suffisant pour rediriger la lame de l'assaillant. Il avait refait la même technique, mais il avait modifié sa façon de bouger pour aboutir à un résultat identique.

Pour contre-attaquer, il posa sa paume gauche sur les mains de son opposant afin de le contrôler et il fit pivoter sa lame verticalement en la conservant très près de lui. Il termina en appuyant la pointe sur la gorge de l'adversaire. Il venait de réussir l'impossible. Il se tourna vers moi et garda le silence tout en maintenant le bout de son sabre contre son assaillant.

– Je pense que j'ai encore des choses à apprendre, dis-je.

– Je crois que oui. Ton erreur n'a pas été de ne pouvoir réussir la technique. C'est d'avoir abandonné avant même d'avoir tout analysé en profondeur.

Mon professeur ne m'avait pas tenu rigueur de mon mauvais comportement. Il pardonnait facilement, parfois trop facilement. J'avais un peu honte de moi et il le savait. Il n'en rajouta pas.

– Vous ne l'avez peut-être pas remarqué, mais j'ai utilisé mon sabre comme un bouclier ou devrais-je dire comme un obstacle pour mon adversaire. Je n'ai pas mis mon sabre devant, je me suis caché derrière lui.

– Est-ce que c'est la même chose lorsque l'on bloque des *shurikens* avec le *katana* ? demanda l'un des étudiants.

– C'est exactement pareil. La plupart des gens vont avoir tendance à positionner l'arme rapidement en face d'eux. Mais lorsque le projectile arrive, notre réflexe est défensif. Il est plus naturel de se cacher que de tenter de mettre des objets devant soi.

– Oui, mais vous parliez d'employer le sabre comme un bouclier. On le présente devant soi pour se protéger d'une attaque.

En disant cela, je songeais à tous les films historiques où des Romains ou des Spartiates utilisaient des boucliers lors des combats. Comme à son habitude, le vieil homme me donna l'impression d'avoir lu dans mes pensées.

– Ça peut sembler se faire de cette façon-là, au cinéma. Mais dans la réalité, en amenant le bouclier ainsi, votre corps va bouger, il va tenter de se cacher derrière lui en même temps que celui-ci se positionne. Place-toi en *seigan* avec ton sabre, me dit-il.

Je mis ma jambe droite devant, mon *bokken* pointant en direction de ses yeux. Mon assise solide me permettait de me mouvoir efficacement dans toutes les directions. Il prit la même position. Puis, lentement, il se déplaça de côté. Instinctivement, je m'ajustai à sa posture afin de lui concéder le moins de failles possible.

– Bien, dit-il. Qu'est-ce que tu as fait ?

Je venais de réaliser qu'à chaque pas, je plaçais le sabre devant moi et je changeais ma position en me dissimulant derrière ce bouclier improvisé.

– Vous avez raison, je me suis caché derrière mon *bokken*.

— Oui, et si tu portes un peu plus attention, tu noteras que ton sabre se positionne pour te protéger. Un sabre possède sa propre vie. Si tu le nourris bien, il devient vivant.

J'avoue que là ça frôlait l'ésotérisme. Mais effectivement, mon arme semblait chercher à me couvrir.

— Bien sûr, dit le vieil homme, c'est ton subconscient qui l'alimente. Mais si tu lui fais confiance, il bougera de la façon la plus adéquate.

Durant près de trente minutes, il nous fit pratiquer différentes manières d'utiliser notre sabre comme un bouclier. Le fait que nous soyons entassés comme des sardines ne m'effleurait même plus l'esprit. Je m'adaptais tant bien que mal au peu d'espace qui nous était alloué. Je me disais que, sur un champ de bataille, se cogner à nos compagnons de combat devait être monnaie courante. Le Maître nous enseigna à laisser mouvoir la poignée du sabre dans notre main, de façon à changer l'angle d'attaque du tranchant de l'arme.

— Il ne faut pas essayer de tourner le sabre, on doit le laisser bouger de lui-même.

Je n'en étais pas à mes débuts dans ces exercices de manipulation du *katana*, mais c'était la première fois que je réussissais aussi bien. On aurait dit que le sabre se positionnait seul, qu'il savait ce qu'il avait à faire. Cette manœuvre servait souvent pour remonter la lame sous les poignets de l'assaillant au moment où il attaquait.

— On ne doit pas montrer à l'adversaire que l'on place notre lame de cette façon. Il ne faut pas lui télégraphier notre intention, expliqua le vieil homme.

Chaque fois que le Maître exécutait ce type de stratégie, jusqu'au dernier instant, rien ne laissait supposer que le tranchant se retrouverait dans cet angle. Pour l'attaquant, il était trop tard lorsqu'il le réalisait. Le cours se termina sur la projection du *ki*. Le Maître se plaça en *seigan*, sa lame pointant vers mes yeux. J'élevai mon sabre très haut, prêt à le descendre sur sa tête, dès qu'une brèche se présenterait.

— Bien, nous allons faire la technique deux fois. Après, tu nous expliqueras ce qui est différent.

Volontairement, il me laissa une ouverture. Mon sabre s'abattit avec force, mais à la dernière seconde, mon maître se déplaça légèrement de côté, et la pointe de son arme s'appuya sur ma gorge. La technique était impeccable. Son déplacement, son angle parfait et son bon *timing* m'avaient conduit à la défaite. Je repris ma position pour la seconde attaque. Je bougeais lentement en suivant ses mouvements. J'avais l'impression d'être un tigre qui attendait que sa proie passe à portée de griffes. Soudain, l'ouverture se présenta. Au moment de descendre mon sabre, un froid glacial parcourut ma colonne vertébrale. Je sentis mes jambes ramollir, mes bras manquer de tonus. J'étais devenu la proie.

– Peux-tu nous parler de ce que tu as ressenti durant ces deux situations ? me demanda-t-il.

– Les deux défenses étaient pareilles, mais complètement différentes.

Je me doutais bien que mon explication était absurde.

– Techniquement, vous avez bougé de la même façon pour parer mes deux attaques. Mais lors de la seconde, j'avais l'impression qu'un train allait me passer dessus. J'ai été aussi performant qu'un sac de frappes.

Le professeur laissa les rires s'estomper et commenta ce qui venait de se produire.

– Le sabre est vivant. Comme pour tout ce qui est vivant, plus il y a d'énergie et plus cet être a une influence sur ce qui l'entoure. Dans la première attaque, je me suis contenté de faire une technique de défense selon le manuel du parfait samouraï. Dans la seconde situation, j'ai rajouté ce qui est *okuden*, ce que les livres ne peuvent montrer.

L'enseignement *okuden* est la transmission orale de la connaissance. Ces secrets ne sont pas écrits sur les *denshos*, sur les parchemins qui pouvaient être lus par n'importe qui. Mon Maître enchaîna.

– L'intellect analyse et voit ce qui est logique. Le subconscient, lui, perçoit les émotions, il ressent l'énergie qui est émise au moment de la confrontation. On peut utiliser cela pour influencer le mental d'un adversaire. Le sabre possède sa propre énergie, si on lui adjoint la nôtre, alors on devient avec le sabre une seule et même arme. On se bat sans intention.

Durant le restant de l'entraînement, j'essayai de recréer ce phénomène, mais sans succès. C'est alors que le vieil homme passe derrière moi et me chuchota à l'oreille.

– Pour moi, c'est facile, je suis vieux. Je puise l'énergie dans les batteries de mon stimulateur cardiaque.

Il s'esclaffa en voyant ma mine ahurie.

Chapitre 57
Jouer au professeur

La main du maître
Guide tous ses disciples
D'un geste précis

Cela devait bien faire environ vingt ans que j'enseignais les arts martiaux lorsque cette conversation eut lieu. Cette discussion me fit voir une nouvelle facette du rôle de professeur. Nous étions dans le dojo avec le Maître. Ce matin-là, il devait y avoir au moins cinquante personnes. Cela peut paraître beaucoup, mais il arrivait fréquemment que nous soyons le double de participants pour assister à ses cours. Je me considérais comme privilégié de bénéficier des rencontres et des entraînements privés avec lui. Le professeur s'était arrêté et expliquait que nous devions nous soutenir mutuellement. Il attirait notre attention sur le fait d'être conscient de la manière dont nous nous déplacions. Un étudiant débutant leva le bras pour poser une question.

– *Sensei*, comment peut-on savoir que la technique exécutée par quelqu'un n'est pas bonne ? Comment peut-on le corriger et l'aider ? C'était facile dans mon ancien art martial, nous devions tous bouger de la même façon, mais ici, c'est tellement différent. Parfois, je peux réaliser qu'il y a quelque chose qui cloche, mais je n'arrive pas à mettre le doigt dessus.

Je comprenais très bien ce qu'il voulait dire. Ce que le Maître nous enseignait n'avait rien à voir avec une chorégraphie que l'on exécute machinalement. Il fallait s'adapter à chaque adversaire, à chaque attaque et aussi à notre humeur du moment. Le vieil homme haussa les sourcils en regardant son interlocuteur.

– C'est une excellente question. Notre art a été créé pour des gens qui doivent apprendre à ajuster les techniques à leur stature, à leur force physique, à leur sexe ainsi qu'à leur tempérament. La première étape est de se fier à son instinct. Si vous avez l'impression qu'il y a quelque chose qui ne va pas, c'est probablement que c'est vrai. C'est déjà un grand pas de fait. La plupart des pratiquants, lorsqu'ils regardent des techniques irréalistes, ne s'en rendent même pas compte. Ils acceptent une telle performance sans se poser la moindre question. Est-ce que ça t'arrive parfois d'avoir la sensation qu'il y ait une erreur ou une faiblesse dans ce qu'exécute ton partenaire ?

– Oui, mais le plus souvent, je me dis que c'est moi qui ai tort. Je suis nouveau dans cet art martial et je ne dois pas avoir la compétence de juger.

– Ça n'a pas de rapport avec le grade. Un débutant peut repérer des erreurs là où une ceinture noire aguerrie ne verra rien. Si votre instinct vous amène à suspecter qu'il y a un manque dans l'exécution, c'est probablement le cas. De toute façon, il y a toujours des points faibles dans une technique.

Le Maître sourit.

– Quand j'ai l'impression que quelque chose ne va pas, qu'est-ce que je dois vérifier en premier ? demanda son interlocuteur.

– Une technique est un outil qui doit nous permettre de gagner une confrontation en subissant le moins de dommage possible. Si en l'effectuant, il y a un risque que l'opposant nous frappe, nous déstabilise et qu'il reprenne l'avantage, c'est certain qu'il y a un problème. Dans les sports de combat, un adversaire qui subit un étranglement ne peut pas, pour s'en sortir, enfoncer ses doigts dans les yeux de l'autre. Sur un champ de bataille, c'est la chose à faire. On doit être conscient de ces possibilités lorsque l'on parle de contre-attaque en situation réelle. Il faut se demander si la technique que l'on utilise est réaliste et sécuritaire.

Je pris la parole afin de raconter une petite anecdote qui m'avait frappé.

– Je me souviens que, dans une revue d'art martial, un professeur enseignait une défense contre couteau. Il utilisait un coup de pied en crochet dans l'avant-bras de l'attaquant. La technique pouvait être bonne si l'on ne tenait pas compte de la possibilité que l'adversaire soit plus rapide ou que le sol soit glissant. En ripostant de cette manière, il tolérait que la lame passe à un ou deux centimètres de son artère fémorale. Comme c'est une artère vitale, après trente secondes, le défenseur s'évanouira probablement et en quatre-vingt-dix secondes, il mourra au bout de son sang. Il faut être réaliste lorsque l'on adopte une stratégie.

Le Maître hocha la tête en signe d'approbation, puis il enchaîna.

– De plus, si vous êtes blessé à une jambe, vous pouvez oublier l'option de vous sauver en courant. En plus du gros bon sens, que doit-on regarder en second lieu ?

Personne n'osait se prononcer. Le vieil homme n'étira pas le suspense plus longtemps.

– La distance, il faut apprendre à vérifier si la distance est logique. Pour éviter de se faire trancher par un sabre, quelqu'un fait un saut arrière à un mètre. Est-ce que la technique est bonne ? Peut-être si son intention est de fuir. Mais s'il y a un mur derrière ou s'il y a d'autres adversaires, l'éloignement est trop grand. Il est préférable de laisser la pointe du *katana* passer le plus près possible de nous. L'épaisseur d'une feuille de papier est l'idéal.

– Pourquoi doit-on demeurer aussi près ? demanda l'étudiant.

– Parce que si l'on se trouve trop loin, on ne peut pas reprendre le contrôle de l'arme. Il faut être en mesure d'avancer rapidement.

– Ce n'est pas trop s'exposer ?

– Dans un combat, il y a toujours un risque, dit le vieil homme. Même si la lame semble dangereusement proche, si elle ne nous touche pas, il n'y a rien à craindre. Les griffes d'un tigre ne sont pas dangereuses si l'on ne se retrouve pas sur leur trajectoire.

Je comprenais très bien ce qu'il voulait dire. On n'arrête pas instantanément un sabre qui a pris son élan pour couper. Si l'on est suffisamment près, on a un temps d'avance sur l'assaillant pour l'empêcher d'utiliser son arme. Il existe une multitude de techniques pour le contrôler par les poignets. Le Maître continua.

– Savoir gérer les distances est essentiel pour un bon combattant. Il faut faire attention de ne pas agresser de façon robotisée, toujours de la même façon. On doit apprendre à juger des distances au cœur même de la tourmente. Peu importe l'arme que l'adversaire utilisera, il est important de jauger son rayon d'action.

Je me souvenais d'une attaque au sabre où mon professeur s'était contenté de reculer légèrement la tête pour laisser passer la lame. Je crois qu'une feuille de papier n'aurait pas trouvé suffisamment de jeu dans cet espace aussi restreint. Il enchaîna sur un autre point à surveiller.

– Mal bouger génère une grande source d'erreurs. Il n'est pas rare de voir des gens se mouvoir en s'appuyant sur leurs lombaires. Le dos incliné ainsi vers l'arrière, il devient impossible de se déplacer de façon fluide dans toutes les directions. Si l'on ne positionne pas la bonne jambe au bon endroit, on perd toute stabilité. On doit toujours s'assurer que notre structure est solide. Il faut être fort tout en étant mobile.

Ce qu'il expliquait me rappela que j'avais eu beaucoup de difficulté à perdre les mauvaises habitudes que j'avais développées en m'entraînant à différents arts martiaux. Dans l'un d'entre eux, tous les mouvements s'enchaînaient de manière saccadée. Comme la fluidité des déplacements n'était pas un critère, j'avais appris à bouger par séquence, un peu comme si l'action se figeait entre deux photos. Le Maître souleva un autre élément important.

– Lorsque la distance est bonne, que tout semble couler naturellement, on doit s'assurer que les angles sont adéquats. Par exemple ; sur une coupe au sabre, le fait de reculer à quarante-cinq degrés permet durant un court instant d'être hors de portée de la lame tout en étant suffisamment proche pour prendre le contrôle de l'attaquant. Il faut aussi tenir compte de l'angle de notre corps par rapport à l'adversaire. Si quelqu'un vous agrippe au collet et que vous demeurez face à lui, ça sera le plus fort physiquement qui dominera l'autre. Mais si vous vous positionnez de la bonne façon, cela compensera largement la différence de masse.

Il fit signe à l'un des étudiants du groupe de le saisir par l'encolure. Le vieil homme l'agrippa de la même façon. Il avait choisi quelqu'un de stature impressionnante. Il devait peser facilement dans les cent kilos. Le Maître lui demanda de le faire reculer. Le gaillard s'inclina vers l'avant pour s'assurer une meilleure traction, puis il se mit à pousser. Le Maître se contenta de légèrement briser la structure de son opposant tout en le maintenant devant lui. La figure du colosse devenait rouge tellement il y mettait de l'intensité, alors que celle du vieux Maître restait détendue. Il remercia l'homme de ses efforts.

– Ce que j'ai fait avec notre ami est simple. Sans qu'il ne le réalise, je changeais l'angle de mes bras, ce qui l'obligeait à constamment modifier la direction de sa poussée. À aucun moment, je ne lui ai laissé la chance de se stabiliser. Grâce à une utilisation adéquate des angles, j'ai pu lui résister.

Je dois avouer que c'était particulièrement impressionnant de voir cet homme, qui le dépassait aisément d'une tête, être incapable de repousser la frêle personne qui se tenait devant lui.

– Ah oui, j'oubliais, ajouta le Maître. Dans une situation réelle, rien ne se déroulera comme vous le souhaitez. Vous ferez probablement des bévues et ça, c'est tout à fait normal. Être bon n'est pas de réussir une technique codifiée. Être bon, c'est pouvoir reprendre le contrôle de la situation avant qu'elle ne vous échappe. Une erreur en est une lorsqu'on ne peut faire autre chose pour gagner son combat. Si l'on arrive à s'adapter, ça devient une force. Si vous ne pouvez prévoir ce que vous ferez, vous n'indiquerez pas à votre assaillant ce que vous allez faire puisque vous ne le savez pas. Ce qui veut dire que si vous enseignez à un étudiant, s'il fait une gaffe, ne le disputez pas, montrez-lui la bonne façon de faire et indiquez-lui comment il peut apprendre de ses erreurs. Ensuite, corrigez-le, enseignez-lui la bonne façon de réagir.

Le Maître jeta un coup d'œil au plafond, à la recherche d'éléments qui auraient pu lui échapper. Puis, il hocha la tête à quelques reprises avant d'enchaîner.

– Autre chose importante, il faut demeurer attentif lorsque l'on sert de partenaire à quelqu'un. Celui qui exécute la technique n'est pas le seul à apprendre. Lorsque l'on est *uke* durant l'entraînement, on doit remarquer ce que l'on ressent, mais aussi observer la technique de l'autre et signaler s'il y a des failles.

Maintenant, chaque fois que je corrige un de mes étudiants, si je ne trouve pas ce qui ne va pas, je repense à cette classe. Et lorsque je n'arrive vraiment pas à voir ce qui cloche, je me propose comme partenaire d'entraînement. C'est incroyable ce que l'on peut voir de l'intérieur.

Chapitre 58
Des rencontres enrichissantes

Discuter à deux
Un même bout de chemin
Heureux partage

Dans les lieux publics et très souvent dans les trains, il m'arrivait fréquemment de discuter avec des Japonais que je ne connaissais pas. Pour certains, c'était l'occasion de pratiquer les quelques mots d'anglais qu'ils avaient appris tandis que pour d'autres, ce n'était que curiosité envers un *gaijin* qu'ils côtoyaient de temps à autre. Même si la plupart de ces échanges étaient banals, ils avaient le mérite de m'obliger à utiliser la langue japonaise. Des discussions sur le climat de mon pays ou la température du jour, un peu de politique et d'économie, voilà qui résumait les sujets de conversations. Mais il arrivait parfois de croiser des gens différents. Plusieurs de ces rencontres étaient de véritables plaisirs. Un soir, en quittant mon Maître, au moment où je m'apprêtais à prendre le dernier train, un homme dans la fin de la soixantaine me regardait avec insistance. Je fis un sourire en hochant la tête. Il me rendit mon salut. Il hésita un peu en avançant lentement, puis d'un pas décidé, il se dirigea vers moi. Il dégageait une énergie puissante que je n'avais pas rencontrée souvent dans ma vie. Mis à part mon Maître et quelques autres enseignants de haut niveau, on ne croisait pas tous les jours de telles personnes.

– Vous êtes ici pour faire des arts martiaux, n'est-ce pas ? me dit-il.

– Oui, mais je ne vous demanderai pas comment vous le savez, dis-je en riant.

La plupart des Occidentaux qui se trouvaient dans cette petite ville étaient là pour rencontrer mon professeur. J'ai discuté avec cet homme pendant tout mon trajet de retour. Il avait fait du *kendo* durant des années. C'est assurément de cet entraînement au sabre que venait cette énergie que j'avais ressentie à son contact. Il était *sandan* dans cet art. Je suspectais que, malgré le fait qu'il n'était que ceinture noir troisième degré, son niveau d'habileté devait être élevé. Il m'a expliqué plusieurs points techniques intéressants, mais le sujet le plus passionnant a probablement été la différence qu'il y avait entre les pratiquants de son époque et ceux d'aujourd'hui. Il me racontait comment l'entraînement se faisait lorsqu'il était plus jeune.

– De nos jours, ce sont surtout les résultats de la compétition qui comptent. Les pratiquants n'ont aucune idée de ce qu'ils perdent à s'exercer dans cette optique. Mais que peut-on y faire ? Le paraître a pris le pas sur l'être.

– Je suis chanceux, dis-je. Dans notre art, il n'y a pas de compétition. Le seul défi que nous avons est de nous améliorer constamment. Si vous saviez le nombre de fois où je me suis trouvé nul.

Dans la plus pure tradition de la politesse japonaise, l'homme me dit que je ne devais pas être comme ça, qu'au contraire il suspectait que j'étais plutôt habile. C'est dans la nature de la plupart des Japonais d'essayer de vous revaloriser en affirmant que ce n'est pas vrai que vous êtes maladroit ou incompétent.

– Aujourd'hui, je me débrouille assez bien, mais j'ai dû travailler fort pour en arriver là.

– C'est ce qui manque à la plupart des gens de nos jours. Faire les efforts qui s'imposent. À mon époque, nous n'avions pas notre mot à dire. Si mon professeur décidait que nous devions passer des semaines sur la même routine, nous le faisions. Ils ne nous seraient jamais venus à l'esprit de remettre en cause cette façon de faire. C'était : pratiquez et taisez-vous.

– Les jeunes d'aujourd'hui n'ont plus cette patience. Pas seulement au Japon, c'est international, dis-je.

Lorsque cette conversation eut lieu, j'étais déjà entré dans la cinquantaine. Je croyais avoir le droit de parler des jeunes de la sorte. Mon compagnon de route enchaîna.

– C'est sûr que nous n'aimions pas cela, me dit mon compagnon de route. Mais nous nous considérions chanceux d'avoir accès à cet enseignement. À l'époque, c'était difficile de trouver un bon professeur. De plus, comme ma famille était pauvre, mes parents ne pouvaient pas me payer ces formations. J'avais réussi à convaincre le *sensei* de me laisser suivre les cours en échange de travaux ménagers. Ce que je ne savais pas en lui proposant cet arrangement, c'était que le brave homme avait déjà six ou sept étudiants pour faire le nettoyage. Il n'avait pas besoin de moi, mais il avait tout de même consenti à me prendre sous son aile. Je pense qu'il se disait que rendu où il en était, un de plus ou de moins...

– Si l'on mettait votre histoire dans un film au cinéma, ça paraîtrait exagéré. La fiction dépasse la réalité. Vous avez été chanceux qu'il vous accepte de la sorte.

– Oui. J'avais si peur qu'il me rejette du dojo que jamais je n'aurais osé discuter l'un de ses commandements. J'ai vu un grand nombre d'étudiants abandonner, des gens qui arrivaient de milieu aisé. Nous faisions tellement de répétitions, que ça en décourageait plus d'un. Mais à un certain moment, il s'est passé quelque chose d'extraordinaire.

Le train venait de repartir de l'une des stations qui jonchaient mon trajet. J'avais peur de ne pas avoir assez de temps pour discuter à mon goût avec cet homme. Il continua son histoire.

– Je pense qu'il nous imposait ces exercices pour atteindre ce résultat. Un beau jour, j'ai eu la sensation que je quittais mon corps. Sous la fatigue, sous les répétitions, j'en étais arrivé à observer mon corps de l'extérieur. Aucun adversaire n'aurait pu me surprendre par-derrière, je voyais tout. J'avais l'impression de flotter au-dessus de moi-même. Sur le moment, j'ai cru que j'avais simplement eu une hallucination. J'étais horriblement fatigué et courbaturé.

Je ne savais trop que dire, que penser.

– Mon maître m'a déjà parlé que l'on peut atteindre l'illumination par la méditation, mais également en passant par l'utilisation du corps. Je suppose que c'est ce qui vous est arrivé.

L'homme me regarda en souriant. Ce n'était pas le genre de conversation qu'il devait tenir avec tout le monde. La plupart des gens auraient cru qu'il avait l'esprit dérangé. Mais moi, je le croyais. Je ne le connaissais pas, mais je savais d'instinct que je pouvais lui faire confiance.

– Après que cela me soit arrivé, j'expliquai à mon *sensei* ce qui s'était passé, dit-il. Il se contenta de sourire en hochant la tête. Il savait de quoi je parlais.

– Est-ce que vous avez été capable de le refaire ? demandais-je.

L'homme me regarda sans prononcer une seule parole. Nous devions avoir l'air de conspirateurs, quelques personnes semblaient écouter notre conversation.

– Oui, à quelques reprises, dit-il à voix basse. Et chaque fois, ç'a été de plus en plus rapide pour atteindre le même état.

– Mais comment ? Qu'est-ce que l'on peut faire pour arriver à cela ?

Je me sentais comme un *kohai* avec son *sempai*. J'avais l'impression d'avoir la complicité qu'il y en entre cet aîné qui a la responsabilité d'entraîner son jeune disciple. Cette transmission du savoir se fait à différents niveaux. Je trouvais incroyable que cet homme se confie à moi de la sorte.

– J'ignore comment on parvient à cela, me dit-il. J'ai toujours suspecté qu'il se passait quelque chose de mystérieux entre mon professeur et moi. Que c'était lui qui m'enveloppait de son énergie. Je sais que ça existe, je l'ai vécu, mais je ne sais pas comment procéder pour y arriver. Je ne suis pas certain d'avoir compris comment cela fonctionnait. Je pense que les répétitions ont agi comme une forme de méditation, comme si je récitais constamment un mantra. Mon esprit s'est détaché de mon corps. C'était une expérience incroyable.

Le train, agité de soubresauts en ralentissant, arrivait à la dernière station. J'étais désespéré à l'idée que cette rencontre se termine.

– Vous prenez souvent ce train ? Peut-être que nous pourrions continuer notre conversation une autre fois, dis-je.

– Malheureusement, je suis ici pour le travail, je repars chez moi dès demain. Mais qui sait, il se peut qu'un beau jour nos chemins se croisent à nouveau.

Je revis mon professeur quelques jours plus tard. Je lui relatai ma rencontre.

– Est-ce que tu réalises le cadeau que t'a fait cet homme en se confiant ainsi à toi ?

– Je ne sais pas pourquoi il m'a raconté tout ça, mais ça m'a amené à vouloir connaître une telle expérience. Est-ce que vous avez déjà vécu quelque chose de semblable vous aussi ?

Au moment où il s'apprêtait à me répondre, un groupe d'étudiants entra dans le dojo. L'un d'entre eux, qui ne se préoccupait visiblement pas que nous ayons une conversation, vint interrompre le Maître pour se faire prendre en photo avec lui. Je levai les yeux au moment où l'intrus et mon professeur se dirigèrent vers l'autel. Le Maître se retourna un court instant et me regarda en souriant. Je ne sais trop pourquoi, mais j'avais la certitude qu'il avait vu ma mine déconfite.

Chapitre 59
Frapper plus fort

L'énergie s'enfuit
Entre vouloir et pouvoir
Trouver le chemin

Les méthodes d'enseignement du vieux Maître différaient souvent de celles que je connaissais. Je pus m'en rendre compte un jour où je réapprenais comment donner un coup de poing. Durant des années, j'avais eu la certitude de frapper fort, de produire un impact beaucoup plus performant que la moyenne des gens. Naturellement, sous sa supervision, ça ne prit pas beaucoup de temps pour constater que j'étais loin d'avoir obtenu mon 100 % d'efficacité. Et pourtant...

– Qui t'a enseigné à frapper de la sorte ? Tu t'es entraîné à cogner sur des poupées gonflables ? dit-il en riant.

Plus tard, j'appris à mieux apprécier son sens de l'humour parfois un peu étrange. Mais pour être honnête, sur le moment, je n'avais pas du tout aimé son allusion. Le nombre de combats que j'avais gagné en compétition était garant de ma capacité à donner des coups. De plus, j'avais fait énormément de démonstration de cassage de planches et de briques. Bref, tout ce qu'il fallait pour gonfler mon égo. Mais ça, je ne le réalisai que beaucoup plus tard.

Mes jointures se souvenaient encore de leur joute avec un pommier lorsqu'il m'avait expliqué les techniques de frappes en utilisant les ondes de choc. Aujourd'hui, il s'était mis en tête de m'apprendre comment me servir de mes poings de la bonne manière. Dès nos premières rencontres, il m'avait parlé de l'alignement des os, de la façon de positionner ma main. Au lieu de placer ma paume vers le sol, il me conseilla d'attaquer le poing à la verticale, comme si ma j'agrippais un bâton de ski. Il me fit comprendre qu'en travaillant de la sorte, il y avait moins de dégradation de puissance. Pour y arriver, il s'était contenté de pousser sur mon poing horizontal alors que je tentais de résister au maximum. Sous la pression, mon épaule bougeait, ce qui dissipait une partie de l'énergie que mon corps générait. En mettant mon poing à la verticale, mon bras devenait solide, évitant ainsi une précieuse perte d'énergie. Il appela cela un *fudoken* que l'on pourrait traduire par le poing immuable.

Nous nous trouvions dans le dojo extérieur près de la petite caverne où j'avais appris que le temps n'est pas toujours ce qu'il paraît. Je cognais sur un bambou qu'il m'avait fait recouvrir de tissu. J'ignorais si c'était pour épargner mes jointures ou pour protéger l'arbre de mes coups. Je m'étais souvent posé la question.

– Ne tente pas de cogner plus fort. Pour le moment, c'est inutile.

– Je ne comprends pas. Si je veux augmenter ma puissance, je dois absolument frapper plus fort.

– C'est de cette façon que procèdent la plupart des professeurs. Mais moi, je fonctionne différemment. Plutôt que d'essayer de te faire travailler avec plus d'intensité, je pars du principe que, quelque part, tu as une capacité de 100 %. Le problème est qu'avec une multitude de petites erreurs, tu projettes ton énergie à gauche et à droite. C'est un peu comme un système d'aqueduc. S'il y a des pertes d'eau, la pression sera moindre à cause de toutes ces fuites. On va tenter de colmater ces écoulements d'énergie.

Il prit une pause et me regarda attentivement.

– Je ne sais pas si c'est possible de faire du neuf avec du vieux, dit-il en m'examinant de haut en bas. Allez, frappe la cible afin qu'on puisse voir ce que l'on peut arranger, si c'est réparable...

Je commençai à assaillir le pauvre arbre qui semblait supporter mes agressions assez facilement. Comme il se courbait très légèrement sous mes attaques répétées, mes jointures ne souffraient pas trop à son contact. Quelque part à l'intérieur de moi, j'espérais que le tronc se brise. C'est ce qui se passait dans les vieux films de kung-fu de ma jeunesse. Mais non, il tenait bon. Il semblait même me narguer. Mon Maître m'arrêta.

– Tu commets l'une des erreurs les plus fréquentes. Ton genou avant n'est pas placé correctement. Il faut qu'il pointe dans la même direction que tes orteils. Si ce n'est pas bien aligné, ton énergie sera dispersée. Ton alignement des os est aussi éparpillé que ta concentration.

Je me remis à frapper en portant attention à mon genou. Ce n'était pas facile. Personne ne m'avait jamais fait cette remarque auparavant. J'avais des années de déformation à reprendre. Les commentaires du vieil homme ressemblaient à quelque chose comme : « Non, non, presque, peut-être, oui, mais, non, presque... ». C'était démoralisant. Mais après que mes jointures aient commencé à me signaler qu'elles allaient bientôt abdiquer, je réussis à obtenir plusieurs oui consécutifs.

– Bien, un problème de réglé, dit-il. Pour le moment...

Ces derniers mots n'avaient rien d'encourageant. Mais je savais que je ne devais pas renoncer. Il m'avait accepté comme disciple, ça ne pouvait être qu'un test. Il me fallait persévérer.

– Bien. Laissons le pauvre végétal reprendre un peu de ses forces.

Je ne sais trop s'il parlait de moi ou de l'arbre. Je ne relevai pas l'allusion.

– Tu vas maintenant frapper dans le vide, on regardera ce que l'on peut réparer d'autre.

Il me fit attaquer en avançant d'un pas. Après chaque assaut, je me replaçais afin de recommencer. Après une dizaine d'exécutions où il m'examinait scrupuleusement, il hocha la tête à plusieurs reprises.

– C'est bien ce dont j'avais peur. Tu n'as aucune coordination de la hanche avec ton épaule et ton bras.

– Mais oui, je suis coordonné. Sinon comment aurais-je pu...

À la façon dont il me regardait, je devinais qu'il valait mieux que je me taise.

– Lorsque ton poing atteint sa cible, dit-il, ton bassin est déjà stabilisé. Tu ne cognes qu'en te servant du haut de ton corps.

Je n'arrivais pas à corriger cette lacune. Pour y parvenir, il me fit pratiquer une technique qu'il appelait le *kata* de la terre. Une petite routine qui consistait à projeter les doigts regroupés vers l'avant en utilisant le ballant du corps sur un pas. Cela paraissait simple, mais je constatai immédiatement que cette technique recelait énormément de détail. Plus tard, il m'enseigna les quatre autres exercices de cette série sur les éléments.

– En plus de développer ton synchronisme, tes doigts réunis vont t'aider à corriger ton coude qui a tendance à s'éloigner de ton corps, à être mal aligné, me dit-il.

En effectuant cette routine, je compris assez rapidement ce qu'il voulait dire par mon manque de coordination. Cet exercice me fit sentir mon corps d'une manière assez exceptionnelle. Je passai presque une heure à travailler ce mouvement.

– Je crois que l'on peut prendre une pause, me dit-il. Je suis un peu fatigué.

Il alla s'asseoir sur une pierre que le soleil avait réchauffée.

– Lorsque l'on frappe ou que l'on fait un combat, c'est *sanshin*, dit-il.

La meilleure traduction qui me vint à l'esprit était les trois cœurs. Je ne voyais pas à quoi il faisait allusion, je le laissai continuer.

– Il faut, au moment de l'impact, que notre corps, notre intellect et nos émotions travaillent dans la même direction. Si tu cognes quelqu'un et que ton mental te dit que ce n'est pas bien de le faire, il y aura une perte d'énergie. C'est ce qui arrivera aussi si tes sentiments contredisent ce que ta volonté veut faire. Et si le corps est blessé, si on n'est pas au sommet de sa forme, il y aura également perte d'énergie.

Tout ça était parfaitement logique. Mais je n'avais jamais songé à relier ces trois aspects de notre personnalité dans un combat. Pourtant, c'était indissociable. Il continua son enseignement.

– Pour arriver à atteindre son maximum, il y a tout d'abord le devoir : croire en la légitimité de ce que l'on fait. C'est là que le soldat puise son énergie. La justification d'agresser ou de combattre. Si l'on se sent coupable de se défendre ou d'affronter un adversaire, on ne pourra pas être totalement efficace.

– Je comprends. Si l'on m'attaque, je suis en droit de me défendre. Mais si je provoque sans raison, il se peut que ça soit différent. Malheureusement, il y a bien des voyous qui n'ont pas ce sens de la moralité.

– C'est exact. Mais s'ils t'agressent, tu t'autoriseras le droit d'utiliser tous les moyens nécessaires pour protéger ta vie. Ça pourra aller jusqu'à arracher un œil ou même à tuer si c'est indispensable. Tu as le devoir de survivre pour toi et ta famille.

Je ne m'étais jamais arrêté à l'idée de devoir un jour crever l'œil d'un adversaire pour m'en sortir.

– Viens ensuite le « vouloir », dit-il. Le goût de vivre, l'amour de la vie et le besoin de la survie. Tes émotions doivent te conduire à la victoire. Sans elles, un soldat n'est qu'un pantin qui court à sa perte. La peur, la rage, le sentiment d'injustice sont autant d'éléments qui maintiennent la flamme du combattant.

– Oui, mais ça peut aussi être de la frustration, de la détresse. Ces émotions peuvent mener à la défaite.

– C'est pour ça qu'il est important d'apprendre à les gérer. Et finalement, on en arrive au « pouvoir », à la capacité de répondre à une attaque et d'utiliser le plein potentiel de son corps. Un corps malade, handicapé ou fatigué ne pourra pas offrir son maximum. Il faut l'entretenir constamment afin qu'il soit en santé.

– Je sais, dis-je. Sommeil, alimentation et vie saine.

Le Maître me fixa sans rien dire. Je ravalai ma salive. À cette époque, je n'étais pas encore habitué à son regard, à ses propos et à tout ce qu'il pouvait projeter comme émotions. Heureusement pour moi, il ne tarda pas à enchaîner.

– Et lorsqu'on a tout ça, ces trois aspects se combinent pour focaliser la puissance en un seul point. C'est un peu la force du laser.

Je comprenais bien son exemple, concentrer toute l'énergie en un seul moment, un seul et unique endroit, permettait d'obtenir une plus grande puissance. Avec ce qu'il venait de m'enseigner, je réalisais que la plupart des gens dispersaient leur énergie en tentant de frapper fort. Un genou mal aligné, un angle imparfait et c'était suffisant pour ne pouvoir mettre un adversaire au plancher.

– Mais le plus difficile demeure, me dit-il.

J'étais inquiet. Que pouvait-il rester d'autre à corriger ?

– Une fois que tu maîtrises tout ça, enchaîna-t-il, il faut que tu te fasses confiance. Tu dois croire en toi-même.

Chapitre 60
Kage no me

La partie sombre
De son regard pénétrant
Me montre la voie

Plusieurs des enseignements que m'avait donnés le vieux Maître frôlaient davantage l'ésotérisme que la logique des lois de la physique. Cependant, malgré les apparences sibyllines de certaines techniques, le résultat attendu était généralement au rendez-vous. Parfois, c'était rapide et dans d'autres occasions, cela pouvait prendre des années avant que je puisse constater l'efficacité de ces principes moyenâgeux. Mais je voulais qu'il m'instruise et j'étais prêt à tout endurer et à tout faire pour avoir le privilège de recevoir ne serait-ce qu'une infime partie de ses connaissances.

Presque tous les deux ans, un thème récurrent était abordé, soit *kage no me*, quelque chose que l'on pourrait traduire par « les yeux de l'ombre ». J'ai probablement mis plus de dix ans avant de pouvoir utiliser efficacement cet enseignement. Concernant ce volet de ma formation, je peux dire que certaines années, Le vieux Maître m'en avait fait baver. Aujourd'hui, je comprends pourquoi il avait agi de la sorte. La première fois qu'il m'avait parlé de ce sujet, nous nous trouvions dans un des *dojos* extérieurs. Un après-midi confortable où le soleil du mois de mars ne tapait pas trop fort.

– Est-ce que cela t'était déjà arrivé qu'une sensation étrange t'amène à te retourner pour constater que quelqu'un te regarde intensément ? demanda le Maître.

– Oui, et même à plusieurs reprises. J'ai déjà discuté de ce sujet avec des amis et je pense que tout le monde a vécu quelque chose de semblable à l'occasion. Je me souviens d'une fois en particulier, j'étais assis dans un cinéma et j'avais cette impression que quelqu'un m'observait. En me retournant, j'ai aperçu un copain à moi me regardant, il n'était pas certain que c'était moi. Je l'avais pressenti.

– C'est ce que nous allons travailler aujourd'hui. Tu ne maîtriseras pas ça tout de suite, ça va prendre quelques années, mais il faut bien commencer quelque part.

Dans ma petite cervelle à l'égo surdimensionné que j'avais à l'époque, je me disais qu'il serait bien surpris de constater à quelle vitesse je pourrais apprendre. J'étais persuadé que cela se compterait en mois plutôt qu'en année. J'étais bien naïf à ce moment-là. C'est d'un regard assuré que j'observais le Maître m'expliquer ce qu'il en était.

– Pour survivre à des missions dangereuses, les guerriers devaient développer un sens que nous possédons tous à différents niveaux. Je vais t'initier à ce qui se nomme *kage no me*, les yeux de l'ombre. Cette expression a l'air toute simple et peut avoir plusieurs sens. D'après toi, qu'est-ce que cela peut signifier ?

– Je crois que cela symbolise des yeux tapis dans un endroit discret et qui nous épie. C'est la personne camouflée que l'on ne peut voir facilement.

– Ce n'est pas mauvais, mais c'est plus complexe que ça. Ce sont aussi les yeux de notre propre ombrage qui scrute nos arrières et qui nous protège.

J'imaginai tout de suite des dessins animés où une ombre sombre aux yeux lumineux surveille nos faits et gestes. Le vieil homme ne se laissa pas distraire par mon sourire un peu puéril.

– Tout est énergie, tout est relié. Si tu regardes quelqu'un, tu lui envoies de l'énergie ou du moins ce que l'on pourrait appeler la force de l'intention. Avec un entraînement approprié, on peut percevoir cette énergie qui nous pénètre jusqu'à l'âme.

– En compétition, j'ai déjà bloqué des coups de pieds sans même les voir.

Le Maître ne sembla pas du tout impressionné par mes propos.

– Tu auras beau pouvoir gagner autant de championnats que tu voudras, si ton ombre est incapable de déceler ce qu'il y a dans ton dos, tu ne pourras échapper à quelqu'un qui tenterait de te poignarder entre les omoplates.

Je songeai soudain qu'outre le mot ombre, l'une des traductions possibles de *kage* était derrière ou arrière. Protéger ses arrières était une règle militaire importante pour assurer sa survie. Je décidai de ne pas insister davantage sur mes prouesses sportives. J'étais impatient de débuter cet entraînement. Quelle technique mystique le Maître allait-il utiliser pour m'amener dans les hautes sphères du guerrier féodal ?

– Nous commencerons par un petit exercice simple, me dit le Maître. Tu devras te rendre à l'entrée de la grotte et tu noteras les fois où je pointerai mon index vers toi. Tu n'auras qu'à lever le bras pour signaler que tu m'as perçu. À la fin, on comptera le nombre de fois où je t'aurai ciblé. Je ne te dirai pas tout de suite si tu as deviné ou pas. Je demeurerai camouflé afin que tu ne me voies. Laisse-moi deux minutes d'avance pour que je puisse me cacher. Tu as bien compris ce qu'il faut faire, n'est-ce pas ?

– Bien sûr. Je dois signaler toutes les fois où vous me pointerez du doigt. C'est assez simple, ça devrait bien se faire.

– Tu sembles bien sûr de toi, c'est bien d'avoir confiance dans ses capacités. Attention à ne pas les surestimer.

Je profitai du temps que je lui laissai pour m'étirer un peu le dos. Je croyais qu'en détendant tous mes muscles dorsaux, je pourrais mieux percevoir cette énergie. C'était un exercice très difficile et je me disais que cent pour cent de réussite serait probablement impossible. Soixante-quinze pour cent me semblaient un bon quota. Puis en y réfléchissant, je me dis que cinquante pour cent serait mon objectif. Je fermai fortement les poings comme si cela allait m'aider à ressentir davantage. Je devais me trouver à environ cinq kilomètres du point d'arrivée. Je pris le sentier qui menait à la grotte. Le chemin passait dans la petite clairière, une étrange sensation à la nuque me fit penser que ça devait être ma première attaque. Je levai le bras sans hésitation. Ça allait être beaucoup plus facile que ce que j'avais imaginé. Je devais être doué pour ça. Il m'avait demandé de ne pas le regarder partir, mais je ne pus m'empêcher de jeter un coup d'œil dans sa direction. Un peu plus loin, je vis une branche bouger très légèrement. Je pensai qu'une note de cent pour cent n'était peut-être pas si irréaliste après tout.

À un autre moment, je devinais sa présence, un gros corbeau plus noir que mon ombre s'envola quelques secondes à peine avant que je lève la main. J'avais probablement surestimé mon professeur. J'avais toujours cru qu'il pouvait se déplacer sans perturber la nature qui l'entourait. Le vol d'un oiseau était suffisant pour indiquer aux gardes d'un château qu'un intrus se trouvait dans les parages.

Un peu plus loin, une sensation de froid me traversa la colonne. J'étais certain que cela ne pouvait signifier qu'une chose, il était tapi là, derrière moi. En tendant l'oreille, j'entendis une branche craquer. Un léger bruit sec qui aurait pu échapper à quelqu'un de moins bien entraîné. Je levai le bras pour indiquer que je l'avais repéré. J'étais un peu déçu de sa performance. Mais en y repensant bien, il y avait le facteur âge. Mon professeur n'était plus jeune. Sans doute avait-il perdu une grande part de son agilité ? Je me dis qu'à son âge, je ne serais probablement pas aussi en forme que lui. J'abaissai le bras puis je continuai d'avancer en direction de la grotte.

Plus je progressais et plus j'étais fier de moi. J'étais certain qu'il serait content de ma performance. À plusieurs reprises, je détectai sa présence. Je percevais son énergie de diverses façons. Généralement, mon dos me donnait les précieuses informations qui indiquaient qu'il m'observait. Les sensations variaient d'une impression de froid à de légers picotements en passant par des vagues de chaleur qui remontaient jusqu'à la base de mon cou.

Cela faisait déjà onze fois que mon bras s'était levé. Onze tentatives d'attaques qui auraient échoué, car je les avais perçues avec facilité. Possiblement que j'en avais manqué quelques-unes, mais j'étais plus que satisfait de ma performance. Après avoir pris la dernière courbe du sentier, j'arrivai enfin au pied de la petite paroi rocheuse où était nichée l'entrée de la grotte. Le Maître était assis, le dos appuyé à une roche. Il ronflait. Il avait probablement été obligé de se déplacer rapidement afin de pouvoir se positionner et m'attendre pour mieux s'embusquer. J'avais de la pitié pour lui, il devait être fatigué le pauvre.

– Comment faites-vous pour réussir à vous endormir aussi vite ? demandais-je pour être poli.

– Ah ! ça fait du bien une bonne sieste. Une petite heure comme ça et je suis prêt à repartir pour le reste de la journée. Alors, combien de fois as-tu remarqué que je te pointais du doigt ?

– J'en ai compté onze, mais il y en a probablement eu quelques-unes de plus. Je manque un peu d'expérience, mais je pense que si quelqu'un avait voulu me planter un couteau entre les omoplates, ça lui aurait été difficile.

Le vieil homme me regarda en hochant la tête. Je me disais qu'il devait être fier de moi. J'anticipais ses félicitations avec impatience.

– Pour être honnête, j'étais trop fatigué pour faire l'exercice avec toi, dit le vieux Maître. Je suis venu directement ici pour faire une sieste en t'attendant.

Chapitre 61
Vieillir

L'âge de ses os
Jeunesse dans ses pensées
Vie d'expérience

Certaines journées, le Maître semblait avoir rajeuni de dix ans. D'autres jours, par contre, son corps le trahissait. Ce matin-là, j'étais allé lui rendre une visite sans l'en avoir averti la veille. Il avait la tête penchée sur d'anciens parchemins. Durant un instant, je regrettai d'être venu le déranger. J'avais l'impression qu'il avait pris plusieurs années en un instant. Il dut sentir ma gêne.

– Entre, une bonne pause me fera du bien.

Il se leva de son bureau et s'étira les membres.

– Mes vieux os ne supportent plus d'être assis aussi longtemps, continua-t-il. Je n'ai pas hâte d'être vieux.

Venant de quelqu'un qui avait dépassé le cap des quatre-vingts ans, ces mots me firent sourire.

– Je trouve que vous vous en sortez bien pour un homme de votre âge. Dans mon pays, il est rare de voir des retraités être aussi dynamiques que vous. Les gens cessent d'avoir autant d'activité. J'ai toujours la sensation qu'ils sont au repos alors que vous, vous me donnez constamment l'impression de manquer de temps. Je pense que vous travaillez trop.

– Dans ma tête, je ne suis pas encore au rencart. Arrêter de travailler ou de faire ce que l'on aime, c'est mourir un peu. Et puis, j'ai un secret pour être aussi en forme. C'est parce que je n'ai jamais avoué à mon corps quel âge il avait, me dit le Maître en riant.

– Je ne suis pas certain de réussir à accomplir la moitié de ce que vous faites lorsque j'aurai atteint votre âge. Je vous admire de pouvoir en faire autant.

– La recette est de ne pas se plaindre. Bien sûr, un mode de vie sain aide un peu. Mais la plus grande partie du secret est là, me dit le vieil homme en pointant son index vers sa tempe.

Il se déplaça vers la petite cuisine et emplit une bouilloire d'eau. Puis il prit un sac de thé vert en poudre.

– Est-ce qu'il y a des choses que vous regrettez d'avoir faites ou de ne pas avoir faites ? demandais-je.

– Non, je pense que j'ai eu une vie privilégiée. La plupart des gens subissent leur vie. Moi, j'ai réussi à diriger la mienne durant toutes ces décennies. Bien sûr, je n'ai pas toujours fait ce que j'aurais voulu, mais dans l'ensemble, je n'ai pas à me plaindre.

– Vous n'aimeriez pas revenir cinquante ans en arrière ?
– Si c'est au détriment des connaissances que j'ai acquises actuellement, la réponse est non. Ce que je possède vaut bien plus que quelques années d'usure.
– Oui, mais votre savoir, vous ne l'emporterez pas avec vous.
– Tu ne crois pas à la réincarnation ?
Je n'avais pas pensé à cette partie de l'équation. Le Maître ne me laissa pas le temps de cogiter davantage.
– De toute façon, mes acquis ne seront pas complètement perdus. Tu pourras les transmettre à d'autres. C'est ton travail et celui de tous ceux à qui j'ai enseigné de les partager.
– Oui bien sûr, mais je suis loin de posséder toutes vos connaissances.
– Je vous ai inculqué tout ce qui est nécessaire afin de retrouver tout cela. Le reste n'est qu'une question de compréhension, d'amalgame et de gros bon sens. Ça vient avec l'âge.
Je gardai le silence un long moment, puis j'enchaînai.
– Si je ne vous avais pas rencontré, ma capacité martiale se serait atrophiée avec les années. Grâce à vous, j'ai changé ma vitesse pour un meilleur *timing* et j'ai commencé à gérer le contrôle du temps. Qu'on le veuille ou non, à partir de trente-cinq ou quarante ans, la vitesse diminue. Puis, j'ai aussi appris à ne plus être prisonnier de la technique, mais à utiliser le *feeling* et la connexion avec l'adversaire. Enfin, au lieu de pousser mon corps dans des limites où les dégâts deviennent irréversibles, j'ai troqué tout ça pour de la précision et du contrôle de l'énergie. Personne d'autre n'aurait pu m'enseigner ça. Et le plus beau, c'est que vous-même, vous continuez d'acquérir de nouvelles connaissances et de vous améliorer. Dans la plupart des arts martiaux, les gens de plus de cinquante ans connaissent beaucoup de techniques, mais ils ne sont plus de calibre contre des jeunes dans la vingtaine alors que vous...
Je cherchais mes mots sans trouver exactement ce que je voulais dire. C'est lui qui compléta ma phrase.
– Alors que moi, ma puissance martiale est de loin supérieure à celle que j'avais avant la cinquantaine.
– Oui, c'est ça. Je pense qu'affronter quelques jeunes dans la vingtaine ne vous ferait pas peur.
– Peut-être, on ne sait pas, on ne le saura jamais. Je ne ressens pas le besoin de prouver quoi que ce soit. J'ai passé l'âge de vouloir jouer au meilleur.
Plus je discutais avec lui et plus j'avais la sensation que ses rides s'effaçaient. J'avais déjà remarqué ce changement d'apparence chez lui. Parfois, il entrait au dojo en donnant l'impression de marcher avec difficulté. Une fois sur le *tatami*, il n'était plus le même homme. Je lui demandai comment il arrivait à faire cela.

– C'est facile lorsque l'on fait ce que l'on aime. De plus, si c'est apprécié, ça devient une source d'énergie incomparable. Combien de personnes âgées ne sont pas prises au sérieux ou sont considérées comme des enfants ? Beaucoup d'entre elles possèdent une expertise étonnante. Un grand nombre d'entre elles ont vécu des choses extraordinaires. Mais la plupart des gens ont des préjugés envers elles. Il y a des gens stupides dans toutes les tranches d'âges. Il faut apprendre à voir au-delà des rides. Toi, comment crois-tu que tu seras perçu lorsque tu auras mon âge ?

Je ne m'étais jamais posé la question. Bien sûr comme tout le monde, je me suis déjà morfondu à l'idée de vieillir, de perdre ma précieuse autonomie.

– Je ne sais pas. Je présume que ça dépendra de ce que j'aurai accompli dans ma vie.

– Pour la plupart des gens, vieillir c'est devenir invisible, dit le Maître. L'aura de la beauté s'efface avec les années. La prestance de l'arrogance et de l'assurance impressionneront de moins en moins. La lenteur du corps suscitera frustration et haine chez ceux qui le suivront pour monter un escalier ou pour simplement entrer dans un autobus.

– Ce que vous dites est horrible. Je ne veux pas vieillir.

– C'est pour cette raison que tu dois demeurer créatif. Il faut vivre intensément chaque moment et ne pas se contenter d'attendre son billet d'entrée pour un autre monde.

J'eus soudain une illumination. Je venais de comprendre comment, où devrais-je dire pourquoi, le Maître continuait d'évoluer, d'apprendre et de nous enseigner de nouvelles techniques. Ce corps vieillissant n'était pas lui. Ce n'est qu'un véhicule lui servant à se déplacer. Lui était aussi pétillant qu'il avait dû l'être il y a cinquante ans. Son esprit demeurait actif.

– Je vous trouve sage. C'est un des avantages de la vieillesse.

– Quel avantage, de quoi parles-tu ? me demanda-t-il en me fixant intensément.

– De la sagesse, on devient sage en prenant des années.

– Je connais des enfants qui ont beaucoup plus de sagesse que bien des personnes âgées que j'ai rencontrées. Les années ne rendent pas plus sage. Si l'on n'a pas cette graine dès l'enfance, on ne deviendra pas plus sage.

– Mais alors pourquoi y a-t-il tant de changement avec l'âge ?

– Ce n'est pas de la sagesse, c'est simplement de la tolérance. La plupart des gens développent plus de tolérance avec les années.

– Dans ce cas, comment puis-je être certain que je serai un vieux sage un jour ?

Le Maître prit une gorgée de thé et ferma les yeux un instant.

– C'est simple. Il suffit de prendre conscience du moment présent et de l'apprécier, peu importe ce qu'il nous offre.

Chapitre 62
Fatigue extrême

De la volonté
Le guerrier esprit puissant
Puise l'énergie

Il faisait vraiment très chaud cette journée-là. Le niveau élevé d'humidité me donnait l'impression que je venais de faire un marathon. Même les oiseaux qui normalement sont si nombreux aux alentours du dojo extérieur demeuraient cachés dans quelques endroits secrets, à l'abri de cette température étouffante. S'entraîner dans ces conditions relevait du masochisme ou je devrais plutôt dire que cela démontrait l'aspect exigeant de mon professeur. Cela devait bien faire plus de quinze ans que j'étais devenu son disciple. Avec les années, j'avais appris à ne refuser aucun enseignement qu'il pouvait m'offrir. Chacun de mes apprentissages en sa compagnie était un joyau de connaissance. Plus je fréquentais d'autres pratiquants d'arts martiaux, plus je réalisais l'écart qui s'élargissait entre nous.

Le Maître m'avait dit de venir l'attendre à l'entrée du petit parc. La simple marche que j'avais faite pour l'y rejoindre avait drainé une grande partie de mon énergie. En m'assoyant au pied d'un arbre, je repensai à une conversation que j'avais eue avec lui, des années auparavant. Il faisait également très chaud cet été-là. Pas aussi chaud ni aussi humide qu'à ce moment-là, mais la température était suffisamment lourde pour que je me plaigne.

– Mais qu'est-ce que tu fais ? me demanda mon professeur. Tu es en vacances ou quoi ?

– Vous ne croyez pas qu'il fait un petit peu trop chaud pour s'entraîner de manière aussi intense ?

– Non, dit-il en me désignant la tige de bambou qui me servait de *bo*.

Je ramassai le bout de bois et je commençai à travailler mes techniques de frappe sur une roche qui symbolisait mon adversaire. Ma vitesse laissait à désirer. Ce ne fut guère long qu'arrivât un commentaire de mon mentor.

– Dis-moi, est-ce que tu agis comme ça par fatigue ou par paresse ? Si c'est par fatigue, qu'est-ce que tu as pu bien faire pour être dans un état aussi lamentable ?

Son regard pénétrant m'incommodait. J'avais déjà dû l'affronter, mais là, il me mettait vraiment mal à l'aise.

– Ce... ce n'est pas de la paresse, c'est la chaleur et l'humidité. C'est étouffant, j'ai la sensation que cela me prive de toute mon énergie.

– Tu veux dire que tu es influençable ?

– J'ai l'impression de respirer de l'eau chaude. Je ne suis pas sûr d'avoir suffisamment d'oxygène pour travailler.

– Mais alors, tu n'as qu'à en utiliser moins. Cesse d'en gaspiller.

Comment pouvait-il dire cela ? Je ne voyais pas comme je pouvais en gaspiller.

– Présentement, c'est ton corps qui conduit ton esprit. Il faut faire l'inverse. Imagine-toi sur un champ de bataille, bien emmitouflé dans ton armure. Juste avant d'arriver là, tu as dû marcher des heures sous ce soleil brûlant. L'humidité te faisant perdre davantage d'eau que tu peux en ingurgiter. Sans prévenir, l'ennemi vous attaque. Inférieures en nombre, tes troupes doivent guerroyer comme des démons.

– Je pense que le combat est perdu d'avance.

– Heureusement que tout le monde n'est pas aussi faiblard que toi, me dit-il en avançant se tête vers moi, yeux tout grands ouverts.

– Mais comment voulez-vous que ces hommes puissent s'affronter dans un tel état ? Ils sont déjà morts avant même de commencer à croiser le fer.

– C'est une chance qu'ils ne pensaient pas comme toi. Oui, ils sont fatigués, oui ils ont perdu énormément d'énergie, mais il leur reste la chose la plus précieuse qui soit.

– Je suppose que vous allez me dire qu'il leur reste la vie.

– C'est plus que ça. Ils possèdent la volonté. Ils ne sont pas là pour le plaisir, ils sont là pour protéger leur famille, leur village, leur maître.

J'étais un peu inquiet à propos de ce que ces mots sous-entendaient à mon sujet.

– J'ai de la volonté. Ce qui me manque c'est l'énergie.

– Parce que tu crois que ces hommes sur le champ de bataille étaient frais et dispos, qu'ils en avaient, de l'énergie ?

Il parlait de cet affrontement au passé. Je venais de comprendre qu'il référait à un combat qui avait déjà eu lieu.

– Je suppose que si notre vie est en danger, c'est plus facile de trouver les forces nécessaires pour continuer.

– Non. Beaucoup de gens se laisseront mourir plutôt que de faire un effort lorsqu'ils ressentent une fatigue extrême. C'est le chemin le plus simple. Passer outre cet état à un stade avancé n'est pas à la portée de tous.

– Comment peut-on s'entraîner à cela ? Je ne comprends pas.

– Est-ce qu'il t'est déjà arrivé de remettre à plus tard un travail, une tâche à exécuter parce que tu te sentais un peu fatigué ?

J'hésitais à confesser cette procrastination que j'entretenais si bien.

– Bien sûr ! Comme tout le monde, ça m'est déjà arrivé.

– Est-ce que la fatigue était une excuse pour dissimuler une certaine paresse ?

En me regardant comme il le faisait, j'avais l'impression d'être comprimé dans une bulle étroite.

– Bien, oui. Je dois l'avouer, j'ai parfois été un peu paresseux.

– Aujourd'hui, ton entraînement est lent, mal fait, voire pitoyable. Est-ce que c'est à cause de la paresse ou de la fatigue ?

Je sautai sur l'échappatoire qu'il m'offrait.

– C'est à cause de la fatigue.

– Mais alors, qu'est-ce que c'est que la fatigue ? me demanda-t-il.

– C'est quand notre corps refuse de nous obéir, dis-je, tout fier de cette réponse.

– Faux, ce n'est qu'un message pour nous informer que nos réserves d'énergie sont à la baisse. Si le voyant lumineux de ta voiture t'avertit qu'il ne reste que peu d'essence, est-ce qu'elle va s'arrêter avant qu'il n'y en ait plus ?

De prime abord, je trouvais l'exemple un peu tiré par les cheveux. Mais en y pensant bien, je crois qu'il avait peut-être raison.

– Non, elle va rouler jusqu'à la dernière goutte.

– Il en va de même pour le corps. Il t'envoie un signal pour t'informer. Une fois le message reçu, tu peux faire un bon bout de chemin avant d'être obligé d'abdiquer.

– Oui, mais si j'ai un coup de chaleur, ça peut être dangereux.

– C'est exact, mais il y a un grand écart entre le moment où ton corps te dit qu'il est fatigué et celui où tu ne pourras plus continuer.

Je repensai à certaines parties de football que nous faisions avec des amis. Même si nous étions crevés, nous pouvions déployer énormément d'énergie. Le plaisir du jeu nous motivait.

– Chez la plupart des gens, c'est la paresse qui va prendre le dessus lorsque leur vie n'est pas en danger. C'est tellement plus facile de ne rien faire alors que les circonstances sont un peu plus difficiles. D'accord, il fait chaud, oui c'est humide, mais c'est une occasion à ne pas manquer pour apprendre à puiser dans ta réserve d'énergie.

Je poussai un long soupir puis je retournai vers la roche qui me servait de cible.

– Bien ! Je vais voir ce que je peux trouver dans mes derniers retranchements.

– N'essaie pas de puiser ou même de penser à ton énergie et à ta fatigue. Contente-toi d'exister au moment présent. Travaille avec une seule idée en tête : réussir le meilleur entraînement que tu n'as jamais fait.

Péniblement, je commençai à faire des esquives avec le bâton. Chaque mouvement était difficile, chacun de mes pas me rappelait la chaleur écrasante qui m'agressait.

– Cesse de t'apitoyer sur ton sort. Vis chaque instant plutôt que de le subir.

Chaque fois que la fatigue revenait dans mes pensées, je faisais un effort plus grand pour sentir la vélocité de mes frappes, pour percevoir mes déplacements et pour me concentrer sur ma cible. Graduellement, je prenais de la vitesse. J'avais la sensation que mon *bo* ne pesait plus rien. Mes mouvements devenaient de plus en plus fluides. Je commençais à ressentir du plaisir à m'entraîner. Je sautai dans les airs en abattant le bout de bambou sur une pierre, puis j'enchaînai d'une roulade pour terminer en piquant l'extrémité du bâton sur un arbre. Je ne sais trop combien de temps je m'exerçai ainsi, mais j'avais l'impression que j'aurais pu faire cela durant des heures. Je pivotai sur moi-même pour faire une esquive sur une attaque imaginaire et je revins frapper sur la roche. Mon bâton se cassa sous la force de l'impact. Je restai bouche bée en regardant les éclats de bambous de chaque côté de la pierre.

– Bien, je pense que c'est suffisant pour aujourd'hui, me dit mon Maître.

– J'ai l'impression que je pourrais continuer plusieurs minutes comme ça, dis-je, tout fier d'avoir su comment puiser dans mes réserves.

– Parle pour toi, me dit-il. Moi, j'ai chaud, je rentre avant d'avoir un coup de chaleur.

Chapitre 63
L'apprentissage par paliers

Suivant son chemin
Le chêne majestueux
Parcourt son cycle

Cela faisait bien longtemps que ça m'était arrivé. Je pense que c'était l'avant-dernière année que j'étais avec lui. Depuis quelques jours, j'avais l'impression que je stagnais. Certes, j'apprenais, je n'avais jamais cessé de m'instruire depuis que j'étais devenu son disciple. Or, depuis quelque mois, on aurait dit que je ne pouvais plus rien assimiler. J'avais déjà connu de ces paliers où l'on se remet en question, mais là, c'était différent. Je fixais mon bol de *tamtamme* sans y toucher. Je jouais à extraire quelques nouilles à travers le liquide chaud de ma soupe-repas.
– Bon ! Qu'est-ce qui te tracasse ? me demanda mon mentor sur un ton paternaliste.
– Oh ! Rien !
– Tu penses que je peux croire ça en te regardant contempler ton plat favori sans le dévorer.
– Bien, à vrai dire, c'est moi qui suis un peu bizarre.
– Ça, je le savais, mais à part ça, qu'est-ce qui ne va pas ?
– J'ai l'impression de ne plus pouvoir apprendre. Oui, je peux assimiler des techniques et les reproduire, mais depuis quelque temps, j'ai de la difficulté à comprendre ce qui se cache derrière elles. On dirait que les nouveaux principes que vous m'enseignez sont trop avancés pour moi. Peut-être que j'ai atteint mon seuil d'incompétence.
– Ah ! Ce n'est que ça. J'avais peur que tu aies eu de mauvaises nouvelles.
– Vous en parlez comme si ce n'était pas grave. Mais c'est inquiétant. Ça m'a empêché de dormir toute la nuit.
– J'avais remarqué ta mine déconfite. Qu'est-ce qui te fait croire que tu ne peux plus évoluer ?
– Je n'arrive plus à comprendre ce que vous m'enseignez. Je ne suis pas stupide, loin de là, je pense même que je suis assez intelligent. Étrangement, on dirait qu'il n'y a plus rien qui entre dans mon esprit.
– Et tu trouves cela anormal ?
– J'ai déjà eu des plateaux où je stagnais, mais je savais que ça allait passer après quelques semaines ou quelques mois. Là c'est différent, j'ai la sensation que je ne verrai jamais la lumière au bout du tunnel.
– Je pense que tu t'inquiètes pour rien. À ce stade-ci de ton entraînement, je m'attendais à ce que cela se produise.

– Vous vous doutiez que c'était pour arriver ?
– Oui. La seule surprise, c'est que j'avais prévu que cela survienne beaucoup plus tard.
– C'est ce que je croyais, j'ai atteint mon seuil d'incompétence plus vite. Je ne dois pas être aussi brillant que je le pensais.
– Non, au contraire. Si c'est advenu plus tôt, c'est seulement parce que tu as su comprendre rapidement ce que je t'enseigne.

J'ignorais s'il disait cela pour me faire plaisir ou si c'était la vérité, mais ça avait le mérite de me remonter le moral.

– J'ai sans doute été bon, mais maintenant, je me sens complètement dépassé. Pourquoi pensez-vous que c'était pour se produire ? Vous trouvez que c'est normal ce qui m'arrive ?
– La vie est composée de cycle. Si nous étions d'humeur égale, si nos émotions restaient constamment les mêmes, c'est probablement que nous serions des robots. Il y a des périodes plus courtes qui passent en quelques jours et d'autres qui s'étirent sur des semaines et parfois sur des mois. Lorsqu'on commence quelque chose, que ce soit pour les arts martiaux ou pour autre chose, il y a une étape d'apprentissage. Le musicien doit étudier ses gammes. Il doit s'entraîner à maîtriser l'instrument qu'il désire apprivoiser.

J'aimais bien lorsqu'il faisait des analogies de la sorte. Cela ajoutait une certaine perspective à ses explications.

– Tu joues de ton instrument, tu t'améliores constamment. Puis, certains accords, certains morceaux difficiles te donnent l'impression que tes doigts ne pourront jamais réussir à les exécuter à la vitesse requise. Tu passes à autre chose, à une partition plus facile, puis un beau jour tu réalises que ce que tu trouvais infaisable ne l'est plus. Tu n'as pas abandonné, tu as tout simplement cessé d'être obsédé par l'obstacle qui t'arrêtait.

Il fit une pause pour avaler un *gyoza*. Je profitai de cet instant pour aspirer quelques nouilles de mon plat.

– Maintenant, tu maîtrises très bien ton instrument. Tu te démarques de tes compagnons qui jouent du même instrument. Tu décides de pousser un peu plus loin ton apprentissage. Tu réussis à être accepté dans une école de musique de bonne réputation. Les professeurs possèdent tous des curriculums impressionnants. Tu dois travailler fort, mais tu sens que tu progresses à grands pas. Durant tes vacances des fêtes, tu revois tes amis musiciens, et là, tu constates vraiment l'écart qui s'est creusé entre vous. Tu les aides, tu leur donnes des conseils, mais quelques-uns d'entre eux semblent ne pas les apprécier, ils sont peut-être un peu jaloux. Tu n'insistes pas, car tu es conscient de cette réalité.

J'avais déjà connu cette sensation à maintes reprises avec d'anciens partenaires d'entraînement. Ils accueillaient de manière hautaine les nouveautés que je désirais partager. Le vieil homme continua.

– Tu es maintenant un virtuose. Tu es de calibre à pouvoir jouer dans les plus prestigieux orchestres. Tes professeurs t'ont confié que sur un plan technique, tu avais acquis tout ce que tu pouvais. Tu peux interpréter n'importe quelle œuvre des plus grands compositeurs. La maîtrise de ton instrument est parfaite. Tu es parvenu à ce stade, me dit-il en me fixant intensément.

Cela aurait dû me réjouir. Me faire dire que j'étais maintenant parmi les plus compétents aurait dû me rendre heureux. Venant d'un maître tel que lui, je ne pouvais douter de ces propos. Pourtant, j'étais démoralisé. Est-ce que cela signifiait que j'avais atteint le maximum que je pouvais espérer ?

– Est-ce que cela veut dire que je ne peux plus m'améliorer ?

– Un technicien te dirait que tu as appris tout ce que tu pouvais. Moi je te dis que tu es maintenant au début de ton cheminement.

Je trouvais ses propos plutôt contradictoires. Je maîtrisais toute la technique, mais j'étais un débutant.

– Des musiciens compétents capables de reproduire n'importe quelle œuvre, il y en a dans tous les orchestres symphoniques, me dit le vieil homme. Mais peu d'entre eux se distinguent, car ils ne font que plagier les oeuvres. Ils le font avec tout leur cœur, mais ce n'est pas suffisant. Pourquoi deux musiciens peuvent-ils jouer la même œuvre avec les mêmes notes, mais que l'un d'entre eux se démarque ? Parce qu'il donne vie à sa musique. Il parvient à transmettre des émotions que ses confrères ne pourront jamais reproduire. C'est ici que se départage le maître du bon exécutant.

Le parallèle qu'il avait fait avec la musique me fit penser à Vanessa Mae qui interprétait au violon des morceaux connus. Mais le son qu'elle réussissait à extirper de son instrument était différent des autres. On pouvait sentir son âme vibrer à travers les cordes.

– Oui, mais comment peut-on apprendre cela ? Est-ce qu'il y a des professeurs capables de nous mener à ce stade ?

– Lorsque le disciple est prêt, le maître apparaît sur son chemin. Pourquoi crois-tu que je suis là ?

Je me trouvais stupide de ne pas avoir soulevé le fait qu'il était là. Je craignais de l'avoir insulté, mais il ne semblait pas le moins du monde perturbé par ma maladresse.

– Ton intellect a absorbé tout ce qui est nécessaire pour exécuter n'importe quel type de mouvement. Tes habiletés ne sont plus à mettre en doute. Maintenant, il faut apprendre à travailler avec ton âme. Il faut que ton corps parvienne à utiliser cette énergie qui fera de toi un virtuose. Tu as la sensation que quelque chose est là, devant toi, que tu n'as qu'à tendre la main pour la saisir, mais que ça s'éloigne dès que tu la présentes.

– Oui, c'est à peu près ça.

– À ce stade, plusieurs personnes abandonnent. Ils vont changer d'instrument pour avoir l'impression de continuer d'évoluer.

Je repensais à quelques amis bons arts martialistes, qui avaient changé de styles d'arts martiaux à quelques reprises. Ils avaient acquis de nouvelles connaissances, mais leurs niveaux d'habileté demeuraient au même stade et dans bien des cas, ils régressaient.

– Je comprends ce que vous voulez dire. J'ai des amis qui ont vécu cela. Mais comment peut-on franchir cette étape ? Il n'y a aucun point de repère, aucune borne à laquelle on peut se fier.

– Pourquoi crois-tu que je suis ici ? C'est le rôle du Maître d'accompagner le disciple sur cette voie.

– Ces choses-là peuvent s'enseigner ?

– Non, à ce niveau, même si l'on continue d'apprendre, on ne peut plus recevoir d'enseignement. On ne peut être que guidé.

Depuis longtemps j'avais remarqué que mon professeur s'améliorait d'année en année. Dès mes premières années avec lui, je croyais qu'il était impossible pour lui de devenir meilleur tellement il était au-dessus de tous. Mais je me trompais. Il arrivait avec de nouveaux principes, de nouvelles habiletés. Personne ne lui enseignait, mais il continuait d'apprendre.

– Le plus laborieux pour toi sera de cesser de te mettre en doute. Tu devras également arrêter de faire les techniques en espérant que les autres t'admireront. Le plus difficile dans tout ça est d'avoir la foi. D'avoir confiance en toi-même. Il ne faut plus que tu te croies bon, mais que tu saches que ce que tu fais est la bonne manière de le faire. À ce stade-ci, c'est un nouvel état d'esprit que tu dois acquérir. Plusieurs personnes s'engagent dans cette voie, mais peu ont la sagesse de s'y soumettre.

Là, il me faisait peur. À quoi devrais-je me soumettre ? Il continua.

– Habituellement, les gens qui sont invités à suivre ce chemin ont du talent. Du talent et un fort égo. Il n'est pas rare de voir de ces personnes qui se jugent suffisamment prêtes se distancier de leur maître en se croyant égaux à lui.

– Que se passe-t-il lorsqu'ils s'éloignent ?

– Je ne peux expliquer pourquoi, mais durant un court laps de temps, ils sont comme une flamme qui brille fortement dans l'obscurité. Puis, après un certain temps, l'intensité diminue. Plus le disciple s'éloigne du maître, plus le feu s'amenuise. S'ils ont construit un empire assez fort, ils peuvent continuer à vivre sur cette lancée. Mais graduellement, leurs disciples s'apercevront qu'ils ne progressent plus, qu'ils ne peuvent plus leur apporter ce qu'il faut pour atteindre un stade supérieur. Ces enseignants n'ont plus que des étudiants.

Je repensai à certains professeurs qui étaient populaires quelque temps, puis qui disparaissaient. Une gloire éphémère. Je me disais que je n'étais pas comme ça. L'une de mes qualités était la fidélité. Tant que le respect et la confiance sont là, je resterai.

– Par quoi commence-t-on ?

Je réalisai soudainement que j'étais à nouveau motivé, pressé de me mettre au travail. J'anticipais tous les exercices étranges qu'il pourrait me faire faire afin de trouver mon chemin. Comme il ne répondait pas assez rapidement, je refis ma requête.

– Alors, par quoi commence-t-on ?

– On commence par terminer notre repas en le savourant comme si c'était notre dernier repas.

Chapitre 64
Le cœur pur

Ici maintenant
La nature de la vie
Cherche le bonheur

Cette journée-là, mon Maître m'avait demandé si je voulais bien l'accompagner chez l'un de ses amis qui fêtait ses soixante-dix ans. J'avais hésité à accepter, mais refuser l'invitation aurait été impoli. Je me voyais assis au bout d'une petite table, en train d'écouter un groupe de personnes âgées raconter leurs souvenirs de jeunesse. Et comme ils parleraient probablement en japonais plus ancien, il y aurait de fortes chances que j'en perdre de longs bouts.

Nous avions marché plus d'une demi-heure après avoir quitté la station de train. Mon Maître devait être venu ici souvent, car malgré le fait que ces ruelles étaient un vrai labyrinthe, il semblait se retrouver aisément. J'aurais été bien incapable de retourner seul à la gare par le même chemin.

– Pourquoi n'avons-nous pas pris un taxi ? demandais-je. Nous aurions moins chaud.

– J'aime bien marcher dans ces petites ruelles. Il y a tant de souvenirs qui se dissimulent sur ce trajet.

L'image d'une conversation entre gens âgés me revint à l'esprit. C'est en soupirant que je continuai à le suivre.

– Tu vas voir, mon ami est très sympathique. C'est un philosophe. Il est l'une des personnes que j'ai fréquentées qui connaît le mieux la psychologie humaine.

Le soleil de juillet tapait fort sur nos têtes. J'étais heureux chaque fois qu'un arbre abandonné à lui-même était suffisamment grand pour nous protéger de son ombre. La ruelle nous conduisit au pied d'une petite colline à la végétation abondante. Un sentier nous offrit un passage vers le sommet. Un tunnel d'arbre nous dispensait un peu de fraîcheur. Le chemin déboucha sur une antique maison qui trônait au sommet de la colline. Des tuiles désalignées témoignaient de l'âge avancé de l'habitation. Assis sur le porche, un vieil homme leva la tête en nous voyant arriver.

– *O hisashiburidesu ne*, clama-t-il.

– Depuis beaucoup trop longtemps à mon goût, répondit mon Maître.

Après s'être incliné à maintes reprises, il me présenta à son ami, Suzuki *san*. Sans dire un mot, ce dernier m'examina de la tête aux pieds. J'avais l'étrange sensation de me trouver devant un douanier qui n'aimait pas mon visage. Puis, après des secondes qui me parurent une éternité, il s'adressa enfin à moi.

– Vous n'avez pas idée de la chance que vous avez mon ami. Je suis curieux de savoir pourquoi il vous a accepté comme disciple. J'étais sûr qu'il n'en reprendrait plus jamais.

Je ne comprenais pas trop pourquoi, mais j'étais intimidé par cet homme. Malgré sa taille minuscule, il dégageait l'énergie d'un géant. Tout le temps qu'il m'avait regardé, ses yeux n'avaient pas cligné une seule fois. J'avais l'impression qu'il lisait en moi comme dans un livre ouvert. Une dame encore plus petite arriva de derrière la maison. Elle enleva ses gants de travail et déposa un sécateur sur le coin du porche. Mon Maître s'inclina pour la saluer puis il l'attira délicatement et la serra contre lui. Je vis son ami sourire en les regardant. Puis durant plusieurs minutes, la conversation s'engagea entre les trois comparses. Comme je l'avais craint, je perdis de longs bouts de ce qui se disait. Mon Maître fouilla dans son sac en bandoulière qu'il avait amené et en tira un petit paquet qu'il remit à Suzuki *san* qui s'inclina à plusieurs reprises pour le remercier. L'homme déballa le présent. Une grande pipe d'une longueur d'environ trente centimètres s'y trouvait. Elle semblait sculptée à même une seule pièce de métal ornée d'un manchon de bois fin. Après l'avoir observée, son ami me la tendit.

– Mais c'est lourd, on pourrait presque l'utiliser comme une arme.

Les deux hommes rirent. Suzuki *san* regarda mon professeur et lui dit qu'il comprenait un peu mieux son choix.

– Les samouraïs s'en servaient parfois comme une arme, me dit Suzuki *san*. Dans certains châteaux, il n'était pas question de porter ses sabres. L'enceinte était censée assurer la sécurité de ses occupants. Mais la menace pouvait aussi bien venir des proches que du monde extérieur. Entre les mains d'une personne habile, ces pipes pouvaient devenir des armes efficaces.

Effectivement, sa rigidité faisait en sorte que l'on pouvait l'utiliser tant pour faire des clés que pour frapper. Le poids du bout du fourneau devait être suffisant pour défoncer un crâne tandis que l'autre extrémité pouvait aisément traverser une cage thoracique. L'objet était balancé de manière à obtenir un maximum de vélocité pour cogner avec le bout du fourneau. Je ne devrais plus être surpris, mais l'ingéniosité des samouraïs m'épatait toujours. La dame revint avec un plateau de thé glacé.

Comme je l'avais craint, les deux hommes ressassèrent quelques souvenirs d'une autre époque. À un certain moment, mon Maître riait tellement que je vis des larmes couler de ses yeux. À le regarder ainsi, j'avais presque peur que son cœur ne puisse tenir le coup. Puis une phrase retint mon attention.

– C'est parce qu'il ne possédait pas un cœur pur, lança mon vieux Maître en reprenant son fou rire.

Après les avoir laissés se calmer un peu, je m'adressai aux deux hommes.

– Vous venez de parler de *kokoro*, du cœur. Vous disiez qu'il n'avait pas un cœur pur. Dans la littérature martiale japonaise comme dans l'enseignement que vous me dispensez, la notion de cœur pur revient très souvent. Pour un Occidental comme moi, c'est un peu plus difficile à comprendre. Comme tout le monde, je fais signe que oui lorsque vous en parlez. J'ai une vague idée de ce que c'est, mais je pense qu'il me manque quelque chose. Qu'est-ce que c'est que d'avoir un cœur pur ? Ce n'est certainement pas dans le sens chrétien du mot.

– C'est une très bonne question, dit Suzuki *san*. Dans la culture judéo-chrétienne, être pur c'est de ne pas avoir commis ce que vous appelez un péché. Mais dans la société japonaise, c'est un peu différent. Nous n'avons pas une civilisation basée sur la culpabilité.

– Avoir un cœur pur relève du moment présent, enchaîna mon professeur.

– Je ne comprends pas, dis-je. Je pense que je suis encore plus mélangé.

– Comme tu le sais, répliqua Suzuki *sani*, *kokoro* signifie le cœur, mais aussi l'esprit et parfois l'âme. C'est là que l'on joue entre le savoir et le croire, entre le vouloir et le pouvoir et même entre le sens du devoir et le plaisir.

Et tout ça devait me permettre de mieux comprendre ? pensais-je. Mon Maître prit la relève.

– Avoir le cœur pur est d'agir dans le chemin qui est préférable ou qui est nécessaire. Si tu combats quelqu'un, ce doit être pour une noble cause. Pour défendre ton pays, parce que c'est ton devoir. Si tu le fais pour le plaisir, ce n'est pas avec un cœur pur que tu agis.

– Dans ta culture, enchaîna son ami, un ange a le cœur pur et un démon est impur. Dans la nôtre, un démon qui doit faire un combat peut le faire avec l'esprit du cœur pur. Il n'est pas jugé par ce qu'il est, mais par ses actes. Il n'est pas condamné à l'avance parce qu'il est un démon. Si tu agis et que ta conscience n'est pas tranquille, que tu ne te sens pas totalement dans ton droit de faire ce combat, ton cœur n'est pas pur. Ton esprit n'est pas libre, seul un cœur pur peut jouir d'une totale liberté.

– Si je comprends bien, avoir un cœur pur signifie simplement être dans son droit de se défendre.

Les deux hommes se regardèrent et sourirent. J'avais la sensation d'être un enfant face à eux.

– C'est plus que ça, dit le Maître. Avoir le cœur pur témoigne que l'on fait quelque chose dans un esprit noble. Lorsque je donne une classe et que je demande à des personnes de faire une démonstration, beaucoup d'entre elles le font dans l'espoir de m'impressionner afin que je les admire.

– On ne fait pas une technique pour les autres, on doit la faire pour soi-même, dit son ami.

Le Maître hocha la tête. Suzuki *san* enchaîna.

– Si tu affrontes un adversaire et que tu ne penses qu'à la victoire, il y a des chances pour que tu ne puisses voir tout ce qu'il pourrait te faire. Tu deviens ébloui par ta volonté de vaincre.

– Prenons un exemple, ils sont dix guerriers d'expérience et tu es enragé. Ta colère t'aveugle, mais tu décides de les combattre tout de même. Le pouvoir te fera assurément défaut, dit le Maître. Ton cœur n'est pas pur, il est aussi embrouillé que si tu nageais dans un étang boueux au cœur de la nuit.

– Ton adversaire lève un sabre, reprit Suzuki *san*. En le voyant, tu sais d'avance quelle attaque il peut faire. Malheureusement pour toi, il ne connaît rien au sabre et t'attaque d'une manière totalement différente. Tu seras trahi par ce que tu croyais. Son inexpérience le rend imprévisible.

– Si au contraire, c'était un excellent sabreur, dit le Maître, au moment de descendre son *katana*, il ne doutera pas que tu sois un bon guerrier, il agira en conséquence. Son savoir vient de te trahir. Tu te fiais à ce qu'il devait faire et non à ce qu'il pouvait faire. Ton cœur n'était pas ici et maintenant, il était déjà ailleurs. Avoir le cœur pur se fait dans une parcelle du moment présent.

– Le cœur pur est détaché, enchaîna Suzuki *san*. Il n'agit pas pour le plaisir, il fait ce qui doit être fait dans un but ultime qui est de trouver le bonheur.

En écoutant parler le vieil homme de la sorte, je me dis qu'il devait sûrement avoir un long passé martial derrière lui. Lui aussi devait être un Maître. Effectivement, il semblait bien connaître l'esprit humain.

– Vous avez dû faire beaucoup d'arts martiaux ? lui demandais-je.

– Non, je n'en ai jamais fait. Mais j'ai côtoyé énormément de maîtres de haut niveau.

– Je ne comprends pas. Qu'est-ce que vous faisiez comme travail si vous n'enseigniez pas les arts martiaux ?

– Moi ? J'étais préposé à l'entretien ménager au *dojo* municipal du village.

Chapitre 65
Sans prétention

Incompatible
Lorsque vient d'un fort égo
La raison du cœur

Dans le dojo, il y avait un assez bon roulement d'étudiants tout au long de l'année. Si certains visages m'étaient familiers, d'autres par contre m'étaient totalement inconnus. Décembre était déjà entamé depuis quelques jours lorsque je vis pour la première fois le Maître agir de façon étrange avec l'un d'entre eux. La technique d'évasion qui semblait facile à première vue ne l'était peut-être pas autant qu'elle le paraissait. Notre partenaire nous agrippait les poignets dans le dos. Nous devions simplement tourner les paumes vers l'extérieur et nous glisser sous l'un des bras de l'attaquant pour nous retrouver à ses côtés. Lorsque le Maître passa près de lui, j'entendis le grand blond faire une suggestion.

– Je crois que la technique aurait avantage à se faire comme ça, dit-il en avançant les mains vers l'avant tout en élevant ses paumes vers le haut. Dans mon ancien art martial, c'est de cette façon que l'on se dégage de cette emprise.

Le Maître écouta le jeune homme dans la mi-vingtaine. Il ouvrit tout grand ses yeux.

– Si j'ai bien compris, c'est la première fois que tu pratiques le *budo*.
– Absolument pas, j'ai beaucoup d'expérience dans...

Le Maître lui tourna le dos sans se préoccuper de lui. L'étudiant semblait frustré qu'on le traite de la sorte.

– Je croyais qu'il était plus compétent que ça, dit-il.

En un instant, je sentis ma pression monter à des niveaux rarement atteints. J'expirai fortement afin de reprendre le contrôle.

– Peut-être que c'est toi qui n'es pas compétent, dis-je.
– Quoi? Regarde comment je me sors facilement de cette position avec ma façon de faire. C'est beaucoup plus efficace. Agrippe-moi, tu verras.

Au moment où je sentis mes mains tirées vers l'avant, j'avançai rapidement en lui donnant un léger coup de genou au coccyx. Le choc était faible, mais suffisant pour qu'il plie les jambes et que je l'amène assis devant moi. J'enchaînai d'un coup de poing contrôlé à la tête.

– C'est pour ça qu'on se positionne en reculant près de l'adversaire. On ne doit surtout pas demeurer devant comme tu le fais. Là, j'ai été gentil avec mon coup de genou dans ton dos. Imagine si j'avais cogné fort.

– N'empêche que ma façon est efficace. Ça ne veut pas dire que dans la rue quelqu'un penserait à me frapper comme tu l'as fait. Mon professeur est excellent et il n'enseignerait jamais quelque chose de dangereux pour nous.

Malgré le fait que je lui avais démontré sa vulnérabilité, ce type ne voulait rien savoir. En jetant en coup d'œil au Maître, je le vis sourire. Il s'amusait à me voir essayer de raisonner cet étudiant.

– Dans un combat réel, tu dois laisser le moins d'ouvertures possible, dis-je. Espérer que l'agresseur ne te donne pas de coup de genou, c'est un peu jouer à la loterie. Dans un *bugeï*, il n'y a pas de place pour le hasard.

Je retournai m'entraîner avec mon partenaire. À quelques reprises, le grand blond modifia l'enseignement du Maître pour l'ajuster à sa sauce. Toutes les fois, je pouvais voir des failles dans sa façon de faire. À un certain moment, je n'avais pas pu m'empêcher d'intervenir de nouveau. Qu'il fasse ses conneries pour lui est une chose, mais qu'il s'amuse à corriger les étudiants en était un autre. Nous faisions des techniques à deux adversaires contre un. L'objectif était d'entremêler les bras des agresseurs de manière à ce qu'ils se nuisent mutuellement. À chaque fois, le grand blond laissait une main du second opposant près de sa figure. Bien sûr, on ne pouvait donner de coup de poing, mais on n'a pas besoin de ça pour attaquer une personne.

– Tu es là pour t'entraîner ou pour montrer que tu es bon ? dis-je sur un ton un peu arrogant.

– De quoi tu te mêles ? Va jouer dans ton coin, me dit-il.

– Je peux faire la technique avec vous. Je voudrais juste te faire prendre conscience de la faille que tu laisses.

Il me regarda avec un sourire narquois.

– Il n'y a pas de faille, mais si ça peut te faire plaisir d'apprendre…

Le premier adversaire le saisit au collet comme nous devions le faire. J'attaquai ensuite comme la technique le prévoyait. Il captura mon premier bras en le dirigeant sous l'aisselle de mon coéquipier et agrippa mon autre main au moment où je tentais de le frapper.

– Tu vois, tu es fait. Ça me fait plaisir de t'enseigner.

– Moi aussi. Regarde si tu peux…

Je déplaçai ma main et je poussai le bout d'un doigt dans le coin de son œil et je le frottai légèrement en appuyant pour faire une légère pression. Le Maître m'avait fait ce type de défense à maintes reprises. Je savais que je pouvais l'utiliser sans le blesser. Il recula vivement en jurant.

– C'est quoi, ces techniques de sauvages ? Ce n'est pas du *budo* ça.

– Non, c'est du *bugeï*, dit une voix derrière moi.

– La plupart des gens n'oseraient pas viser les yeux dans la rue. Ce n'est pas réglo, dit le blond.

— On agit comme ça dans notre art martial, dis-je. Le but n'est pas la beauté, mais l'efficacité. On doit prendre les moyens nécessaires pour survivre et s'il faut attaquer les yeux, on le fera sans hésiter. Est-ce que ton art martial t'enseigne la survie ou s'il te montre simplement à être distingué dans tes mouvements ?

Je trouvais étrange de m'exprimer ainsi. Je ne savais pas trop pourquoi je lui parlais de distinction, mais c'était sorti comme ça.

— Vous êtes un groupe de fanatiques à l'esprit borné, je quitte ce dojo. Je n'apprendrai rien d'intelligent ici.

Je m'apprêtai à aller le raisonner lorsque le Maître me mit la main sur l'épaule.

— Laisse-le, il n'est pas prêt. Peut-être reviendra-t-il un jour.

La classe se poursuivit sans anicroche. Une ambiance plus agréable occupait maintenant le dojo. Après son départ, je réalisai que plusieurs étudiants n'avaient pas apprécié les corrections erronées qu'il distribuait si généreusement. Lorsque tous eurent quitté, j'aillai retrouver le Maître pour discuter de ce qui s'était passé.

— J'espère que nous n'aurons pas trop souvent des gens comme lui. Il y a des personnes qui ne comprennent jamais rien. J'ai rarement vu quelqu'un d'aussi imbu de sa personne.

— Il ne faut pas lui en vouloir, ce n'est pas de sa faute.

— Quoi ? Si ce n'est pas de sa faute, c'est de la faute à qui alors ?

— De ses enseignants, dit le Maître.

— Ce ne sont pas eux qui l'ont rendu si prétentieux.

— La responsabilité de le remettre dans le droit chemin leur appartenait.

J'avais oublié à quel point le lien professeur et étudiant est puissant dans l'esprit des Japonais. Si une personne à votre charge ne se comporte pas de la bonne façon, vous êtes en partie responsable.

— Oui peut-être. Mais il y a aussi une question de jugement. Il ne voulait rien savoir lorsque je lui montrais les failles de ses techniques. Il ne réalise même pas qu'en lui mettant un doigt dans l'œil, il venait de perdre son combat. Il ne voyait pas la logique, on aurait dit qu'il se refusait à ce que ses connaissances aient des faiblesses.

— C'est juste qu'il possède un égo un peu trop fort. Ça peut se dégonfler, tu sais. Tu te souviens ?

— Il faisait allusion à ma petite personne, à mon tempérament détestable que j'affichais à mes débuts avec lui.

— Mais pourquoi l'avez-vous toléré de la sorte ? Pourquoi l'avoir laissé corriger les étudiants si tout ce qu'il faisait était incorrect ?

— Je pourrais te dire que c'est parce que l'on ne jette pas de perles aux pourceaux, mais pour être honnête, il y avait une autre raison.

J'étais bien curieux de la connaître. Je croyais que c'était parce qu'il ne désirait pas perturber les autres. Donner un tel spectacle n'est jamais très sain dans un *dojo*.

– Je ne suis pas intervenu parce que je te testais. Je voulais voir si tu pouvais découvrir facilement les failles de ce qu'il montrait.

Je ne savais trop que dire. Devais-je prendre cette épreuve comme un compliment ? Je n'insistai pas sur le sujet.

– Mais pourquoi est-ce que ses professeurs lui ont transmis des techniques où il y a tant de faiblesses ? demandai-je.

– Beaucoup d'arts martiaux ont été créés dans un but spirituel. Crever un œil, ça ne va pas tout à fait dans cet esprit. La plupart des gens ne font pas des arts martiaux pour se retrouver sur un champ de bataille. Ils le font comme loisir et ce mode d'enseignement est amplement suffisant pour eux. Pense à tout ce que je t'ai fait endurer pour que tu en arrives à voir ces faiblesses dans la technique d'un adversaire.

– N'empêche que ce type est prétentieux. Même s'il n'a pas appris les bonnes choses, cela ne l'autorise pas à vous manquer de respect.

– Ah ! Tu as l'impression qu'il m'a manqué de respect ?

– Je ne le crois pas, j'en suis sûr.

– Et quelle partie en moi aurait dû être insultée de son comportement ?

Je trouvais sa question plutôt étrange.

– Bien... Votre fierté. Se faire corriger de la sorte par un jeune prétentieux tel que lui.

– Je pourrais me sentir frustré si j'avais à prouver quoi que ce soit. Mais je sais ce que je vaux et crois-moi, sa façon d'agir ne m'a touché en aucune façon.

À ce moment, je n'arrivais pas à comprendre comment il avait pu tolérer un tel comportement. Aujourd'hui, j'ai fini par accepter ce genre de situation. Durant des années dans des contextes similaires, je réagissais avec agressivité. Jusqu'à ce que je réalise que ce qui était en jeu n'était pas ma capacité martiale, mais mon égo.

Chapitre 66
Le regard de l'autre

Fenêtre vide
Regard sur un univers
Un sens à la vie

À certains moments, l'enseignement qu'offrait le Maître tenait davantage de l'ésotérisme que des arts martiaux tels qu'on les conçoit en Occident. Cette journée-là, je réalisai pour la première fois que l'art, quel qu'il soit, était une voie reliée à celle des arts martiaux. Le peintre, le sculpteur, le musicien, tout était connecté. J'accompagnais le Maître à une exposition de tableaux qui se tenait non loin de la gare de Shibuya. Nous fîmes un petit détour pour passer devant la statue du chien le plus célèbre du Japon, Hachiko.

– Vous aimez le contempler, n'est-ce pas ? lui dis-je.

– Oui, mais ça se joue dans les deux sens, je le laisse me regarder, dit le vieil homme.

Cette réponse obscure aurait dû susciter plein de questions dans mon esprit. Mais je ne sais pourquoi, sur le moment, j'avais été trop abasourdi par cette explication pour relancer le sujet. Au moment où je me sentis enfin prêt pour lui demander ce qu'il voulait dire, le Maître me tira par un bras.

– Viens, c'est ici. J'ai hâte de voir cette exposition. Je l'attends depuis des semaines.

– Je ne comprends pas pourquoi cela vous excite tant que ça. Il n'y a aucune toile de grand maître, personne de connu. J'ai l'impression que vous allez être déçu.

– Non, au contraire. Les grands maîtres, comme tu dis, n'offrent plus rien de nouveau, rien d'imprévisible. Ici, on peut s'attendre à tout. Au pire comme au meilleur. De plus, ce sera une bonne opportunité pour toi de comprendre comment tout ce qui t'entoure t'observe. Une occasion à ne pas manquer.

C'était la première fois que je l'entendais parler de ce principe. Je ne cherchai pas à approfondir dans l'immédiat, sachant qu'il me donnerait la piste à suivre le moment venu. La salle était remplie de tableaux de toutes tailles. Il y en avait pour tous les goûts. On y trouvait beaucoup de scènes de vieilles maisons campagnardes où les toits de tuiles s'entremêlant à ceux de paille. De magnifiques paysages de montagnes s'offraient régulièrement à nos yeux. Entre ces œuvres plus traditionnelles chevauchaient des toiles où j'aurais été bien incapable de décrire ce que l'auteur voulait exprimer.

Nous étions arrêtés devant l'une d'elles, j'hésitais à la qualifier d'œuvre, une peinture qui à première vue ne représentait rien, sinon une superposition de plusieurs couches de pigmentation qui, au final, donnait l'impression d'une immense tache sur le papier.

– N'essaie pas de voir ou de deviner quoi que ce soit. Contente-toi d'inspirer l'image, de te laisser pénétrer par elle. C'est le tableau qui désire te parler, donne-lui la chance de s'exprimer sans porter aucun jugement.

L'auteur l'avait créé à l'aide de pinceaux de calligraphie. En la fixant intensément, une forme semblait en ressortir. Sur le moment, j'étais incapable de dire ce qui m'attirait. Cette toile ou je devrais dire ce *makimono* possédait quelque chose de mystérieux, de captivant.

– Qu'est-ce que c'est censé représenter ? demandais-je au Maître.

– Ne cherche pas à voir ce qu'il y a sur le papier. Laisse la peinture te regarder. Sens-toi observer, imagine la façon dont elle te perçoit.

– Mais ce n'est que du papier et de l'encre. Ça ne peut rien percevoir.

– Ce n'est pas que du papier et de l'encre. L'auteur y a injecté de l'énergie qui rend l'œuvre vivante. Ne l'analyse pas, contente-toi de te laisser pénétrer de son regard.

Pour une fois, je ne remis pas en doute les paroles du Maître sur quelque chose d'aussi… ésotérique. Par saccade, en de brefs instants, j'arrivais à avoir l'impression d'être observé. Naturellement, je me disais que cela n'était que le fruit de mon imagination. Ces sensations avaient été alimentées par les suggestions du Maître. Puis soudain, il se passa quelque chose d'étrange. Je vis surgir ce qui s'associait vaguement à une apparence humaine de ce néant informe. De petits yeux brillants se démarquèrent. Une silhouette assise tenait quelque chose dans ses mains. Puis, je crus discerner un objet allongé dans sa main droite, quelque chose qui ressemblait à une épée. Je n'aurais pu le jurer, mais j'avais l'impression que son corps était entouré de flammes.

– Qu'est-ce que tu vois ? me demanda le Maître.

Je lui décrivis ce que je pensais distinguer. Mais je n'étais sûr de rien. Il hocha la tête en souriant.

– Ce que tu vois est une représentation de *Fudo Myo*, l'un des cinq protecteurs de Bouddha. Il convertit la colère en acte salutaire. On dit que son esprit est immuable.

– Et qu'est-ce qu'il symbolise ?

– Pour l'instant, cela n'a pas d'importance. Ce qui compte, c'est le fait que tu as été capable de discerner ce que l'intellect ne veut pas voir.

– Mais si vous m'aviez indiqué ce que je devais essayer de voir, j'aurais réussi de la même façon.

– Le but est que tu apprennes à percevoir le caché par toi-même. Que ce soit un tableau, une technique martiale ou une pièce de musique, tu dois accepter qu'elles t'observent. Elles ont une vision de l'univers, il faut t'en laisser imprégner. Une peinture ne fait pas que se laisser admirer, elle t'enseigne.

– Je ne saisis pas le lien avec les arts martiaux. Est-ce qu'il y en a un ?

– Dans un combat, la technique est là, en dormance. Elle t'épie en souhaitant de toutes ses forces que tu la comprennes. Quand tu regardais la peinture, tu analysais avec ton intellect. Tout venait de toi. Tu ne voyais que la surface des choses. Pourtant, le *Fudo myo* était là, camouflé dans la confusion de ton mental. Il essayait d'attirer ton attention. Dans une confrontation, c'est la même chose. La technique à utiliser est là, elle te surveille dans l'espoir que tu la perçoives. Tu dois simplement être ouvert à l'idée de te laisser observer.

– Ça fait étrange de dire que l'on se fait observer par un tableau ou par une technique.

– Je sais, mais il y a bien des choses qui sont hors de notre entendement. Il ne faut pas voir cela comme de la magie. Ce n'est qu'une faculté oubliée que l'on possède. Tu dois comprendre que ça va un peu plus loin que le simple fait de se laisser regarder par un dessin.

J'étais fébrile à l'idée de ce que j'allais entendre. Je savais qu'il ne m'avait pas amené ici uniquement pour contempler les tableaux. Si ce n'avait été que pour voir ces peintures, il ne se serait pas encombré de ma personne.

– Ça fait partie du processus de connexion à ce qui nous entoure. Le *ki* est partout, sous différentes formes. On doit découvrir comment l'utiliser, le ressentir. La matière est de l'énergie.

– Ce n'est pas un hasard si les auteurs de *Star Wars* parlent de la force. Ils se sont basés sur le *ki*.

– Oui, ils avaient une bonne connaissance des arts martiaux anciens, dit-il.

– Y a-t-il d'autres moyens pour apprendre à se servir de cette énergie, à s'y connecter de la sorte ?

– Il n'y a jamais qu'une seule voie. Mais pour l'instant, fais ce que je t'ai enseigné avec ces peintures et tu pourras constater une progression assez rapide de ta façon de percevoir ce qui t'entoure.

Je me dirigeai vers une toile où le centre était occupé par une grosse tache bleue. Je restai ainsi plusieurs minutes à laisser le tableau me regarder.

– Je pense que tu perds ton temps, me dit le Maître. Comme les hommes, certains tableaux sont parfois vides de sens.

Chapitre 67
Les *kihon* à la rescousse

Base solide
Cœur débordant d'empathie
Être naturel

Ce matin-là, je me promenais avec le Maître dans le marché américain devant la gare de Ueno.
– Vous venez fréquemment ici ? demandai-je.
– Le moins souvent possible, me répondit-il.
– Dans ce cas, que faisons-nous ici ? Vous m'avez dit que vous vouliez flâner, prendre un peu de soleil. Entre ces édifices, on ne le voit pas beaucoup dans ces ruelles.

La saison des pluies nous enveloppait de son ambiance morne depuis presque deux semaines. Cette journée ensoleillée agissait comme un baume.

– J'aime bien venir m'y balader une fois tous les cinq ans. Ça me permet de constater que la race humaine n'évolue pas trop rapidement.

Il en fallait maintenant beaucoup plus que ça pour que les propos du vieux Maître me désarçonnent. C'était de plain-pied que j'entrais dans son jeu.

– Pourquoi dites-vous ça ?
– Parce que c'est toujours les mêmes choses que nous offrent ces commerçants.

Le quartier comportait divers types de boutiques qui se ressemblaient. Vous pouviez dénicher tout ce qui était nécessaire pour vous initier au golf, pour changer votre garde-robe ou pour vous procurer un nouveau sac à main. Naturellement, on y découvrait un grand nombre de parfumeries qui voisinaient des commerces où l'on pouvait acquérir toutes sortes d'armes blanches ou d'équipement policier. Et c'est sans compter les étalages de poissons exotiques si chers aux Japonais.

– Il n'y a pas de boutiques où l'on puisse acheter des objets liés à la culture traditionnelle ? dis-je. C'est regrettable.
– Non, il n'y a rien de *kihon* ici, me dit-il.

Il venait d'utiliser une expression qui pouvait se traduire par fondamental. Dans les arts martiaux, on tenait pour acquis que les *kihon* étaient des techniques de base, des fondations essentielles de l'art que l'on pratiquait.

– Par *kihon*, je ne saisis pas bien ce que voulez-vous dire ? Vous pensez à des boutiques de vêtements traditionnels ou quelque chose du genre ?

– Non, je parle des choses élémentaires. Il n'y a rien ici qui peut nous enseigner comment vivre. Tout est superficiel, inutile pour un cheminement spirituel ou pour aider quiconque à évoluer de quelque façon que ce soit.

– Je comprends de moins en moins. Mais pourquoi prendre l'expression *kihon* ? Je ne vois rien ici qui peut s'apparenter à une technique martiale.

– Qu'est-ce qu'un *kihon* ? me demanda-t-il.

– Ce sont des techniques de base. Le mot lui-même signifie « fondamental ». Les *kihon* sont aux arts martiaux ce que les gammes sont aux musiciens. C'est en les répétant que l'on peut espérer devenir virtuose.

– C'est exact, répondit le vieil homme. Et que vois-tu ici qui pourrait aider qui que ce soit à devenir virtuose dans un domaine utile autre que la vente ?

– Rien, mais cet endroit est essentiel pour une bonne partie de l'économie de Ueno. Ce quartier doit générer des revenus incroyables. Regardez la quantité de touristes qu'il y a ici.

– Tu as probablement raison. Mais un *kihon* ne nous enseigne jamais qu'une seule chose. Comme un oignon, il possède plusieurs pelures.

Pour m'expliquer son point de vue, il référa à une technique simple que je connaissais bien. Lorsqu'un assaillant cherche à nous atteindre d'un coup de poing, on n'a qu'à retraiter en angle pour absorber l'énergie du poing et telle une vague, on fonce sur lui en répondant d'une frappe du tranchant de la main.

– Dans cette technique, dit-il, on peut modifier nos angles d'attaques, voler l'espace d'un adversaire pour le déstabiliser. Différentes cibles donneront des résultats différents. Lorsque le poing arrive, si l'on recule suffisamment, on attire l'agresseur dans notre bulle, on le fait tomber dans le vide pour le contrôler. Cette simple technique devient un professeur qui nous enseigne une multitude de façons d'aborder un problème. Elle nous permet de développer notre empathie et de sentir ce que ressent la personne en face de nous. On peut modifier la réception du coup de poing en allant bloquer à l'extérieur plutôt qu'à l'intérieur et l'on peut enchaîner de la même façon. Mais ici, les gens n'existent qu'à un seul niveau. Que ce soit pour acheter ou vendre, ce quartier n'apportera rien à qui que ce soit à l'exception d'une nouvelle acquisition.

Je trouvais le Maître drôlement terre à terre. Je fis une tentative pour rehausser l'image qu'il avait de l'endroit.

– Vous avez peut-être raison sur l'aspect évolution. Mais il faut bien que l'on travaille si l'on veut nourrir sa famille. Le coût de la vie est tellement cher que pour payer le loyer, il faut...

Il ne me laissa pas le temps de terminer.

– Je suis d'accord avec toi sur ce point. Mais on peut faire tout cela en apprenant. La plupart des gens et c'est valable pour toute la planète, font ce qu'ils ont à faire de manière robotisée, voire même blasée.

– Ils travaillent dur, accumulent de nombreuses heures pour arriver à joindre les deux bouts. Comment voudriez-vous qu'ils fassent cela ? demandais-je.

– En étant conscient qu'ils sont vivants.

Je ne m'attendais pas à une réponse de ce genre.

– Je ne comprends pas ? Que voulez-vous dire ?

– Être vivant, c'est se reconnecter avec les autres, avec ce qui nous entoure. C'est ainsi que l'on peut espérer évoluer, s'épanouir.

Le Maître s'arrêta et scruta tout autour avant de fixer son regard sur un endroit bien précis.

– Observe bien autour de nous. Comment sont les gens ? décris-moi ce que tu vois.

Je pris soin de mieux examiner les personnes composant la foule qui se mouvait dans tous les sens.

– Je constate qu'il y a des individus pressés, d'autres qui crient pour attirer la clientèle. Je vois aussi des jeunes qui rient et qui ont du plaisir. Mais ils redeviennent sérieux assez rapidement. J'aperçois des couples de touristes qui se tiennent par la main sans dire un mot.

– Est-ce que tu vois des traces de changements en eux lorsque tu les regardes ?

Là, j'étais perdu. Comment pouvait-on constater des transformations en si peu de temps ?

– Bien, non ! C'est normal, ça prend du temps pour changer.

Le vieil homme me fixa en souriant. En cet instant, je savais que j'apprendrais quelque chose. Mais qu'est-ce que cela pouvait être en un tel endroit ?

– Regarde la dame âgée qui vend des fleurs sur le coin de la rue, là-bas. Observe les gens avant qu'ils n'arrivent à sa boutique et après.

La plupart des personnes qui croisaient la vendeuse semblaient changer d'attitude en la dépassant. Des épaules se relevaient, des rires fusaient, des démarches se transformaient à son contact.

– Comment cela se fait-il ?

J'étais ébahi par ce que je constatais. Puis, je compris que le vieux Maître m'avait amené ici pour que je la voie elle. Il devait la connaître.

– C'est une de vos amies, n'est-ce pas ?

– Non, je ne la connais pas, mais elle là depuis des décennies et le résultat est toujours le même, sa magie s'opère toutes les fois. Lorsque je perds confiance en l'humanité, je viens ici pour me redonner un peu d'espoir. Elle maîtrise le sens du *kihon*.

– Mais, qu'est-ce qu'elle leur dit pour arriver à un tel résultat ?

– Elle lit dans le cœur des gens, dit-il. Viens, passons devant sa boutique.

Juste devant nous, un homme d'affaires au visage sévère marchait dans notre direction. Le dos bien droit, les épaules relevées fièrement, cet homme possédait toutes les caractéristiques de celui qui sait se faire obéir. La vendeuse le regarda en souriant et lui lança :

– Comment serait votre journée si vous apportiez une fleur à votre épouse ? Tenez, je vous la donne.

L'homme fut totalement déstabilisé. Il s'arrêta, sembla réfléchir un moment, puis il sourit.

– Heureuse, se contenta-t-il de répondre.

FIN

Lexique

Bo : bâton de bois long d'un peu moins de deux mètres
Bokken : sabre d'entraînement en bois
Budo : arts martiaux japonais
Budoka : personne qui pratique les arts martiaux, en particulier le *budo*
Bugeï : école dont le but est la survie en opposition avec la voie
Bushido : code moral sur la conduite des samouraïs
Chiba : préfecture du Japon
Daikon : sorte de gros radis japonais très utilisé en cuisine
Densho : parchemin dans lequel étaient décrites les techniques d'une école
Deshi : disciple
Do : signifie la voie (exemple : *kendo*, la voie du sabre)
Dohai : deux élèves de même niveau
Dojo : lieu d'entraînement
Doshite : pourquoi
Emakimono : peinture faite sur un parchemin accroché au mur
Fudoken : de *fudo* qui est une divinité immuable, et *ken* qui signifie un poing
Fudo Myo : divinité protectrice dans le bouddhisme
Gaijin : étranger, personne de nationalité étrangère
Giri : le sens du devoir
Gyoza : sorte de gros ravioli japonais
Hachiko : nom du chien dont on a érigé une statue pour sa fidélité
Haiku : poème traditionnel composé de 5-7-5 syllabes
Hakama : jupe-pantalon portée par les samouraïs
Hara : le centre du corps, le point d'équilibre
Hara-Kiri : suicide rituel de déshonneur qui consistait à s'ouvrir le ventre à l'aide d'un couteau
Hasso no kamae : position de sabre où la lame est tenue à la verticale
Henka : variation d'une technique codifiée
Henso jutsu : art ninja du déguisement et de la dépersonnalisation
Hiragana : alphabet phonétique permettant de lire au son
Ishiki : la conscience
Jedi : personnage de « La guerre des étoiles »
Judo : sport de combat basé sur des clés et des projections
Judoka : personne qui pratique le judo
Kage no me : les yeux de l'ombre vient de *kage* (ombre) et de *me* (yeux)
Kakemono : rouleau parchemin pour calligraphie, que l'on accroche au mur
Kamae : posture de combat basée sur des émotions
Kami : esprit ou divinité dans la religion *shinto*

Karateka : personne qui pratique le karaté
Kata : technique structurée dans le but de transmettre les connaissances
Katakana : alphabet phonétique utilisé pour les mots étrangers
Katana : sabre du samouraï
Ki : énergie
Kiai : projection d'énergie par le son ou par le mental
Kiai jutsu : l'art de projeter l'énergie
Kimono : vêtement d'entraînement traditionnel utilisé dans les arts martiaux
Ki o tsukete : faites attention, prenez soin de vous
Kisssaten : maison de thé
Koan : courte phrase dont le but est de nous amener à réfléchir sans notre logique
Kohai : élève avancé, disciple qui est entraîné par un *sempai*
Kokoro : le cœur, mais aussi tout ce qui touche à la spiritualité
Koppo ken : frappe avec la jointure du pouce replié
Kuatsu : techniques de soin utilisées dans les arts martiaux anciens
Kyojutsu : fausser les perceptions de l'adversaire, fausse réalité
Kyusho : points de pression
Mantra : mot que l'on répète afin d'atteindre un état méditatif
Mika : de *mikazuki* (croissant de lune)
Musashi Myamoto : le plus grand samouraï de tous les temps au Japon
Muto dori : technique à mains nues contre sabre
Ninja : guerrier spécialisé dans l'infiltration et l'espionnage
O hisashiburidesu : ça fait longtemps qu'on ne s'est pas vu
Okuden : ce qui se transmet de bouche à oreille, généralement des secrets
Oni : démon
Ryu : école traditionnelle d'art martial japonais
Sake : alcool de riz
Saiminjutsu : technique d'hypnose et d'autohypnose utilisée par les ninjas
Samouraï : guerrier japonais traditionnel
San : après un nom, signifie monsieur, madame, mademoiselle
Sanshin : les trois cœurs, nom d'une série d'exercices que l'on exécute seul
Sarariman : employé de bureau arborant veston, cravate et souvent une petite mallette
Satori : l'illumination, la connaissance universelle
Seigan : position où le bras ou l'arme est pointé en direction des yeux de l'adversaire
Sempai : tuteur, ou personne qui a plus d'ancienneté, qui guide le *kohai*
Sensei : instructeur, professeur

Seppuku : suicide rituel chez les samouraïs
Shintoïsme : religion basée sur les esprits de la nature
Shitsurei shimasu : excusez-moi
Shizen : naturel
Shuriken : étoile ninja à quatre pointes ou plus
Sobaya : restaurant où l'on peut manger des nouilles soba
Sumimasen : excusez-moi
Tachi : sabre à la lame plus recourbée que le *katana*. Il est l'ancêtre du *katana*
Tai-chi : art martial traditionnel chinois
Taihenjutsu : l'art de bouger et d'esquiver les attaques
Taijutsu : façon de bouger avec le corps
Tai sabaki : mouvement défensif
Tamtamme : soupe-repas de nouilles, de légumes et de quelques morceaux de porc
Tatami : matelas de paille tressée qui recouvre le plancher des dojos
Tsuki : attaque piquée au sabre. Ce mot est également la traduction du mot lune
Tsunami : vague géante généralement déclenchée par un séisme
Tsuyu : la saison des pluies
Uchi komi : saisie de judo avec une main sur la manche droite et l'autre au collet
Uke : personne qui sert de partenaire d'entraînement et qui subit la technique
Ukemi : brise chute
Yamabushi : « ceux qui couchent dans la montagne ». Moines des montagnes, anciennement des ascètes guerriers
Yen : nom de l'argent japonais

Remerciements

Écrire un livre est quelque chose de relativement facile à réaliser. Aboutir à un produit final de qualité est une tout autre aventure. Est-ce que les phrases sont bien structurées ? Est-ce que la lecture peut se faire de façon fluide ? Est-ce que tout est clair ? Est-ce que chaque situation décrite dans l'ouvrage est réaliste et cohérente ? Est-ce que les textes proposés peuvent apporter quelque chose de nouveau au lecteur ? Et tout ça, c'est sans parler des fautes d'orthographe que l'on retrouve trop souvent dans bien des ouvrages.

Pour arriver à un tel résultat, l'auteur a besoin de s'entourer d'une équipe solide. De gens qui n'hésitent pas à le critiquer sévèrement lorsque c'est nécessaire. Des gens qui ne sont pas là pour dire ce que l'auteur veut entendre, mais qui sont là pour l'œuvre elle-même. Ce sont toutes ces personnes que je tiens à remercier.

D'abord, Francine Tremblay, ma conjointe qui a pris le temps de lire les textes et de souligner les illogismes ainsi que tout ce qui portait à confusion. Chaque page lue par elle se terminait par un nombre incroyable de corrections. Un gros merci à une bonne amie, Marie-Jeanne Gagné, qui a participé grandement aux corrections et qui m'a conforté dans l'idée que ce livre pouvait être apprécié par une personne ne pratiquant pas les arts martiaux. Un gros merci à mon ami Éric Pronovost et sa conjointe Isabelle qui ont décortiqué tous les textes afin d'éliminer les coquilles. Et enfin, à mon fidèle ami Frédéric Simard, qui a fait le montage et jeté un dernier regard sur les textes, un énorme remerciement pour sa patience et pour la générosité de son temps.

Un tel livre ne pourrait avoir lieu sans la rencontre avec tous les enseignants d'arts martiaux qui ont croisé ma route. Plus spécialement, Hatsumi sensei et les shihan japonais qui gravitent autour de lui, incluant Oguri sensei, maintenant décédé. Plus de quarante années de pratique d'arts martiaux ont été nécessaires pour aboutir à cet ouvrage. Et ce n'est que le début...

Du même auteur

Le clan des Millepertuis

Le clan des Millepertuis est un roman jeunesse basé sur la philosophie du guerrier et des arts martiaux. Cette histoire présente un jeune à la recherche de son identité. Se promenant de maison d'hébergement en centre d'hébergement, Nathan Bowman sera recruté par une organisation obscure qui a pour tâche de former des guerriers. Séparé en bas âge de sa mère, il se donnera pour mission de la retrouver.

Au fil du récit, le lecteur se familiarise avec la pensée guerrière et aborde plusieurs facettes de la philosophie du guerrier. Un livre qui offre des redécouvertes à chaque relecture.

www.clanmillepertuis.org

Gestion de la sécurité dans les évènements spéciaux

Que ce soit pour gérer la sécurité d'une foule de mille, dix mille ou cent mille personnes, il y a des principes et des règles à respecter. Ce livre s'adresse aux professionnels de la sécurité. Il intéressera autant l'agent sur le terrain que les responsables qui doivent superviser la sécurité des foules lors de divers évènements. La logistique de tels rassemblements ne s'improvise pas. Ayant eu à gérer des foules jusqu'à 70000 personnes, Bernard Grégoire est un spécialiste de ce type de gestion. Dans ce livre, il partage avec les lecteurs une partie de ces connaissances.

Dans le domaine de la sécurité, il suffit parfois d'une seule erreur pour perdre sa réputation. Ce manuel est un outil indispensable pour éviter l'irréparable.

Dix années de blogues

Depuis dix ans, je tiens un blogue couvrant diverses facettes des arts martiaux. Cet ouvrage regroupe les principaux textes qui ont été publiés jusqu'à présent sur divers sites internet.

Vous y trouverez non seulement de l'information technique concernant les points les plus importants du taijutsu, mais également de nombreux sujets de réflexion sur le budo. Cet ouvrage s'adresse à tous les pratiquants d'arts martiaux, sans égard au style qu'ils pratiquent. Vous y trouverez certainement des pistes de réflexion susceptibles de vous aider dans votre cheminement martial.

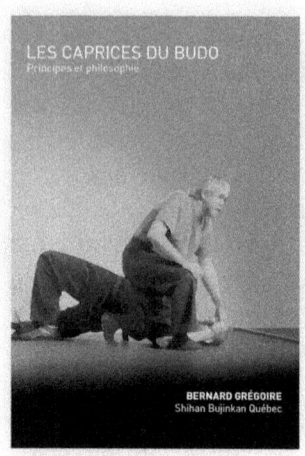

Les caprices du budo

Les caprices du budo aborde les arts maritaux d'une façon différente. Les principes enseignés peuvent s'appliquer à n'importe quel art martial. L'ouvrage est dédié au budo et non à un art martial en particulier. Peu de livres d'art martial ont décortiqué avec autant de détail les diverses facettes nécessaires à la compréhension du budo. Nul doute que cet ouvrage vous permettra de mieux comprendre et d'améliorer votre niveau martial.

Dépôt légal – Bibliothèque et Archives nationales du Québec, 2015
Dépôt légal – Bibliothèque et Archives Canada, 2015